DUMONT

REISE-TASCHENBÜCHER

# Guadeloupe und Martinique

## Französische Antillen

In der vorderen Umschlagklappe: Übersichtskarte Guadeloupe

In der hinteren Umschlagklappe: Übersichtskarte Martinique

Alo und Nikolaus Miller

# Guadeloupe und Martinique

## Französische Antillen

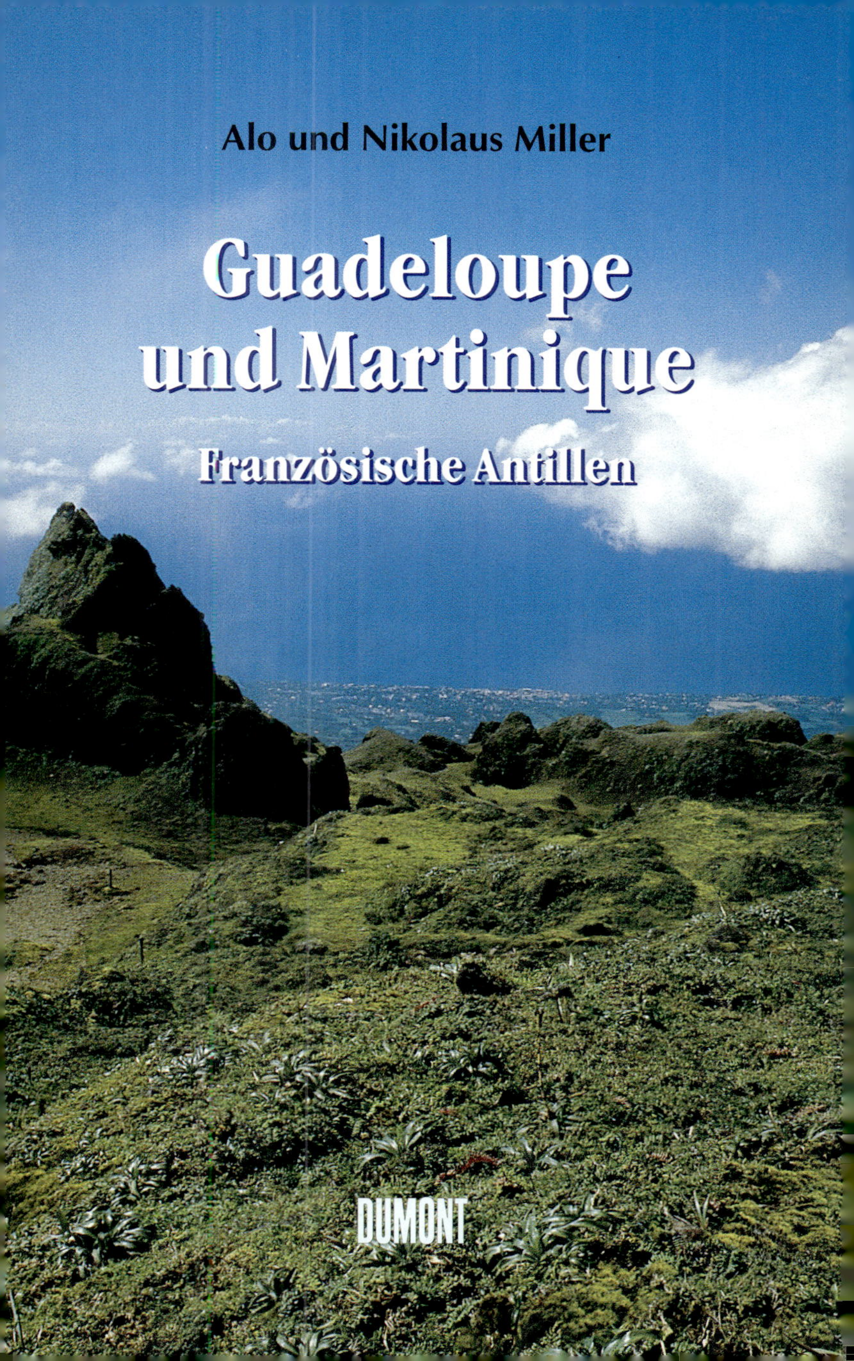

DUMONT

Umschlagvorderseite: Frauen in Festtracht
Vordere Umschlaginnenklappe: Anse Céron auf Martinique
Vignette: Vor der Case créole
S. 2/3: Blick vom Vulkangipfel (La Découverte) auf das Karibische Meer
Hintere Umschlaginnenklappe: Häuser in Le Carbet auf Martinique

**Die Autoren:** Alo Miller (geb. 1950) studierte Germanistik, Geschichte, Sozialkunde und arbeitet heute als Lehrerin in München. Dr. Nikolaus Miller (geb. 1949) studierte Germanistik und Romanistik und unterrichtet in Augsburg. Die Karibik kennen beide von zahlreichen gemeinsamen Aufenthalten. Bei DuMont erschien von ihnen Richtig Wandern ›Korsika‹ und das Reise-Taschenbuch ›Réunion‹.

»Wir danken Herrn Häg aus Frankfurt und Familie Nelson auf Guadeloupe für die freundliche Unterstützung.«

Fremde Kulturen kennenlernen und gastfreundlichen Menschen begegnen – wie sehr genießen wir das auf Reisen. Zu Hause bei uns jedoch wird mancher Ausländer von einer kleinen Minderheit beschimpft, bedroht oder sogar mißhandelt. Alle, die in fremden Ländern Gastrecht genossen haben, tragen hier besondere Verantwortung. Deshalb: Lassen Sie es nicht zu, daß Ausländer diffamiert und angegriffen werden. Lassen Sie uns gemeinsam für die Würde des Menschen einstehen.

Verlagsleitung, Mitarbeiterinnen und Mitarbeiter des DuMont Buchverlages

Die Deutsche Bibliothek – CIP-Einheitsaufnahme
**Miller, Alo:**
Guadeloupe/Martinique / Alo Miller; Nikolaus Miller. – 1. Aufl. – Köln: DuMont, 1997
(DuMont-Reise-Taschenbücher)
ISBN 3-7701-3856-2
NE: Miller, Nikolaus


Satz und Druck: Rasch, Bramsche
Buchbinderische Verarbeitung: Bramscher Buchbinder Betriebe

Printed in Germany ISBN 3-7701-3856-2

# Inhalt

## Die Französischen Antillen im Überblick

### Natur

Vulkanismus 14
Inselsteckbriefe 15
*Thema: Aschenregen, Schlammlawine, Feuersturm – Zwei Eruptionsprotokolle* 16
Klima 19
*Thema: Zyklone* 20
Korallenriffe 22
Mangroven 24
Strände und Kliffs 26
Regenwald 28
Plantagen und Gärten 33
*Lexikon der Nutzpflanzen* 34

### Geschichte und Gesellschaft

Daten zur Geschichte 40
Die Indianer und Kolumbus 40
*Thema: Arawak und Kariben* 41
Die französische Kolonisierung 40
*Thema: Dreieckshandel und Plantagenwirtschaft – Über den Nutzen der Sklaverei* 44
Revolutionsjahre 46
Zuckerkrise und Departementalisierung 47
DOM-Status 49
*Thema: Aimé Césaire – Dichter und Politiker* 50
Importökonomie 52
Landwirtschaft in der Dauerkrise 55
Banane 57
Zucker und Rum 58
Arbeitslosigkeit und Emigration 61

*Thema: Geschlechterrollen antillanisch* 62
Bevölkerung 63
Die Weißen 63
Die Farbigen 64

## Kultur

Architektur 68
Küche 70
Kleidung und Schmuck 72
Musik 73
Religion und Aberglaube 75
*Thema: Der Sturz von Man Justina* 77
Feste 78
Die kreolische Sprache 80
Literatur 82

# Auf den Inseln unterwegs

## Guadeloupe – Grande-Terre

Pointe-à-Pitre 90
Die Riviera 96
Die Atlantikküste 102
*Thema: Rhum agricole* 104
Auf der Ostseite des Grand Cul-de-Sac Marin 109
Die Grands Fonds 111

## Guadeloupe – Basse-Terre

Der Norden von Basse-Terre 114
Pointe-Noire und die Traversée 119
Das Capesterre 122
*Thema: Cap à terre!* 123
Chutes du Carbet und Grand Etang 127
Die Südspitze 128
Saint-Claude und Matouba 131

*Thema: Widerstandserklärung* 132
Soufrière – Die Vulkantour 135
Von Basse-Terre zu den Ilets de Pigeon 138

## Dependancen

Saint-Martin 144
Saint-Barthélémy 147
Désirade 152
Marie-Galante 155
Saintes 159
*Thema: Staaten und Piraten* 160

## Martinique – Der Süden

Fort-de-France 168
Trois-Ilets 177
Rund um die Südwest-Halbinsel 180
Sainte-Luce und Umgebung 184
*Thema: Hahnenkampf* 185
Die Südostspitze 187
Das Atlantiktrio und sein Hinterland 189
*Thema: Nasses Handwerk –*
*Über Boote, Netze, Reusen und Importfisch* 190

## Martinique – Der Norden

Trace und Transversale 196
Von der neuen in die alte Hauptstadt 198
Saint-Pierre 200
*Thema: ›Paris der Antillen‹* 201
Zur Nordspitze – Westroute 203
Mont Pelée – Die Vulkantour 204
Zur Nordspitze – Ostroute 206
Zwischen Le Lorrain und La Trinité 209
*Thema: Pater Labat* 210
Die Caravelle-Halbinsel 213

Lesetips 216

## Nützliche Tips und Adressen


| | |
|---|---|
| Reisevorbereitung | 218 |
| Anreise | 219 |
| Reisen auf den Französischen Antillen | 220 |
| Unterkunft | 223 |
| Essen und Trinken | 225 |
| Urlaubsaktivitäten | 226 |
| Antillanisches Wörterbuch | 232 |
| Praktische Informationen von A bis Z | 233 |
| Abbildungsnachweis | 237 |
| Register | 238 |




Mit Ausnahme der Rundwanderungen (r) gelten die Zeitangaben für die einfache Strecke. Jeder Weg ist als Bergbesteigung (B), Fluß- (F) oder Küstenwanderung (K), Lehrpfad (L) oder Urwalddurchquerung (U) gekennzeichnet. Schwierigkeitsgrade: + Spaziergang oder leichte Wanderung, ++ problemlose Wanderung, +++ anstrengende oder schwierige Wanderung. Gefahrenpunkte, die besondere Aufmerksamkeit erfordern, sind durch »!« markiert und im Routenteil erläutert. ▷

**Wanderungen auf Guadeloupe**


| | | | | | |
|---|---|---|---|---|---|
| W 1 | Sentier des Douaniers (K) | 90 Min. | ++ | ! | S. 105 |
| W 2 | Pointe de la Grde. Vigie (K) | 15 Min. | + | | S. 106 |
| W 3 | Mangrovenlehrpfad (L) | 90 Min. | + | | S. 111 |
| W 4 | Trace Sofaïa (U) | 5 Std. | ++ | | S. 115 |
| W 5 | Trace des Contrebandiers (U) | 3 Std. | ++ | | S. 115 |
| W 6 | Mamelle de Pigeon (B) | 90 Min. | ++ | | S. 121 |
| W 7 | Mamelle de Petit-Bourg (B) | 60 Min. | ++ | | S. 121 |
| W 8 | Trace des Crêtes (U) | 5–6 Std. | +++ | | S. 121 |
| W 9a/b | Maison de la Forêt (L) | 10-60 Min. | + | | S. 121 |
| W 10 | Cascade aux Ecrevisses (F) | 5 Min. | + | | S. 122 |
| W 11 | Saut de la Lézarde (F) | 30 Min. | ++ | | S. 122 |
| W 12 | Trace Merwart (U) | 9 Std. | +++ | | S. 122 |
| W 13 | Trace Victor Hugues (U) | 8 Std. | +++ | ! | S. 124 |
| W 14 | Chutes de Moreau (F) | 90 Min. | +++ | ! | S. 124 |
| W 15a | Chutes du Carbet II (F) | 25 Min. | + | | S. 128 |
| W 15b | Chutes du Carbet III (F) | 2 Std. | ++ | | S. 128 |
| W 15c/d | Chutes du Carbet I (F) | 2–4 Std. | +++ | ! | S. 128 |
| W 16 | Grand Etang (r) | 60 Min. | + | | S. 128 |
| W 17 | Trace des Etangs (U) | 2 Std. | ++ | | S. 128 |
| W 18 | Bains Chauds (U) | 45 Min. | + | | S. 134 |
| W 19a/b | Soufrière (r) (B)/ Echelle | $2^1/_2$-4Std. | ++/+ | ! | S. 136f. |
| W 20 | Malendure – Mahaut (K) | 2 Std. | ++ | | S. 141 |


**Wanderungen auf Martinique**


| | | | | | |
|---|---|---|---|---|---|
| W 1 | Morne Larcher (B) | $2^1/_2$ Std. | ++ | ! | S. 182 |
| W 2 | Forêt de Montravail | beliebig | + | | S. 184 |
| W 3 | Savane des Pétrifications (K) | 30 Min. | + | | S. 188 |
| W 4 | Trace des Caps (K) | 8 Std. | ++ | ! | S. 189 |
| W 5 | Montagne du Vauclin (B) | 90 Min. | ++ | | S. 190 |
| W 6 | Arboretum de la Donis (L) | beliebig | + | | S. 196 |
| W 7 | Trace des Jésuites (U) | 3 Std. | ++ | | S. 197 |
| W 8 | Chemin des Esclaves | 60 Min. | ++ | ! | S. 199 |
| W 9a | Mont Pelée von Südosten (B) | 3 Std. | ++ | ! | S. 205 |
| W 9b | Mont Pelée von Westen (B) | 4 Std. | +++ | ! | S. 203 |
| W 9c | Mont Pelée von Norden (B) | $5^1/_2$ Std. | +++ | ! | S. 207 |
| W 10 | Domaine du Prêcheur (K) | 5 Std. | +++ | ! | S. 204 |
| W 11 | Les Ombrages (L) | beliebig | + | | S. 206 |
| W 12 | Gorges de la Falaise (F) | 75 Min. | +++ | ! | S. 206 |
| W 13a | Anse du Bout (K) | 45 Min. | ++ | | S. 214 |
| W 13b | Baie du Trésor (K) | beliebig | ++ | | S. 214 |
| W 13a/b | Caravelle (r) | 3 Std. | + | | S. 215 |

# Die Französischen Antillen im Überblick

»Die zwölf Töne des Zyklonwarndienstes im Radio leiern alle Viertelstunde ihre Vorhersage herunter wie alte Frauen den Rosenkranz, und jeder hofft, diesmal möge die Nachbarinsel an der Reihe sein.«

Daniel Maximin

# Natur

Vulkane und Zyklone

Korallenriffe und Mangroven

Tropischer Regenwald

Plantagen und kreolische Gärten

Flamboyant-Baum mit Aufsitzern

## Vulkanismus

Guadeloupe und Martinique liegen zentral in einem Inselbogen, der die venezolanische Küste mit den Großen Antillen (Kuba, Hispanola, Puerto Rico) verbindet und von Trinidad bis zu den Virgin Islands reicht. Diese **Kleinen Antillen** entstanden über einer Nahtstelle der Erdkruste und sind vulkanischen Ursprungs. Denn hier scheuert die karibische Platte gegen die atlantische, die unter sie abgetaucht ist und ins Erdinnere drückt. In dieser sogenannten Subduktionszone reihen sich die Erdbebenherde aneinander, und es kommt zu Aufschmelzungen des Gesteins. Magma steigt in flüssigen Taschen nach oben, setzt Gas frei und tritt als Lava aus.

In vielen Millionen Jahren wuchsen die **submarinen Vulkanbauten** aus dem Wasser, stürzten wieder in sich zusammen, bildeten neue Kegel, während die ›erloschenen‹ Vulkane erodierten, absanken und schichtweise von Korallenkalk überdeckt wurden. Die höchsten Erhebungen der Inseln sind jüngsten Datums (150 000 Jahre), dagegen zeugen die hügeligen *(mornes)* und flachen Landschaftszonen von früheren Phasen vulkanischer Aktivität (bis etwa 24 Mio. Jahre). Man unterscheidet auch zwischen einem äußeren Bogen flacher Kalkplateaus und einem inneren Bogen von Gebirgsinseln: Während Barbados, Grande-Terre, Barbuda, Saint-Barthélémy und Saint-Martin auf altem vulkanischem Sockel aufgebaut und zum Teil verkarstet sind, bestehen Saint Vincent, Santa Lucia, Martinique, Dominica, Basse-Terre, Montserrat und Saint Kitts aus übereinandergetürmten Bergketten mit zum Teil noch aktiven Vulkanen (Mont Pelée auf Martinique, die Soufrières auf Saint Vincent, Guadeloupe und Montserrat). Die Schmetterlingsinsel Guadeloupe ist ein besonders interessantes Beispiel, denn sie liegt genau zwischen beiden Bögen und besteht im Grunde aus zwei Inseln. Aber auch auf Martinique lassen die un-

Die Kleinen Antillen

## ›Inselsteckbriefe‹

| | Guadeloupe | Martinique |
|---|---|---|
| **Lage** | 16° nördlicher Breite<br>61° westlicher Länge | 14° nördlicher Breite<br>61° westlicher Länge |
| **Höhe** | Soufrière 1467 m | Mont Pelée 1397 m |
| **Form** | Schmetterling (›Flügelspannweite‹ 65 km) | Embryo (64 km lang, 10–22 km breit) |
| **Fläche** | 1520 $km^2$ | 1080 $km^2$ |
| **Dependancen** | Désirade (22 $km^2$)<br>Marie-Galante (158 $km^2$)<br>Saintes (13 $km^2$)<br>Saint-Barthélémy (25 $km^2$)<br>Saint-Martin (frz. Teil 53 $km^2$) | |
| **Einwohner** | 411 000 (231 pro $km^2$) | 374 000 (340 pro $km^2$) |
| **Hauptstadt** | Pointe-à-Pitre | Fort-de-France |
| **Status** | Französische Überseedepartements | |

terschiedlichen Inselhälften erkennen, daß das vulkanische Zentrum von Südosten nach Nordwesten gewandert ist.

Die Vulkane des inneren Inselbogens sind keine feuerspeienden Berge aus dem Bilderbuch. Die Lava fließt nicht fotogen über den Kraterrand wie am Ätna oder auf Réunion. Sie enthält 52–65 % Kieselsäure, ist daher recht dickflüssig, die Gase entweichen schwer, Überdruck entsteht. Es drohen also **Eruptionen,** die besonders explosiv geraten, wenn der Förderkanal bei früheren Ausbrüchen verstopft wurde. Und das ist hier die Regel. Denn die zähe Lava quillt wie Zahnpasta aus dem Krater, bildet Staukuppen in Form von Hauben *(dômes),* Spitzen *(pitons)* oder Nadeln *(aiguilles).* Neuer Glutfluß sprengt den alten Lavapfropfen aus dem Schlot und jagt gelegentlich einen ganzen Gipfel in die Luft. Unterhalb des verstopften Förderkanals sucht sich das aus dem Magma freigesetzte Gas Seitenausgänge, so daß Spalten *(failles)* aufbrechen.

1902 riß der Kegel des Mont Pelée, und eine glühend heiße (700–1000 °C) Mischung aus Gas und leichter Asche raste hangabwärts. Erst dieser katastrophale Ausbruch hat die Gefährlichkeit des Antillenvulkans ins allgemeine Bewußtsein gerückt. Die Explosion überraschte nicht nur die ahnungslose Bevölkerung, die ihren Haus-

# Aschenregen, Schlammlawine, Feuersturm

## Zwei Eruptionsprotokolle

**Pelée-Ausbruch 1902**

**Anfang April** Ein Lehrer des Gymnasiums von Saint-Pierre entdeckt dampfende Fumarolen im oberen Bereich der Rivière Blanche.

**23. April** Leichter Aschenregen fällt auf die Stadt, von Schwefelgeruch und Erdstößen begleitet.

**Ende April** Die Geschäfte in Saint-Pierre müssen schließen, weil Asche bereits einige Straßen unpassierbar macht. Tiere fliehen oder sterben an giftigen Gasen. Immer mehr Einwohner verlassen die Stadt, in die zahlreiche Flüchtlinge aus der Umgebung strömen. Die vom Gouverneur eingesetzte Kommission kommt jedoch zu dem Ergebnis, daß keine unmittelbare Gefahr besteht.

**5. Mai** Der Kratersee ergießt sich ins Tal der Rivière Blanche. Im Mündungsgebiet begräbt eine Schlammlawine die Zuckerfabrik Guérin unter sich und fordert 30 Menschenleben.

**6. Mai** Truppen halten die fliehende Bevölkerung zurück. Der Gouverneur stattet Saint-Pierre einen Besuch ab und versucht zu beschwichtigen. Am kommenden Sonntag sollen Wahlen stattfinden!

**7. Mai** Erste Lavaauswürfe am Gipfel. Die Zeitung ›Les Colonies‹ empört sich über die Nervosität der Bürger: »Der Mont Pelée bietet für Saint-Pierre keine größere Gefahr als der Vesuv für Neapel. Wir können diese Panik nicht verstehen. Wo könnte außerhalb von Saint-Pierre jemand besser Schutz finden als in der Stadt?«

**8. Mai** Nach einer schlimmen Nacht mit heftigen Eruptionen, Donnergetöse und Schlammlawinen tritt morgens unheimliche Stille ein. Kurz vor 8 Uhr zerreißt es den Gipfel, und eine atompilzähnliche Wolke rast auf die Stadt nieder. Saint-Pierre ist innerhalb weniger Sekunden ausgelöscht: 30 000 Tote, einziger Überlebender ist der Häftling Cyparis. Die Schiffe im Hafen brennen und kentern im kochenden Meer, nur der Dampfer ›Roddam‹ kann – mit großen Verlusten unter der Mannschaft – entkommen.

Von Purser Thompson, einem überlebenden Besatzungsmitglied der ›Roraima‹, stammt folgender Augenzeugenbericht: »Unser Schiff erreichte Saint-Pierre am frühen Morgen des Donnerstages. Für Stunden, ehe wir die Reede erreichten, konnten wir sehen, wie vom Mont Pelée Flammen und Rauch aufstiegen. Niemand an Bord hatte eine Vorstellung von der Gefahr. Kapitän G. T. Muggah war auf der Brücke, und alle Mann kamen an Deck, das Schauspiel zu sehen. Als wir uns Saint-Pierre näherten, konnten wir die rollenden und springenden Flammen unterscheiden, die in gewaltiger Menge vom Berg ausgespien wurden und hoch in den Himmel aufstiegen. Riesige schwarze Rauchwolken hingen über dem Vulkan. Zuckend stiegen die Flammen empor, hin und wieder einen Moment auf diese oder jene Seite wogend, dann plötzlich wieder höher aufspringend. Ständig war ein dumpfes Rollen zu hören. Das Ganze war vergleichbar dem Aufflammen der größten Ölraffinerie auf dem Berggipfel. Etwa 7.45 Uhr, kurz nachdem wir eingelaufen waren, gab es eine schreckliche Explosion. Der Berg wurde in Stücke geblasen. Es gab keine Warnung. Die Flanke des Vulkans riß auf, und eine dichte Flammenwand raste auf uns zu. Es donnerte wie aus tausend Kanonen. Die Glutwolke stürzte wie ein grell flammender Blitz auf uns und über uns hinweg. Sie glich einem Hurrikan von Feuer, der sich in voller Masse direkt auf Saint-Pierre und die Schiffe wälzte. Die Stadt verschwand vor unseren Augen, dann wurde um uns die Luft erstickend heiß. Wo auch immer die feurige Masse auf die See traf, begann das Wasser zu kochen, und mächtige Dampfwolken stiegen auf. Ich rettete mein Leben, indem ich mich in meine Kajüte stürzte und mich in meinem Bettzeug vergrub. Der Feuersturm vom Vulkan hielt nur wenige Minuten an. Er schrumpfte zusammen und setzte alles, was er traf, in Brand. Brennender Rum rann in Strömen die Straßen von Saint-Pierre hinab in das Meer. Ehe der Vulkan barst, waren die Landebrücken von Saint-Pierre mit Menschen überfüllt. Nach der Explosion war keine einzige lebende Seele mehr an Land zu sehen.«

**30. August** Eine weitere Glutwolke zerstört Morne-Rouge und kostet über 1000 Menschen das Leben.

**November** Aus dem Gipfel wächst eine Lavanadel heraus, die im Lauf der Monate eine Höhe von 260 m erreicht und am 10. August 1903 in sich zusammenbricht.

**Soufrière-Krise 1976/77**

**8. Juli** An der Südwestflanke öffnet sich eine über 500 m lange Spalte. Schwefeldampf entweicht in dichten Strahlen, schwere Gesteinsbrocken fliegen Hunderte von Metern weit, eine Schlammlawine stürzt ins Carbet-Tal hinunter. Bis zum Abend verlassen etwa

20 000 Bewohner Saint-Claude und Matouba, nachdem sich der Himmel verfinstert hat und grauer Aschenregen niedergegangen ist.
**25. Juli** An der Nordseite werden alte Fumarolen tätig.
**15. August** Auf Anweisung des Präfekten tritt der ORSEC-Plan in Kraft. Die Gemeinden Basse-Terre, Saint-Claude, Gourbeyre, Vieux-Fort, Baillif, Trois-Rivières, Vieux-Habitants (teilweise) und Capesterre (teilweise) werden evakuiert. Im Fort Saint-Charles (heute Fort Delgrès) bleibt ein Wissenschaftlerteam zurück.
**16. August** Explosion am Gipfel, heftige Erdstöße (4,63 auf der Richterskala) sind bis Pointe-à-Pitre zu spüren.
**18. August** Jeder Zeit umkehrbereit, starten Kleinbauern in die *zone interdite,* um ihr zurückgelassenes Vieh einzuholen. Tausende nutzen die Kommandoaktion zur Rettung von Habseligkeiten. Ganz Guadeloupe wartet auf den Ausbruch der Soufrière.
**Ende August** Zwischen Magmatikern und Phreatikern entbrennt ein Expertenstreit. Die Bewohner von Vieux-Fort kehren in ihr Dorf zurück. Erwachsene aus vier anderen Gemeinden erhalten die Erlaubnis, von 7 bis 18 Uhr in den Bananenplantagen zu arbeiten.
**30. August** Eine neue Fraktur entsteht. Der Vulkanologe Tazieff wird auf einer Explorationstour verletzt. Vor der Presse berichtet er: »Der Krater, aus dem einige Dämpfe entwichen, war völlig ruhig und friedlich, als wir plötzlich ein Pfeifen hörten, das sich sehr schnell verstärkte. Ein weißer Dampfstrahl schoß auf. Eine Minute später wurden die Wirbel grau. Das war Asche. Wir ergriffen die Flucht, aber der Steinhagel brach sofort los. Ein dröhnender Lärm, schlimmer als Artilleriefeuer. Wir warfen uns alle hinter einen Felsen oder Abhang, um Kopf und Oberkörper zu schützen. Es ist ein Wunder, daß uns nicht die größten Felsbrocken voll getroffen haben.«
**Bis Februar 1977** gehen die Eruptionen fort.

berg halberloschen glaubte und sonntags gern zum Picknick an den Kratersee aufbrach, sie revolutionierte auch die Vulkanologie, die jetzt als Wissenschaft gefordert war und mit neuen Klassifikationen aufwartete. Seit Lacroixs ausführlicher Studie über ›La Montagne Pelée et ses Eruptions‹ (1904) bezeichnet man den hochexplosiven **Ausbruchstyp** als peleanischen, den es vom ruhigen (Hawai-Typ), regelmäßigen (Stromboli-Typ) und heftigen (Vesuv-Typ) zu unterscheiden gilt. Außerdem ist die Glutwolke als französischer Begriff *(nuée ardente)* in die vulkanologische Literatur eingegangen.

Doch die Eruptionsvorgänge der Antillenvulkane bleiben weiterhin unberechenbar. Wenn der Berg zu prusten und spucken anfängt, ist der Ausgang der Krise noch nicht abzusehen. Der langsame Magmaaufstieg geht zunächst mit der Erhitzung des Wassers einher, das der Vulkan in sich aufgenommen hat. Er saugt in diesen Breitengraden jährlich 10 m Regenwasser auf, sein Sockel ist vom Meer umgeben. Der peleanische Typ wirkt also wie ein Dampfkochtopf: Das Wasser verdunstet, der Druck hebt den Deckel, altes Material wird nach außen geschleudert. Diese Explosionen sind phreatischer Natur und geben keinen Grund zur Entwarnung! Denn die ausgeworfenen Gesteinsbrocken entwickeln sich unter dem Einfluß des Tropenregens zu gefährlichen Schlammlawinen *(lahars)*. Vor allem aber ist noch nicht entschieden, ob den Emissionen von Gas, Wasserdampf und Asche nicht doch noch frische Lava folgt und es zu einer magmatischen Eruption kommt. Kein Wunder, daß sich 1976 auf Guadeloupe die Geologen mit unterschiedlichen Diagnosen in die Haare gerieten. Professor Brousse, der Leiter des Expertenteams vor Ort, hielt den Magmaaufstieg in der Soufrière für irreversibel und rechnete mit einer Glutwolke. Haroun Tazieff widersprach und sah in den phreatischen Explosionen keine Vorboten eines peleanischen Ausbruchs. Damals behielt er recht.

# Klima

Die Antillen liegen zwischen den Wendekreisen und warten deshalb mit einem feucht-heißen Tropenklima auf. Die Sonne steht hoch am Himmel, viel Wasser verdampft über dem Meer und in den Wäldern. Sobald man aus dem Flugzeug steigt, spürt man die schwüle Luft. Unvorsichtige holen sich an den Stränden Sonnenbrände, da die Temperaturen tückischerweise recht angenehm sind: Sie schwanken zwischen 23 °C und 26 °C, steigen aber nur ausnahmsweise über 30 °C. Dafür sorgt der **Passat** *(alizé),* ein von höheren Breiten kommender, durch die Erddrehung nach Westen abgelenkter Wind.

Der Wind bläst beständig aus Nordost und trifft auf die Gebirgsmassive, die Basse-Terre und Martinique in nord-südlicher Richtung durchziehen. Die wasserdampfgesättigte Luft steigt an den Osthängen auf, kühlt sich in der Höhe ab und kondensiert. So kommt es auf der Luvseite, auch **Küste im Wind** *(côte au vent)* genannt, zu Nebelbildung und heftigen Regenfällen. Wenn die Luft die Gipfel überwindet, hat sie den größten Teil ihrer Feuchtigkeit abgegeben. An der **Küste unter dem Wind** *(côte sous le vent),* der Leeseite, stellt sich ein Föhneffekt ein, denn die abfallende Luft komprimiert und erwärmt sich.

So wirkt das Gebirge als Klimascheide. Auf der windzugewandten Seite mißt man jährlich

## Zyklone

Von Juli bis Oktober muß man mit ihnen rechnen. Sie erhalten Vornamen in alphabetischer Reihenfolge und bleiben so über Generationen hinweg als mehr oder weniger berühmte Katastrophen in Erinnerung. Satelliten und modern ausgerüstete Flugzeuge verfolgen ihren Irrweg durch die Karibik, um die Durchzugsgebiete 24 Stunden vorher zu alarmieren. Es zieht sie – trotz mancher launischer Schnörkel – in nordwestlicher Richtung die Kleinen Antillen hoch, hinüber in den Golf von Mexiko und in den Süden der USA. Über Land geht ihnen

2000–4000 mm, in Höhenlagen sogar 8000–10 000 mm Niederschläge. Im Laufe des Tages kommt es hier zu kurzen, aber heftigen ›Duschen‹, die Abkühlung bringen und meist schnell wieder der stechenden Sonne weichen. Die windabgewandte, relativ trockene Küste weist bis zu 10 °C höhere Temperaturen auf. Sie ist dennoch nicht mit den heißen und ariden Flachzonen zu vergleichen, die dem Passat kein Hindernis entgegenstellen und fast nie von Niederschlägen erreicht werden (Osten Grande-Terres, Südosten Marti-

die Luft aus, nur über dem erwärmten Meer behalten sie ihren fürchterlichen Schwung.

Zyklone sind Wirbelstürme. Sie entstehen aus einer atmosphärischen Störung auf der Höhe der Kapverden. Wenn der Atlantik aufgeheizt ist, kann sich ein solches Tropentief *(onde tropicale)* in eine Depression *(dépression)* verwandeln. Warme, feuchtigkeitsgesättigte Luftmassen steigen auf, die unter dem Einfluß der Erdrotation ins Drehen kommen und sich in heftigen Regenfällen entladen. Je geringer der Luftdruck im Zentrum des Wirbels, desto höher die Windgeschwindigkeiten. Kreisen die Luftmassen mit mehr als 60 km/h ums ›Auge‹, so hat man es mit einem Tropensturm *(tempête)* zu tun. Ab 118 km/h spricht man von einem Hurrikan *(ouragan)*, der im Extrem (Stärke 5) über 250 km/h erreichen kann. Das ganze System, der Zyklon, bewegt sich mit 20–50 km/h vorwärts.

Die verheerende Gewalt eines Zyklons ist für Europäer fast unvorstellbar. Die heulenden Windstöße wirbeln alles in die Luft, was nicht niet- und nagelfest ist, zerlegen Ortschaften und schleudern Autos und Wellblech durch die Gegend. Das windgepeitschte Meer gebiert Springfluten, 10–20 m hohe Wasserwände, die gegen die Küste krachen, über die Häuser schwappen und losgerissene Schiffe ins Land tragen. Hinzu kommen die Regenmassen, an einem Tag mehr als 2000 l/m², die aus allen Windrichtungen niederprasseln und ungeheure Überschwemmungen anrichten.

Auf Guadeloupe ist der letzte große Zyklon (Stärke 4) noch in aller Munde. In der Nacht vom 16./17. September 1989 zog er über Désirade, Grande-Terre und den Norden Basse-Terres eine Spur der Verwüstung. ›Hugo‹ war schlimmer als ›Ines‹ (1966) oder ›David‹ (1979) und wird von den Alten mit dem ›Jahrhundertzyklon‹ von 1928 verglichen. Das perfekte Vorwarnsystem hat die Zahl der Opfer aber wesentlich verringern können.

niques). Das extreme Gegenteil dieser gebirgsfernen Wüsten stellen die kühlen und (nebel-)feuchten Hochlagen der Gebirge dar, in denen Pullover und Anorak gute Dienste leisten. Auf engstem Raum wechseln wir von einem Mikroklima ins andere, und warme Kleidung gehört zur Ausrüstung wie die Badehose und der als Regen- wie Sonnenschutz verwendbare Schirm.

Die Thermometer sinken um 5–6 °C, wenn nach kurzer Dämmerung gegen 18 Uhr eine zwölfstündige Dunkelheit hereinbricht.

Der Temperaturunterschied zwischen Tag und Nacht ist immer noch deutlich größer als der zwischen den ›kalten‹ und ›warmen‹ Monaten. Man spricht deshalb von einem **Tageszeitenklima.** Jahreszeiten in unserem Sinn gibt es nicht. Es ist lediglich zwischen der vergleichsweise trockenen Saison *(carême)* und der eigentlichen Regenzeit *(hivernage)* zu unterscheiden, in der 75 % der Jahresniederschläge fallen. Erstere (Dezember bis März) bringt gemäßigte Temperaturen und ist die Hauptsaison der Touristen. Letztere (Juli bis Oktober) bringt schwülere Luft und ist die Hauptsaison der Zyklone.

## Korallenriffe

Die Inseln der Karibik sind großenteils aus Kalk aufgebaut. Auf vulkanisch entstandenem Sockel haben Korallen beständig Kalk abgelagert und in Jahrmillionen ausgedehnte Plateaus gebildet. Dieser Prozeß ist noch nicht beendet, denn die Riffe, die Guadeloupe und den Süden Martiniques umsäumen, wachsen jährlich 1 cm ins offene Meer hinaus. Sie liegen nicht weit vor der Küste und trennen türkisschimmernde **Lagunen** von der tiefblauen Hochsee ab. Auf der bewegten Atlantikseite erkennt man die unsichtbare Barriere an dem feststehenden Brandungsstreifen. Bedingt durch die geringen Gezeitenunterschiede (höchstens 50 cm) ragen die Riffkronen selbst bei Ebbe kaum aus dem Wasser. In einigen Buchten (Plage de Clugny, Anse du Bout) sieht man jedoch Strandterrassen, gehobene Riffplatten, deren Korallen längst abgestorben sind.

**Riffe** *(cayes)* entstehen in warmen, tropischen Meeren mit Wassertemperaturen über 20 °C. In Flußmündungen findet man keine Korallen, denn das Wasser muß von Schlick und Treibsand frei und kristallklar sein. Auch in großen Tiefen (unter 50 m) sucht man sie vergebens, denn sie beziehen ihren Sauerstoff von einzelligen Grünalgen, die für ihren Stoffwechsel (Photosynthese) Licht brauchen. Auf Korallengärten stößt man also im oberen Warmwasserbereich, in lichtdurchfluteten Naturbecken, auf dämmerigen Lagunenböden, am Riffabhang bis zur Lichtgrenze hinab. Ob man nun an der Oberfläche schnorchelt oder mit Sauerstofflaschen absteigt, man taucht allemal in eine vielgestaltige Zauberwelt von Türmen, Schluchten, Grotten und Labyrinthen, die von seltsamen Filigrangebilden besetzt sind: den Feuer- *(coraux de feu)* und Hirnkorallen *(cervaux),* den Hirschhorn- *(corne de cerf)* und Elchhornkorallen *(pâte à chaux),* den fächer- und buschartigen Gorgonien *(gorgones).*

**Korallen** sind keine Pflanzen, sondern festgewachsene Tiere, die aus einem Verdauungsapparat bestehen und an ihrem freien Körperende einen von Tentakeln umkränzten Mund aufweisen. Mit diesen nesselnden Fangarmen lähmen sie Kleinstlebewesen, die sie aus dem Wasser seihen und verspeisen. Korallen scheiden eine kalkhaltige Substanz aus und bilden so ein Außenskelett, mit dem sie auf dem Riff festsitzen und das seinerseits die Grundlage für die nächste Schicht darstellt. Denn die Polypen leben in Kolonien, teilen sich und sterben unter ihrem Nachwuchs ab. So entsteht das Riff, eine wachsende Ansammlung von Millionen und Abermillionen von Lebewesen. Zu ihnen gehören verwandte Aufsitzer, die ihrerseits Pflanzen ähneln, aber kein Skelett ausbilden: die Schwämme *(éponges)*, Seeanemonen *(anémones)* und Röhrenwürmer *(vers)*. Sie nehmen am Bau des Riffs teil, indem sie Korallenbruchstücke zusammenhalten. Die Funktion des Mörtels übernehmen Kalkalgen, wirkliche Pflanzen, die wie blumenkohlartige Krusten aussehen und die Korallenbauten vor dem Wellenschlag schützen.

Unterwasserwelt bei den Ilets de Pigeon

Die **beweglichen Riffbewohner** sind nicht minder interessant. Verschiedene Schnecken und Muscheln sitzen an den Wänden der Riffgräben. Felsenkrabben reinigen sie von toten Weichtieren, und Einsiedlerkrebse nutzen die leeren Gehäuse als Versteck. In kleinen Kalksteinhöhlungen baden Seeigel *(oursin,* lokal *chadron),* unter Wasser oder in der Gischtzone der Gezeitentümpel. Weiter unten verbergen sich Langusten *(brésilienne, cigale de mer)* in schattigen Nischen, die sie nur nachts zur Nahrungssuche verlassen. Und dann die farbenprächtigen Korallenfische! Ganze Schwärme huschen von einem Winkel zum andern: die Papageienfische *(poisson-perroquet)* mit ihren schnabelähnlichen Mäulern, die Doktorfische *(poisson-chirurgien)* mit ihren Schwanzmessern, die Kofferfische *(coffre)* mit ihren panzerartigen Knochenplatten, die buntgefleckten Schmetterlingsfische *(poisson-papillon),* die vertikal stehenden Trompetenfische *(poisson-trompette),* die Serganten *(sergent-major)* und Schnapper *(pargue).* Besonders lustig sieht der Kugelfisch *(diodon)* aus, eine Art Igel des Meeres, der bei Gefahr Wasser schluckt und in aufgeblähtem Zustand seine stacheligen Schuppen abspreizt. Mehr Respekt gebietet die Muräne *(murène),* die mit ihren scharfen Zähnen lauernd aus irgendeiner Spalte starrt (s. S. 235). Zu gefährlichen Begegnungen kann es nur an der Riffaußenkante kommen, wo gelegentlich Räuber der Hochsee (Haie, Barrakudas) patrouillieren.

Die schönsten **Unterwasserlandschaften** bieten die Naturschutzgebiete Guadeloupes (Ilets de Pigeon, Grand Cul-de-Sac Marin). Andere Parks vor Grande-Terre (Riviera, Anse Souffleur), der Südküste Martiniques (vom Ilet Cabrit bis zum Diamant) und einigen Buchten der Dependancen stehen diesen kaum nach. Man sollte allerdings wissen, daß diese Naturparadiese bedroht sind. Nicht die Schwämme, die sich in die Korallenbauten bohren, die Schnecken, die sie abweiden oder die Papageienfische, die sie anknabbern, zerstören diese Unterwasserwelten, sondern die Menschen, die die Fischgründe ausräubern, Abwässer einleiten und Korallen als Souvenirs sammeln.

## Mangroven

Ein nicht minder faszinierendes Ökosystem sind die Mangroven. Sie brauchen tropische Wassertemperaturen (mindestens 22 °C) wie die Riffe und entstehen gern im ruhigen Niedrigwasser, wo dieses Sedimente mit sich führt und Schlamm ablagert. Die Mangroven wachsen förmlich aus Flußmündungen und Schwemmlandküsten heraus, bilden **amphibische Wälder**, Labyrinthe von Prielen und Kanälen, die allmählich Buchten

Mangroven mit Stelzwurzeln

füllen und Meer in Land verwandeln. Beim Anflug auf Pointe-à-Pitre sieht man, wie sie an der Nahtstelle der Rivière Salée die beiden Inselhälften von Guadeloupe verklammern. Auf 7000–8000 ha, ca. 4 % der Insel, breiten sich die Mangroven aus, vornehmlich im Bereich des Grand Cul-de-Sac, sonst vereinzelt im Capesterre, an der Riviera und bei Moule. Das weniger umfangreiche Mangrovengebiet Martiniques (1800 ha, ca. 1,5 % der Insel) umfaßt neben der Anflugschneise von Génipa zwei Atlantikbuchten (Baie des Anglais, Caravelle-Halbinsel).

Die Mangrove ist eine Landpflanze, die sich dem Salzwasser anpassen konnte. Auf den Antillen trifft man vornehmlich auf die Rote Mangrove *(rizophora mangle).* Ihre schlickfangenden Stelzwurzeln spielen eine Pionierrolle bei der Verlandung des Meeres. Sie bildet pfeilförmige Keime aus, die durch ihr eigenes Gewicht in den Schlamm fallen. Der Mutterbaum bringt also lebende Junge zur Welt – für Pflanzen eine ungewöhnliche Form der Fortpflanzung (Viviparie). Andere Arten *(palétuvier blanc, mangle blanc)* verblüffen durch ihre Luftwurzeln und Atemknie (Pneumatophoren). Auch sie stehen noch im Wasser, gehören aber nicht zu den Sumpfmangroven, deren Hauptvertreter *(mangle rivière)* Brettwurzeln entwickelt.

Der fast undurchdringliche, nur mit Booten erreichbare Meereswald ist ein schutzbedürftiges **Bio-**

**top.** Auch die zahlreichen Moskitos (volkstümlich *yens-yens*) konnten niemand davon abhalten, darin zu wildern. Inzwischen sorgen die Parkbehörden dafür, daß diese natürlichen Brutkästen nicht leergefischt oder mit Abwässern vollgepumpt werden. Denn das Brackwasser ist voller Jungfische und Larven. Erdkrabben wie Langusten wachsen hier heran, bevor sie an Land krabbeln oder ins Riff ziehen. An den Wurzeln der Roten Mangrove siedelt eine wohlschmeckende Auster *(huître des palétuviers)*, die nur auf den Antillen heimisch ist. Außerdem bietet das Wurzelgewirr ideale Nistplätze für zahlreiche Vogelarten: Reiher (Kio, Krabbenfischer), Strandläufer und Enten. Die Sümpfe Guadeloupes sind auch ein Rückzugsgebiet für den endemischen Racoon *(Procyon minor Miller)*, das größte wildlebende Säugetier. Man wird kaum mehr Gelegenheit haben, den putzigen Waschbären beim Säubern seiner Beute (Fische, Krebse, Schnecken) zu erleben, denn er ist vom Aussterben bedroht und hat nur noch als Maskottchen des Nationalparks eine Zukunft.

## Strände und Kliffs

Aus dem Meer erheben sich flache und steile Küsten, die sich zu einer variantenreichen Uferlinie formieren. Landspitzen *(pointes)* und Buchten *(anses)* wechseln einander ab, von Riffen oder Mangroven gesäumt, bisweilen schutzlos der Brandung ausgeliefert. Besonders auf der Atlantikseite graben die Wellen oft Tore und Gassen *(portes d'enfer)* in die Felsen, lösen Brokken aus dem Kalk- oder Vulkangestein. So bieten die spektakulären Ostküsten Grande-Terres (Pointe des Châteaux, Pointe de la Grande Vigie), Martiniques (Grand'Rivière bis Sainte-Marie, Savane des Pétrifications) oder Marie-Galantes (Caye Plate, Les Galeries) großartige **Erosionsgebilde.** Den umgekehrten Vorgang kann man in den geschützten Buchten und Rifflagunen, vornehmlich ›unter dem Wind‹ beobachten. Die sanft auslaufenden Wellen schütten dort **Sandwälle** auf und lassen Strände in allen Varianten entstehen – weiße und gelbe aus Korallensand, graue und schwarze aus zerriebenem Vulkangestein. Sind viele Muschelbruchstücke und Schneckenhaussplitter in den Sand gemischt, so kann er rosafarbene Töne annehmen. Während das Feinmaterial im Sog des Wassers zurückströmt, bleibt Gröberes auf der Strandböschung liegen: Kiesel und Tang, fossile Korallen und Muscheln, Sanddollars und andere Seeigelgehäuse.

Am Strand gedeihen nur Pflanzen, die dem Wind, der Sonne und dem hohen Salzgehalt von Luft und Boden trotzen. Direkt auf der Sandoberfläche gedeihen Strandwinden *(patate bord-de-mer)* sowie Kriech-

An der Pointe des Colibris

gewächse mit rosafarbenen Blüten, die zur Befestigung des Bodens beitragen. Zu den wichtigsten **Strandbäumen** zählt die Meertraube *(raisinier)*, ein breitstämmiger Schattenspender mit fetten runden Blättern, der oft bis ins Meer hinausragt und dessen traubenartige Früchte in den Punsch wandern. Von vergleichbar niederem Wuchs ist der Catalpa *(catalpa* oder *calpata)* mit schmucken gelben Blüten und Äpfelchen, die man besser nicht probiert. Sie sind nämlich leicht mit den hellgrünen Früchten des hochgiftigen Wolfsmilchgewächses *(mancenillier)* zu verwechseln, das beim geringsten Kontakt (Berühren der Blätter, bei Regen) die Haut verätzt. Der *mancenillier* ist auch hinter der Küste in Trockengebieten relativ häufig anzutreffen und gleicht darin der Meermandel *(amandier)* mit ungenießbaren, jedoch harmlosen Früchten. Die bis zu 25 m hohe Kokospalme *(cocotier)*, das elegante Markenzeichen des Karibikstrands, ist übrigens als Schattenspender nur bedingt geeignet, da man in Stammnähe Gefahr läuft, von den kiloschweren Nüssen getroffen zu werden.

An den windgepeitschten, aber niederschlagsarmen Felsenküsten erscheint die Vegetation äußerst karg. Problemlos wachsen hier nur **Sukkulenten,** Fettblattpflanzen, die genügend Wasser speichern können. Die bis zu 5 m hohen Kerzenkakteen *(cierges)* sind am häufigsten anzutreffen und bilden

Kolonien, die wie grüne Mäuerchen in den Himmel ragen. Seltener sieht man die dornigen Opuntien *(raquettes)*, und den endemischen Melokaktus mit dem gehässigen Namen *Tête à l'Anglais* (›Engländerkopf‹) muß man schon suchen. Es gibt neben diesen Kakteen und einigen Agavenarten auch noch genügsame Sträucher der Akazien- und *ti-baume*-Arten, die sich zu einer Dornbuschsavanne ausweiten und landeinwärts in einen Trockenwald übergehen können. Das schönste Gewächs ist hier der Frangipanistrauch *(frangipanier)* mit langen spitzen Blättern und stark duftenden, weißen oder rosafarbenen Blüten. Eine Park- und Friedhofspflanze, deren Pracht am kargen Felsen besonders ins Auge sticht.

Zum Küstenerlebnis gehört die Begegnung mit ihren größten Bewohnern. Den großen **Fregattvogel** *(frégate)* sieht man hoch oben am Himmel kreisen. Das Weibchen ist unscheinbar braun, das Männchen aber schwarz und mit einem Kehlsack ausgestattet, der sich zur Paarungszeit scharlachrot färbt. Der Flugkünstler mit dem schönen Scherenschwanz ist ein Luftpirat, der anderen Vögeln die Beute abjagt und immer zur Stelle ist, wenn die Fischer anlanden. Er kann nämlich nicht schwimmen wie der **Pelikan** *(pélican,* kreol. *grand gosier)*, ein besonders amüsanter Vogel, der abwechselnd paddelt und taucht, aus dem Wasser flattert und an Land watschelt. Man sieht den braungefiederten Tolpatsch vor allem auf den nördlichen Dependancen und an der felsigen Südspitze Guadeloupes. Dort läßt sich auch der **Leguan** *(iguane)* blicken, der auf Désirade, den Saintes und der Südspitze Martiniques anzutreffen ist. Der scheue Pflanzenfresser mutet mit seinem gezackten Rückenkamm wie ein prähistorischer Drache an und wird leicht übersehen, da er seine Tarnfarbe chamäleonartig wechseln kann.

## Regenwald

Üppig wuchernder, immergrüner Regenwald *(forêt de la pluie, forêt dense)* überzieht die Höhenlagen der gebirgigen Hauptinseln (Basse-Terre, Norden Martiniques). Dort entladen sich die Passatwolken regelmäßig in heftigen Regenschauern, die sich zu einer jährlichen Niederschlagsmenge von 3000 bis 6000 mm summieren. Im Flachland und auf den niederen Hügeln mißt man oft weniger als 1000 mm Regen pro Jahr. Man trifft dort auf einen lichten **Trockenwald** *(forêt xérophile)* von kleinblättrigen Bäumen *(poirier, mapou gris, gommier rouge, fromager)* und Sträuchern *(acacia, campêche, ti-baume)*, die

Riesenphilodendron, ›Fliegenflügel‹ und wilde Ananas

ihre ohnehin geringe Verdunstungsoberfläche durch Laubabwurf beinahe auf Null reduzieren. Erst in Höhenlagen von 300–400 m, bei mittleren Niederschlagsmengen (2000–3000 mm jährlich), kann man eine **Vorstufe des Regenwalds** *(forêt mésophile)*, beobachten, einen schmalen Gürtel von Tropenbäumen, die jedoch in der regenarmen Zeit des *carême* noch häufig die Blätter verlieren. Typisch für diese Zone sind Côtelette- und Kapok-Bäume *(fromager)* sowie die schönen Courbaril- und Mahagonihölzer. Es handelt sich meist um nachgewachsenen Sekundärwald, wenn nicht gar um aufgeforstete Monokulturen, denn der ursprüngliche Bestand ist seit Jahrhunderten den vorrückenden Plantagen (Kakao, Kaffee, Bananen) zum Opfer gefallen. Der ›wirkliche‹ **Dschungel** *(forêt hygrophile)* beginnt dann

über 350 m ›im Wind‹ bzw. 550 m (›unter dem Wind‹) und steht unter dem Schutz der Parkbehörde, die Forststraßen in das grüne Juwel geschlagen und dort Picknickplätze, Lehrpfade und Waldmuseen angelegt hat.

Der tropische Regenwald ist das **artreichste Ökosystem** des Planeten. Wachsen in Mitteleuropa pro $m^2$ durchschnittlich fünf Pflanzenarten, so sind es auf den Französischen Antillen etwa 200. Insgesamt rechnet man mit 2500 Pflanzenarten, und es werden immer wieder neue entdeckt. Dabei ist der Boden ausgesprochen nährstoffarm, denn eine Kompostierung herabfallender Blätter findet nicht statt. Da die Bäume ihre Blätter kontinuierlich abwerfen und diese ständig nachwachsen, trägt der tropische Regenwald das ganze Jahr ein grünes Blätterkleid. Sein Lebenselixier ist der Regen, der auf das Pflanzendikkicht niederprasselt, wieder verdunstet und nur zum geringsten Teil in Bächen und Wasserfällen talwärts rauscht. Das beständige Treibhausklima (95–100 % Luftfeuchtigkeit) sorgt für das überquellende Wachstum des Laubes und verhindert die Bildung von Jahresringen an den Stämmen.

Im Querschnitt erkennt man die **›Stockwerke‹ des Regenwaldes.** Die oberste Laubschicht, das Dschungeldach, wird von den Kronen der Urwaldriesen gebildet. 30–40 m recken sie sich dem Licht entgegen: der weiße Gummibaum *(gommier)* mit duftendem Harz, der gelbe Mangrovenbaum *(palétuvier jaune)* mit meterhoch verknäulten Stelzwurzeln sowie die Brettwurzelbäume *(châtaignier, acomat-boucan)* mit ihren nischenbildenden ›Stützwänden‹. Unter dem Blättergewölbe, im Dämmerlicht, ragen die vergleichsweise dürftigen Wipfel der schlankeren Bäume *(laurier, bois blancs, mahot)* in die Höhe. Sie erreichen eine Größe von etwa 20 m. Eine weitere Etage tiefer wachsen die bis zu 10 m hohen Federbüsche der Baumfarne *(fougère arborescente)* und Euterpe-Palmen *(palmiste montagne).* Auch die importierten Bambussträucher *(bambou)* fächern in diesem ›Stockwerk‹ ihre knisternden Rohre auf. Den düsteren Boden bedecken vielfältige Gräser, Farne, Moose und prächtige Heliconien *(balisier),* die in Lichtschächten aus dem Dickicht hervorleuchten. Heliconien sind Bananengewächse, die am Wurzelstock kahnförmige Blätter ausbilden und in roten, gelben oder orangegelben Sorten vorkommen.

Der Regenwald erhält erst durch zahllose Lianen und Epiphyten, die auf den Bäumen siedeln und die Stockwerke überbrücken den unverwechselbaren Dschungelcharakter. Kaum ein Baumstamm, der nicht von **Schlingpflanzen** bewachsen ist, mögen diese nach Art der Fliegenflügel *(ailes à mouche)* dichtes Laubwerk entwikkeln oder als nackte ›Tarzanseile‹ zum Hangeln verleiten wie die korkenzieherartigen Wasserlianen *(liane à eau).* Auch Philodendren klettern die Bäume hinauf dem Licht entgegen, kleidsame Blätterspiralen *(siguine rouge)* oder riesige Elefantenohren mit langen Luftwurzeln *(siguine blanche)*. Es sind dickblättrige, wächserne Pflanzen, die dem Wirtsbaum aufsitzen (Epiphyten = Aufsitzerpflanzen), ohne schmarotzend in sein Gewebe einzudringen. Die perfektesten Selbstversorger sind die Ananas (Familie der Bromelien) mit rosettenförmig angeordneten Blättern (Trichter), in denen abfallendes Laub und tote Tiere verrotten und Nährstoffe abgeben. Zu den Epiphyten gehören auch Farne, Orchideen und ein Gewächs mit dem sprechenden Namen Würgerfeige *(figuier maudit)*. Sie schlingt ein dichtes Gewirr von Luftwurzeln um ihren Wirt, der schließlich mangels Licht eingeht.

Angesichts dieser atemberaubenden Pflanzenvielfalt verwundert die **bescheidene Fauna.** Die Insellage hat die Zuwanderung großer Säugetiere aus den kontinentalen Regenwäldern verhindert. In Guadeloupe beobachtet man noch den Racoon, auf Martinique das Opossum (kreol. *manicou*). Papageien und Sittiche sind schon vor Jahrhunderten hemmungslosem Jagen zum Opfer gefallen. Als verhängnisvoll hat sich die Einführung des zur Schleichkatzengattung gehörenden Mungo *(mangouste)* erwiesen, der nicht nur Schlangen und Ratten, sondern auch Vögel und Leguane dezimierte. Während Guadeloupe von Giftschlangen frei ist, kann man auf Martinique immer noch der Lanzenotter *(trigonocéphale)* begegnen. Von einem Vogelparadies kann man nicht sprechen, wenn neben dem endemischen Guadeloupespecht *(tapeur)* lediglich zwei Taubenarten *(ramier, perdrix croissant)* und verschiedene Drosselfamilien *(grive fine, grosse grive, grive à pieds jaunes)* anzutreffen sind. Zahlreich sind die Schmetterlinge, Anolis-Eidechsen und die Pfeiffrösche, die bei Einbruch der Dämmerung mit den Grillen ein ohrenbetäubendes Konzert anstimmen. Unter den Gliedertieren sind besonders die 30 cm lange Stabheuschrecke *(cheval à diable)*, der große Herkuleskäfer *(scieur de long)* und die giftige Vogelspinne *(matoutou-falaise)* bemerkenswert.

Über 1000 m verändert der Regenwald sein Gesicht: Der Baumwuchs ist niedriger, das Laub wird widerstandsfähiger, der Artenreichtum geht zurück. In dieser extrem feuchten (8000 mm Jahresniederschlag) und relativ kühlen Region (12–18 °C) bilden sich die Wolken. Nebel und Sprühregen hüllen den Krüppelwald *(forêt rabougrie)* ein, der auf Basse-Terre von einem endemischen Mangle-Baum *(mangle montagne)* beherrscht und sonst von Euterpe-Palmen *(palmiste montagne)* und Marbri-Bäumen bestanden ist. Über der Baumgrenze beginnt die **Höhensavanne** *(savane d'altitude)* mit bunten Blumeninseln (Bergveilchen, Höhenheidelbeere, Bergthymian) und den fetten Rosetten der gelb- oder rot-

Carambol
Cristophine

blühenden Bergananas *(ananas montagne)*. Diese sitzen auf einem wasserdurchtränkten Teppich von Bärlapp, Moosen und Flechten, der sich bis auf die Gipfel zieht.

## Plantagen und Gärten

In den unteren Lagen fielen die Wälder den **Monokulturen** zum Opfer, die seit der Besiedlung das Landschaftsbild der Inseln bestimmen. Nur die kleinen, trockenen und felsigen Dependancen haben sich für jeglichen Anbau als ungeeignet erwiesen. Die Hauptinseln jedoch sind großflächig mit Zuckerrohr, Bananen, im Norden Martiniques auch mit Ananas bedeckt. An die Baumwoll- und Tabakpflanzungen der ersten Siedlergenerationen erinnert fast nichts mehr. Nur auf der windabgewandten Seite Basse-Terres entdeckt man noch Relikte der Kaffeeplantagen, die seinerzeit mit anderen tropischen Nutzpflanzen (Kakao, Vanille, Zitrusfrüchte) durchmischt waren. Eine wirkliche Vielfalt des Anbaus trifft man aber noch in den *jardins créoles,* den winzigen Gärtchen, aus denen die Kleinbauern ihren eigenen Bedarf decken. Auf engstem Raum wachsen hier die ›traditionellen Nahrungsmittel‹, die früher die Sklaven, teilweise schon die Kariben angebaut haben.

Zahlreiche **Zierpflanzen** schmükken Straßenränder, Dorfplätze und Friedhöfe. Da gibt es den *flamboyant* (Flammenbaum, Feuerakazie) mit roten (manchmal gelben) Blütenkaskaden und gefiederten Blättern. Er ist der beliebteste unter den Bäumen, übertrifft an Farbenpracht noch den Tulpenbaum von Gabun *(tulipier)* und wirkt weniger majestätisch als die Königspalme *(palmier royal),* die oft Kirchenfassaden flankiert oder vor Herrenhäusern Alleen bildet. Zum Hochzeitsphoto stellt man sich vor den Baum des Reisenden *(arbre de voyageur),* entgegen allem Anschein keine Fächerpalme, sondern ein Bananengewächs, dessen weitgespreizte, fransige Blätter in einem wasserspeichernden Korbgeflecht zusammenlaufen. Er steht an repräsentativer Stelle, in Parkanlagen oder vor dem Haus. Zierhecken von Croton-Sträuchern säumen die Dorfstraße, umrahmen Veranden und Gärten. In allen Farben blühen die Büsche: die vorwiegend violetten Bougainvillea, die gelbe Allamanda, die

Tropische Früchte    Brotfrucht

# Lexikon der Nutzpflanzen

Das scharfe Piment ist in der kreolischen Küche unentbehrlich

**Ananas:** Kolumbus fand sie auf Guadeloupe, Du Tertre nannte sie die ›Königin der Früchte‹. Sie sitzt in einer Rosette harter, spitzer Blätter und gehört zur Familie der Bromelien. Die wohlschmeckendste Sorte ist die Flaschenananas.

**Avocado:** Nach Nüssen schmeckende Baumfrucht mit großem Steinkern.

**Banane:** Empfindliche Staude mit metergroßen Blättern, die an den Rändern leicht einreißen. Über der violettroten Blütenspitze bildet sich ein Fruchtstand aus. Neben verschiedenen Sorten der Obstbanane *(figue, plantin)* gibt es die Gemüse- *(poteau)* und die reine Zierbanane.

**Brotfrucht:** Maulbeerbaumgewächs, das von Kapitän Bligh zur Ernährung der Sklaven aus Tahiti eingeführt wurde (1723). Der *arbre à pain* liefert neun Monate hindurch stärke-, zucker- und vitaminreiche Nahrung. Zwischen tiefgrünen, gelappten Blättern sitzen die kindskopfgroßen, warzigen Kugelfrüchte (2 kg), deren Fleisch an Brotkrume erinnert. Man kocht oder brät sie wie Kartoffeln.

**Carambole:** Säuerlich schmeckende Sternfrucht mit gelber, wächserner Schale. Zum Verzieren von Drinks.

**Christophine:** 10–20 m langes Lianengewächs mit hellgelben Schoten in Paprikagröße. Als Gratin oder Mousse zuzubereiten.

**Corossol:** Grüne, melonenähnliche Stachelfrucht, eine Annonenart, aus der ein sahniger, aromatischer, leicht säuerlicher Saft gewonnen wird.

**Guave:** An Büschen wachsende Vitaminbombe südamerikanischer Herkunft. Unter der glatten Haut verbirgt sich rosafarbenes Fruchtfleisch mit harten Samenkörnern. Das Birnen- und Feigenaroma der Tropenfrucht kommt am besten in Säften, Marmeladen und Eis zur Geltung.

**Igname- oder Yamswurzel:** Stärkehaltige Wurzelknolle, bis zu 20 kg schwer. Die Einheimischen unterscheiden verschiedene Sorten (weiße, gelbe, Bastards). Die Knollen werden in Salzwasser gekocht (sonst giftig!) und gehören zu den traditionellen Grundnahrungsmitteln.

**Kaffee:** Erst grüne, dann rote Strauchbeeren, die sich aus jasminartig duftenden Blüten entwickeln. Sie bestehen jeweils aus zwei gegeneinander abgeplatteten ›Kirschkernen‹, den Kaffeebohnen.

**Kokosnuß:** Die Nüsse tragende Palme, eine der ältesten und wichtigsten Kulturpflanzen, bringt jährlich 50–100 Früchte hervor. Nicht nur die Milch, das Fruchtfleisch (Pflanzenfett) und die Bastschicht (Matten), auch Palmwedel (Hüttendächer) und Stämme (Bauholz) werden verwertet.

**Limone oder Limette:** Kleine grüne Zitrone *(citron vert)*, die für den täglichen Rumpunsch benötigt wird. Alle anderen Zitrusfrüchte (Chadec, Grapefruit, Mandarine, Orange, Pomelo) haben geringere Bedeutung.

**Litschi:** Die in China beliebte Frucht kam über Jamaica auf die Antillen. Das weiße, zuckrige Fruchtfleisch unter der rosafarbenen, warzigen Schale schmeckt wie parfümiert.

**Malaka-Apfel:** Gläsern rote oder weißgelbe Baumfrüchte, die erfrischend wässrig schmecken.

**Mango:** Aus Indien importierter, bis zu 30 m hoher Schattenspender mit glänzend dunkelgrünem Laub und ovalen, köstlich duftenden Früchten *(mangots)*. Die veredelten, sehr saftigen *mangues* wachsen an kleineren Bäumen.

**Maniok:** Von den Arawak importiertes Grundnahrungsmittel, das als Getreideersatz Verwendung findet. Die Wurzelknollen werden geraspelt, gewässert, ausgepreßt und somit entgiftet, bevor die getrocknete Paste gemahlen wird. Aus dem Maniokmehl backt man ein Fladenbrot *(cassave)*.

**Maracuja oder Passionsfrucht:** Aromatische Lianenfrucht mit geleeartigem Fleisch aus vielen Kernen. Köstlich als Sorbet.

**Muskatnuß:** Lorbeerähnlicher Baum mit pfirsichähnlichen Früchten, in denen eine kleine Nuß steckt, die mit einem roten ›Netzhemd‹ überzogen ist.

**Papaya:** Die melonenartigen Früchte hängen unter dem palmenähnlichen Blätterdach direkt am Stamm und erreichen beachtliches Ge-

wicht (bis zu 8 kg). Das mildsüße Fleisch leuchtet orangefarben und mundet mit Limonensaft am besten.
**Piment:** Strauch mit grünen und roten Schoten. Höllisch scharfes Chiligewürz, in der kreolischen Küche unentbehrlich.
**Quenette:** Grüne ›Lutschkugel‹ mit pelzigem Fleisch, anfangs aromatisch, dann schal schmeckend.
**Sapotille:** Apfelgroße Früchte mit kandissüßem Fleisch unter der braunen Schale.
**Süßkartoffel oder Patate:** Stärkehaltige Knolle, die durch Kochen einen süßlichen Geschmack erhält.
**Surelle:** Die kirschgroße, gelbe Strauchfrucht hängt in Trauben an zarten Zweigen. Nur mit viel Zucker (im Punsch, kandiert und als Marmelade) genießbar. Nicht nur dem Namen nach leicht zu verwechseln mit der an Stielen sitzenden **Surette.**
**Tamarinde:** 10–20 cm lange, braune Hülsen des gefiederten Zierbaums, säuerlich im Geschmack. Man nennt sie *tamarin-ci,* im Unterschied zur *tamarin des Indes,* einer runden und karamellfarbenen Sorte.
**Vanille:** Importiertes Lianengewächs in schattenspendenden Obstbäumen. Die Blüten werden manuell befruchtet, die Schoten vor der Reife geerntet und getrocknet.
**Zimt** *(canelle):* Rinde des zweijährigen Schößlings, die abgeschält und in Bündeln zum Trocknen ausgelegt wird.
**Zimt- oder Rahmapfel:** Die Baumfrucht aus der Familie der Annonen sieht wie ein genoppter Apfel aus und heißt *pomme de cannelle.* Man lutscht das sahnige Fruchtfleisch von den Kernen ab, der Geschmack ähnelt einer Mischung aus Birne und Zimt.
**Zuckerrohr:** An Schilf erinnerndes Tropengras *(canne)* mit silbernen Blütenrispen *(flèches)* und zuckerhaltigem Halm. Die bis zu 5 m hoch wachsenden Stengel werden ab Dezember geschlagen. Kinder kauen oft die nicht sehr wohlschmeckenden Halmstücke.

rote Ixora und überall der weiße, orange- oder rotfarbige Hibiskus, die ›Rose der Tropen‹. Weitere exotische Schönheiten unter den Blumen sind der ährenförmige Antillenlavendel *(alpinia),* der faustgroße Fackelingwer *(rose porcelaine),* die steife Heliconie *(balisier)* und die Flamingoblume *(anthurium)* mit wachsartigen Hüllblättern und warzigen Blütenkolben.

**Kolibris** umschwirren die nektarreichen Blüten, scheinen in der Luft zu stehen oder vermögen gar rückwärts zu fliegen. Man kann drei Arten unterscheiden: den Granatkolibri *(madère)* mit dem langen, gekrümmten Schnabel, den kleineren Doktorvogel *(colibri valle vert)* und den winzigen, 3 g leichten Haubenkolibri *(colibri huppé).* Auf Martinique ist noch eine vierte Art, der Blaukopfkolibri *(colibri tête bleue)* anzutreffen, allerdings nur in den Bergen (ab 450 m Höhe). Besonders zivilisationsfreundlich scheinen die Zukkervögel oder Bananaquits *(sucrier),* gelbbäuchige Sperlinge, die in den Gartenhecken nisten und zum Essensklau auf die Terrassen kommen. Dort sieht man auch die grünen Anolis-Eidechsen *(anolis)* im Zickzack über die Wände huschen und kampfeslustig ihren gelben Kehlsack aufblasen. Als Haustiere wird neben Hund und Katze allerlei Geflügel gehalten, wobei Kampfhähne sich besonderer Zuwendung erfreuen (s. S. 185f.). Das schwarze Hausschwein ist ein beliebter Fleischlieferant (Weihnachtsbraten, Blutwurst *(boudin créole*), ebenso die Ziege *(cabri),* neuerdings auch das indische Buckelrind *(zébu).* Es diente früher vor allem als Lasttier und zog die zweirädrigen *cabrouets* (Ochsenkarren) von den Zuckerrohrfeldern. Heute sieht man immer mehr Tiere auf ehemaligen Anbauflächen weiden, meist in Begleitung eines Kuhreihers *(ibis).* Der schmale weiße Vogel (ca. 50 cm groß) stürzt sich auf die Insekten, die das *zébu* beim Grasen aufscheucht.

# Geschichte und Gesellschaft

Die Indianer und Kolumbus

Alltag in der Sklaverei

Von der Kolonie zum französischen Überseedepartement

Banane und Zucker

Geschlechterrollen antillanisch

Die Weißen und die Farbigen

Das Château Dubuc auf Martinique

# Daten zur Geschichte

## Die Indianer und Kolumbus

**4000 v. Chr.** Über Venezuela und Trinidad erreichen die ersten Menschen den Antillenbogen.

**Ab 300 v. Chr.** Das aus dem Orinocodelta kommende Indianervolk der Arawak setzt mit Einbäumen von Insel zu Insel über. Sie siedeln auch auf Martinique und Guadeloupe, wo sie zunächst als Jäger und Ackerbauern leben.

**Um 400 n. Chr.** Die Arawak färben ihre Keramik nicht mehr ›weiß und rot‹ sondern ›weiß auf rot‹. Jetzt beginnen sie auch Muscheln zu verzehren. So bildet sich die typisch antillanische Zivilisation von Fischer-Bauern, die aus Lambi-Muscheln Beile und Hacken fertigen.

**Ab 700** Aus dem Amazonasgebiet stoßen die Kariben (»Krieger«) nach Norden vor. Die Halbnomaden werden auf den Inseln seßhaft, nehmen sich Arawakfrauen und massakrieren und versklaven deren Männer.

**1493** Auf seiner zweiten Amerikareise entdeckt Christoph Kolumbus die Inselgruppe von Guadeloupe (s. S. 123). Er landet und findet die Dörfer leer.

**1502** Vier Jahre vor seinem Tod, auf der vierten und letzten Amerikareise, betritt Kolumbus auch die Insel Martinique. Ihm war die Legende zu Gehör gekommen, daß sie »zur Gänze von Frauen bevölkert sei« (Bordbuch der ersten Reise).

**16. Jh.** Mangels Bodenschätzen erweisen sich die Kleinen Antillen für die Spanier als wenig interessant. Auf ihrer Amerikaroute (Spanien – Puerto Rico/Hispaniola) machen sie jedoch regelmäßig Station auf Guadeloupe und Martinique, wo sie sich mit Wasser und Holz versorgen. Mit den Kariben unterhalten sie Tauschgeschäfte.

## Die französische Kolonisierung

**1626** Nachdem auch die Engländer, Holländer und Portugiesen karibische Inseln kolonisieren, gründet Richelieu die *Compagnie des Isles d'Amérique.* Der normanni-

# Arawak und Kariben

Arawak-Steingravuren im Parc Archéologique von Trois-Rivières

Die Ausrottung der ›Ureinwohner‹ liegt lange zurück. Manchmal entdecken die Insulaner auf vergilbten Fotos noch indianische Gesichtszüge beim einen oder andern Vorfahren. Die Einbildungskraft spielt hier eine große Rolle – wie bei allen Geschichten und Legenden, die man sich von der präkolumbischen Bevölkerung erzählt. Was bleibt, sind rätselhafte Felszeichnungen, ein paar Scherben bunt bemalten Geschirrs, die aus Südamerika eingeführte Maniokwurzel, das mit dem Einbaum verwandte *gommier*-Boot (s. S. 232) und allerlei Namen, nach denen Orte, Hotels oder Musikgruppen benannt sind. So geistern die Häuptlinge Callinago und Pilote durch die Werbebroschüren, Picknicktische heißen nach den strohgedeckten Indianerhütten *ajoupas* oder *carbets,* und von der Flechtkunst bis zur Hängematte werden indianische Traditionen gepflegt.

Was die ›Rothäute‹ selbst anbelangt, so ist man auf die Berichte der spanischen Entdecker angewiesen, denen damals nackte, mit roter Paste (Sonnen- und Mückenschutzmittel) bemalte Inselbewohner entgegentraten. Kolumbus nannte sie ›Indianer‹, weil er sich in Indien angekommen wähnte, und unterschied zwischen guten (friedlichen) und bösen (kriegerischen) Wilden. Zur ersten Sorte gehörten die Taino aus der Sprachgruppe der Arawak, die der Spanier noch auf der Bahamainsel Guahani antraf. Daß sie sich beim Anfassen spanischer Schwerter verletzten, zeigte, wie harmlos diese Taino waren. Während die Männer zur Jagd und auf Fischfang gingen, bauten die Frauen Maniok, Tabak, Ananas und Mais an. Für die Küche töpferten sie aus übereinandergeschichteten Tonwürsten Geschirr, das sie in verschiedenen Rot-Weiß-Techniken und außerdem mit schwarzem Naturteer färbten. Beliebt war ein Hüftballspiel, bei dem die Arawak schön verzierte Ringe trugen. Auf Dorffesten wurde gesungen, erzählt, getanzt und geraucht. Über Totenkult, Fruchtbarkeitsmythen und die wohl zahlreichen Legenden von guten und bösen Geistern weiß man jedoch nichts Genaues.

Auf Guadeloupe und Martinique hatten sich damals die Kariben, angeblich barbarische Kannibalen, durchgesetzt. Allerdings dürften die spanischen Berichte über ihre grausamen Sitten übertrieben sein und zur Rechtfertigung der Massaker an den ›bösen Indianern‹ gedient haben. Der Kannibalismus hatte rituellen Charakter und war von der Vorstellung bestimmt, sich die Kräfte anderer Menschen einzuverleiben. Übrigens stellten noch die ersten französischen Siedler bei den Kariben den Gebrauch zweier verschiedener Sprachen fest, denn die Frauen hatten – Generationen nach dem Raub ihrer Mütter – das Idiom der Arawak bewahrt. Die Keramik des überlegenen Kriegervolks fiel zweifellos hinter die Töpferkunst der von ihnen vertriebenen Arawak zurück. Über die Geschicklichkeit der Kariben wird aber fast Unglaubliches überliefert. Mit Pfeilen, auf die Wachs gesteckt wurde, ›erlegten‹ sie Kolibris und verkauften die Vögel in gedörrtem Zustand an die Europäer. Ihre Kanus stellten sie ohne eiserne Werkzeuge her, indem sie einen Baum fällten und ihn in die gewünschte Form brannten; mit Steinbeilen wurde dann das verbrannte Holz herausgehauen. Mit solchen bis zu 150 Personen fassenden Pirogen fuhren die Kariben auf die hohe See hinaus, bei schönem wie bei widrigem Wetter. Dank ihrer schnellen Boote, ihrer treffsicher abgeschossenen Giftpfeile, ihrer guerillaartigen Rückzugs- und Angriffstaktik konnten sie sich eine Weile gegen die Siedler behaupten. Binnen 50 Jahren aber waren die meisten von Alkohol und Krankheiten dahingerafft oder – unter Lebensgefahr – geflohen. Nur wenige Familien haben sich noch eine Zeit lang in entlegenen Buchten versteckt gehalten, bevor sie sich mit den weißen Siedlern und schwarzen Sklaven vermischten. Nachkommen der Kariben leben heute nur noch auf der Nachbarinsel Dominica, wo Anfang des 20. Jh. ein Indianerreservat geschaffen wurde.

sche Seefahrer Pierre Belain d'Esnambuc arriviert vom Piraten zum Gouverneur von Saint Christopher (Saint Kitts), der ersten französischen Kolonie. Sie besteht aus abenteuerlustigen Kleinbauern, die den unentgeltlichen Transport durch dreijährige Arbeitsverträge abdienen und deshalb *engagés* heißen.

**1635** Zwei Normannen, L'Olive und Du Plessis, erhalten von der Handelsgesellschaft den Auftrag zur Besiedlung zweier weiterer Inseln. Ihre Mannschaft ankert am 24. Juni vor Martinique, segelt aber wegen der hohen Berge weiter nach Guadeloupe, wo am 28. Juni bei Sainte-Rose (Pointe Allègre) 550 *engagés* an Land gehen. Zwei Monate später landet D'Esnambuc mit einer zweiten, etwa gleich großen Mannschaft auf Martinique (Le Carbet), wo ab 1636 sein Neffe Duparquet den Gouverneursposten übernimmt.

**1636** Das königliche Edikt vom 31. Oktober gestattet die Einfuhr von Sklaven aus Afrika.

**1636–39** Während in Guadeloupe die Besiedlung mit der Ausrottung der Kariben Hand in Hand geht, verständigt sich Duparquet mit den Indianern auf ihren friedlichen Abzug in den noch unbesiedelten Süden Martiniques.

**1649** Die *Compagnie des Isles d'Amérique* geht bankrott und verkauft ihre Besitzrechte an die Gouverneure Houel und Duparquet, die Guadeloupe und Martinique als private Besitzungen ausbauen.

**1654** Von den katholischen Portugiesen aus Brasilien vertrieben, verraten holländische Juden das Geheimnis des Zuckerbleichens an die Franzosen.

**1660** Auch auf Martinique sind die Kariben fast vollständig ausgerottet.

**1664** König Ludwig XIV. beschließt den Rückkauf der Inseln und gründet deshalb eine neue Handelsgesellschaft, die *Compagnie Française des Indes Occidentales.* Sie erhält das Monopol auf den Sklavenhandel, der als zukunftsträchtiger Geschäftszweig bald die Gründung weiterer Handelsgesellschaften (1673 *Compagnie du Sénégal,* 1685 *Compagnie de Guinée*) nach sich zieht.

**1670** Auf Guadeloupe und Martinique verdrängt der Rohzukker den Tabak als Verrechnungseinheit.

**1685** Der Code Noir definiert Rechte und Pflichten der Sklaven detailliert in 60 Artikeln.

# Dreieckshandel und Plantagenwirtschaft

## Über den Nutzen der Sklaverei

Las Casas war als erster auf die Idee gekommen, afrikanische Sklaven als Ersatz für die wenig widerstandsfähigen und durch eingeschleppte Krankheiten (Pocken) und Massaker gnadenlos dezimierten Indianer einzusetzen. Der bahnbrechende Vorschlag des spanischen Missionars nutzte zwar den aussterbenden ›Rothäuten‹ herzlich wenig, verhalf aber vielen europäischen Händlernaturen zu ungeahntem Reichtum. Seit 1640 fuhren mit Edelmetallen und Zucker beladene Schiffe nach Europa, um von dort Waffen und Schnaps nach Afrika zu bringen, wo sie bis auf den letzten Quadratmeter mit Sklaven vollgepfercht wurden. Nantes war der französische Haupthafen für den Dreieckshandel und hieß daher ›Ville des Négriers‹. Der französische König hatte die Senegalesische und die Guinesische Handelskompagnie vertraglich dazu verpflichtet, jährlich mindestens 2000 Sklaven auf die französischen Inseln zu schaffen. Da der Bedarf an Arbeitskräften nicht zuletzt wegen des hohen Verschleißes bedeutend größer war, konnten Privatunternehmer bei diesen Monopolisten Lizenzen erwerben. Im übrigen war es gang und gäbe, sich gegenseitig Sklaven zu stehlen und das zugesagte Kontingent nötigenfalls durch Raub zu organisieren.

Guadeloupe und Martinique veränderten damals ihr Gesicht: Der bunte Fleckenteppich der ursprünglichen Kulturen (Indigo, Ingwer, Tabak) wich den großflächig-geometrisch angelegten Zuckerrohrfeldern, neben denen es nur noch Brachland und Gemüsekulturen zur Selbstversorgung gab. Rundum von Plantagen umgeben, entstanden nahezu autarke Landgüter, die auf hügeligem Gelände verschiedene Wohn- und Arbeitsbauten umfaßten. *Habitation,* Wohnsiedlung, nannte man eine solche Kolonie in der Kolonie, die auf Gravuren trügerisch als harmonische Lebensgemeinschaft erscheint. Für das gut ventilierte Herrenhaus mit schattigem Garten und hauswirtschaftlichen Anbauten (Küche, Bügelzimmer, Domestikenkammern) wählte man einen Standort mit dem nötigen Überblick. In Sichtweite standen die Behausungen des weißen Personals (Aufseher, Buchhalter, Ingenieure, Ärzte) und die Hütten der Sklaven. In diesen Siedlungsbereich gehörten außerdem: eine Krankenstation, eine Kapelle und Verliese. Schließlich bildeten Mühle, Siederei, Lagerräume, Schmiede und andere Werkstätten einen eigenen Komplex, dessen Bauten auf unterschiedlicher Höhe angelegt wurden, damit die Zuckerproduktion ohne mühsame Transporte ablaufen, der Saft fließen, das Faß rollen konnte.

Die Pflanzer pflegten nach dem Kirchgang auf der Auktion Sklaven zu erstehen, die entsprechend ihrer ärztlich festgestellten Arbeitsfähigkeit in Güteklassen eingeteilt waren. Wenn sie eine Eingabe machten, in der unter anderem die Menge der eingekauften Sklaven angegeben war, bekamen sie vom königlichen Feldmesser eine Urkunde über die Anbaufläche ausgehändigt. Je nachdem, ob und wieviel Sklaven man kaufen und ersetzen konnte, stellte sich unter den Siedlern nämlich schnell heraus, ob man zu den *petits blancs,* den armen Bauern, oder den *grands blancs,* den reichen Zuckerbaronen, gehörte. Aber auch die Sklaven gehörten durchaus nicht einer einzigen sozialen Stufe an: Haussklaven standen über Feldsklaven, Handwerker und Kutscher über Gartenhelfern. Aus dem Zusammenleben mit den Herren erwuchs außerdem eine Aufsteigerschicht von ergebenen Dienern und Mulatten, die Freie werden und dann sogar eigene Sklaven besitzen konnten, die sie oft noch härter und arroganter behandelten als die Weißen. Für die Masse der Schwarzen war freilich ein Ende der Knechtschaft nicht vorgesehen, und manche von ihnen flohen in die Wälder, wo sie sich mit den aussterbenden Indianern vermischten. Diese *marrons,* entlaufene Sklaven, waren vogelfrei und wurden von Kopfgeldjägern verfolgt. Im Sklavenstatus des Code Noir standen sie festgeschrieben: die Möglichkeiten der Freilassung (bei Verwandtschaft und außergewöhnlicher Treue), die Strafen für Fluchtversuche (Abschneiden der Ohren, Durchschneiden der Kniekehlen, Tod im Wiederholungsfall) und auch Schutzbestimmungen (Verbot des getrennten Verkaufs von Mutter und Kind, Ernährungs- und Arbeitszeitregelungen), die jedoch nicht verhindern konnten, daß Krankheit, Selbstmord und Tod unter den entkräfteten Sklaven an der Tagesordnung waren. Doch das war für die Pflanzer kein Problem: Schließlich bestand der entscheidende Vorteil des schwarzen ›Menschenmaterials‹ darin, daß der Nachschub nie ausging – und das dreieinhalb Jahrhunderte lang.

**1691–1703** Die Engländer besetzen wiederholt Marie-Galante und Basse-Terre und nehmen sogar das stark befestigte Fort Saint-Charles (s. S. 138) ein.

**1693–1705** Der Dominikanerpater Labat (s. S. 210f.) setzt im Umgang mit den Sklaven Maßstäbe und wird vor allem auf Martinique zur patriarchalischen Leitfigur.

**Ab 1750** Die Siedler beginnen, Kaffee anzubauen.

**1756–63** In einem Siebenjährigen Krieg kämpfen England und Frankreich um die Vormachtstellung in der Karibik. Im Frieden von Paris (1763) verzichtet der französische König auf die nordamerikanischen Besitzungen, um die Zuckerinseln Guadeloupe und Martinique zu behalten.

**1782** Die große Seeschlacht vor den Saintes-Inseln (s. S. 160f.) endet mit einer vernichtenden Niederlage der französischen Flotte.

## Revolutionsjahre

**1789–92** Die weißen Siedler *(petits blancs)* reagieren auf die Französische Revolution mit der Bildung einer Kolonialversammlung. Als auf Haiti nach grausamen Massakern die erste ›Negerrepublik‹ (1791) ausgerufen wird, setzen die französischen Zuckerbarone auf die Engländer.

**1794** Der Pariser Konvent beschließt die Abschaffung der Sklaverei. Martinique wird von den Engländern besetzt, die dort acht Jahre lang die alte Ordnung garantieren. In Guadeloupe aber landet der Revolutionskommissar Victor Hugues: Er verjagt die englischen Truppen aus dem Fort Fleur d'Epée, läßt in Pointe-à-Pitre 865 Pflanzer guillotinieren, hält aber an der Plantagenwirtschaft fest.

**1802** Napoleon führt die Sklaverei wieder ein und schickt General Richepance zur Entwaffnung der schwarzen Milizen nach Guadeloupe. Da schlägt Leutnant Delgrès eine aufrührerische Proklamation (s. S. 132) an die Mauern Basse-Terres und verschanzt sich zehn Tage im Fort, bevor er mit 300 Getreuen nach Matouba flieht, wo er sich am 28. Mai vor den anrückenden Bonapartisten in die Luft sprengt.

**1848** Am 27. April beschließt die Pariser Regierung die Emanzipationsakte, die Victor Schœlcher, ein Elsässer Fabrikantensohn, als Vorsitzender der zuständigen Kommission vorbereitet hat. Da das Dekret zur endgültigen Abschaffung der Sklaverei jedoch nicht schnell genug in die Kolonien gelangt, kommt es am 22. Mai in Saint-Pierre zu einer letzten Sklavenrevolte.

## Zuckerkrise und Departementalisierung

**Ab 1854** Da es auf den Plantagen an Arbeitskräften fehlt, werden Vertragsarbeiter *(coolies)* aus Indien importiert.

**Ab 1860** Die Einführung der Dampfmaschine und ein neues Kreditwesen führten zur Entstehung industrieller Zuckerfabriken *(usines centrales)*, die gleich die Ernte mehrerer Plantagen verarbeiten. Lokomotiven fahren durch die Anbaugebiete, um die Bündel geschnittenen Rohrs zur Zentrale zu transportieren. Zu Zulieferern degradiert, verlegen sich einzelne Pflanzer auf die Rumproduktion.

**1883–90** Das überreichliche Angebot an Rübenzucker läßt den Zuckerpreis um die Hälfte fallen. Auf Guadeloupe übernehmen mutterländische Aktiengesellschaften bankrotte Habitationen, auf Martinique konzentriert sich das Grundeigentum fortan auf wenige *béké*-Familien.

**1900** Die Landarbeiter von Sainte-Marie strömen von den Feldern, um in einer *grève marchante* eine Fabrik nach der andern lahmzulegen. Marinesoldaten schießen auf die Streikenden. Mit den Verhandlungen (50 %ige Lohn-

| | |
|---|---|
| | erhöhung, Neufestsetzung des Tagessolls) schlägt die Geburtsstunde der antillanischen Arbeiterbewegung. |
| **1914–18** | 52 000 Antillaner kämpfen auf den Schlachtfeldern Europas für die ›Grande Nation‹, 32 000 von ihnen werden verwundet oder fallen. In den Kolonien gibt es zum Dank Kriegerdenkmäler, nicht aber die erhoffte Gleichstellung mit den Franzosen. |
| **1940–43** | Martinique hütet den Goldschatz der Bank von Frankreich. Als Statthalter Vichys macht Admiral Robert Jagd auf jüdische, kommunistische und gaullistische ›Elemente‹, bis im Juli 1943 die USA intervenieren. |
| **1946** | Das auf Betreiben von Aimé Césaire (s. S. 50f.) zustandegekommene Assimilationsgesetz verwandelt die Französischen Antillen in Überseedepartements. |
| **1956** | Mit dem Austritt aus der Kommunistischen Partei Frankreichs (KPF) und der Gründung seiner martiniquanischen Fortschrittspartei (PPM) vollzieht Césaire einen Schwenk in Richtung mehr Autonomie. |
| **Seit 1960** | Das sprunghafte Ansteigen der Bevölkerung führt zu einem Bauboom. Überall entstehen neue Wohnungen, Straßen, Schulen, Krankenhäuser. |
| **1964** | General de Gaulle, auf einem Zwischenstop in Martinique, provoziert die Autonomieanhänger mit dem Satz: »Man baut keine Staaten auf Staubkörner«. |
| **Seit 1970** | Die Zuckerrohrerträge gehen drastisch zurück, immer mehr Fabriken schließen. |
| **1981** | Mit der Wahl Mitterrands zum französischen Präsidenten wird die Dezentralisierung zum Regierungsprogramm. |
| **1985** | Eine Serie von Sprengstoffattentaten erschüttert Guadeloupe. Der in Basse-Terre einsitzende Luc Reinette, Anführer der revolutionären Unabhängigkeitsbewegung, kann aus dem Gefängnis fliehen. Auf Initiative der gewerkschaftlichen Volksunion für die Befreiung Guadeloupes (UPLG) findet in Moule eine »Konferenz der letzten französischen Kolonien« statt, zu der 3000 Teilnehmer anreisen. |
| **1989** | Der Zyklon Hugo verheert Guadeloupe, beschert dem Überseedepartement für den Wiederaufbau aber ein außerordentliches Kreditvolumen. |
| **1993** | Die Bananenmarktverordnung der EU sichert Absatzkontingente für die Frucht, die mit dem Niedergang der Zuckerbranche zum Exportprodukt Nr. 1 geworden ist. |

# DOM-Status

Guadeloupe und Martinique sind **Überseedepartements** *(Départements d'outre-mer, DOM)* und als Verwaltungsbezirke den Departements Frankreichs gleichgestellt. Alle Gesetze der Republik gelten auch für die Ex-Kolonien, sofern nicht explizit Einschränkungen gemacht werden. Es gibt z. B. Sonderregelungen beim Mindestlohn, bei der Familienbeihilfe sowie beim Arbeitslosengeld, die verminderte Sätze vorsehen. Die Beschlüsse darüber fallen in der Pariser Nationalversammlung, in der Guadeloupe und Martinique mit jeweils vier Abgeordneten vertreten sind.

Ein aus Paris entsandter **Staatskommissar** *(Préfet Commissaire de la République)* überwacht die Durchführung der Gesetze vor Ort und ist auf den Überseedepartements für Recht und Ordnung zuständig. Ihm stehen zwei gewählte **Lokalversammlungen** (*Conseil Général, Conseil Régional)* zur Seite, die im Zuge der Regionalisierung erheblich aufgewertet wurden. Zwar hat der Vertreter der Zentralgewalt nach wie vor entscheidende Befugnisse in der Sozialverwaltung und bei den Investitionen zur Infrastruktur, doch die dezentralen Kammern entscheiden eigenverantwortlich über die Verwendung ihrer Haushaltsgelder, die teils aus Staatszuschüssen, teils aus eigenen Steuern finanziert werden. Den Präsidenten der beiden Regionalräte kommt damit Exekutivgewalt zu.

Staatskommissar und Volksvertreter

# Aimé Césaire

## Dichter und Politiker

Ein junger Schwarzer aus Basse-Pointe tut sich am Lycée Schœlcher als ausgezeichneter Schüler hervor. Mit 18 Jahren verläßt er Fort-de-France, um in Paris an der Ecole Normale Supérieure Literatur zu studieren. Er begeistert sich für den Surrealismus, liest Hegel und Marx und lernt einen senegalesischen Kommilitonen namens Léopold Sédar Senghor kennen. Mit ihm gründet er 1934 eine Zeitschrift (›Etudiant noir‹), die der kulturellen Entfremdung der schwarzen Studenten entgegenwirken soll. Rückbesinnung auf afrikanische Werte, *Négritude* ist ihr Programm. In euphorischer Aufbruchsstimmung schreibt Césaire sein ›Cahier d'un retour au pays natal‹, die berühmte Hymne ans neue ›Negertum‹.

Am Vorabend des Krieges kehrt Césaire nach Martinique zurück. Der Nazismus erscheint ihm als Inbegriff der europäischen Barbarei, das Vichy-Regime als letztes Stadium des Kolonialismus. Er unterrichtet als Französischprofessor am Lycée Schœlcher und veröffentlicht surrealistische Gedichte in einer neuen Zeitschrift (›Tropiques‹). Nach der Befreiung Frankreichs geht er in die Politik, wird Bürgermeister von Fort-de-France und zieht als kommunistischer Abgeordneter in die Nationalversammlung ein. Auf seinen maßgeblichen Einfluß ist es zurückzuführen, daß die alten Kolonien (Guadeloupe, Französisch-Guyana, Martinique, Réunion) 1946 als Überseedepartements in die Französische Republik eingegliedert werden. Kaum hat er die Assimilation erstritten, zeigt sich sogleich, daß Césaire mehr anstrebt als die rechtliche Gleichstellung der Antillaner mit den Festlandsfranzosen. 1956 tritt er aus der KPF aus, um die martiniquanische Fortschrittspartei (PPM) zu gründen nach dem Motto: »Der Sozialismus muß in den Dienst der Schwarzen gestellt werden, nicht umgekehrt«. Fortan betont er das Recht auf Differenz, die antillanische Identität, die Besonderheit des »martiniquanischen Volks«.

Die Konstruktion verlangt ein kooperatives Zusammenwirken, das der Bevölkerung bei Gelegenheit eindrucksvoll demonstriert wird. Auf Dorffesten zeigen sich die Lokalpolitiker mit blau-weiß-roten Schärpen in einer Reihe mit dem Staatskommissar, der in seiner weißen Uniform immer noch an einen Gouverneur erinnert. Man legt

Während Senghor Staatspräsident des Senegal wird, schreibt Césaire politische Dramen über die Tragik der ›schwarzen Macht‹ (›La Tragédie du roi Christophe‹, ›Une saison au Congo‹). Er fürchtet ein Haiti und sieht in Frankreich den Garanten des sozialen Fortschritts – deshalb ist er gegen die politische Unabhängigkeit. Doch er erschrickt auch über die Zerstörung der traditionellen Lebensformen, die Verwandlung seiner Heimat in ein Ferien- und Warenlager – und möchte daher das Selbstbewußtsein der Schwarzen gestärkt sehen. Letztlich bleibt die *antillanité* ein Ideal, das Césaire beständig einfordern muß – als Bürgermeister, Deputierter der Nationalversammlung oder als Präsident des Regionalparlaments. Sämtliche Präsidenten der Zentralmacht konfrontiert er mit dem Wunsch nach mehr Autonomie. Zugleich mahnt er die Insulaner unablässig zum Aufbruch aus der nicht nur fremdverschuldeten Unmündigkeit. Seine Stimme wird nicht zuletzt deshalb gehört, weil aus dem Politiker immer noch der Dichter spricht:

»Denn da sind jene, die durchaus nicht zufrieden sind, daß sie nicht nach dem Ebenbild Gottes, sondern nach dem des Teufels gemacht sind
jene die glauben als Neger sei man so etwas wie ein unterer Angestellter der nur warten können muß um höher emporzusteigen
jene die vor sich selber kapitulieren
jene die sich ins tiefste Kellerloch ihrer selbst verkriechen
jene die sich mit stolzer Pseudomorphose brüsten
jene die zu Europa sagen: ›Seht, ich kann wie ihr Bücklinge machen, wie ihr meine Ehrfurcht bezeigen, seht, ich bin nicht verschieden von euch, kümmert euch nicht um meine schwarze Haut: die Sonne hat mich verbrannt.‹
Und es gibt den Kuppler-Neger, den Aslari-Neger, und all diese Zebras wälzen sich wie sie nur können um ihre Streifen loszuwerden im Tau weißer Milch.
Und inmitten von alledem ruf ich hurra! mein Großvater stirbt, ich rufe hurra! das alte Negertum wird nach und nach zur Leiche.«

(aus: Aimé Césaire, Zurück ins Land der Geburt, Frankfurt 1962)

einen Kranz am Kriegerdenkmal nieder, zieht hinter Majoretten in die Kirche und weiht nach der Messe einen kommunalen Neubau ein. Der Bürgermeister dankt dann als ›Sohn des Volkes‹ dem Staat für die Subventionen, an deren Verteilung er meist als Ratsmitglied *(conseiller)* selbst beteiligt war. Der Präfekt wiederum lobt die Tüchtigkeit des Bürgermeisters und stellt dabei klar, daß es »für den Staat keine linken oder rechten, sondern nur gut- oder schlechtverwaltete Gemeinden« gibt.

Die Zugehörigkeit zu Frankreich wird von der großen Mehrheit der Bevölkerung als Chance begriffen. Schließlich zeigt der Vergleich mit den Nachbarstaaten, daß man mit dem DOM-Status nicht schlecht fährt. Der Schock der US-Invasion auf Grenada (1983) hat zusätzlich dazu beigetragen, daß die **politische Unabhängigkeit** als illusionäre, wenig wünschenswerte Perspektive erscheint. Die Bombenanschläge, die Mitte der 80er Jahre Guadeloupe erschütterten, waren Verzweiflungsaktionen einer alleingelassenen ›Volksbewegung‹, die sich nach der vorübergehenden Inhaftierung ihres Führers noch in Graffitis (»*Français dehors!*« – »Franzosen raus!«) zu Wort meldet. Auf Martinique gab und gibt es nichts Vergleichbares, denn dort hat Aimé Césaires Partei den *indépendantistes* den Wind aus den Segeln genommen. Sie heißt PPM *(Partie Progressiste Martiniquais)*, betont bei aller Treue zu Frankreich die Eigenständigkeit der Insel und gewinnt mit ihrer autonomistischen Linie regelmäßig die meisten Stimmen. Es tut der Originalität dieser Linkspartei keinen Abbruch, daß die kommunistischen Gruppierungen (PCG, PCM) ihrerseits ihre *antillanité* herausstreichen und mit der nationalen PCF wenig zu tun haben wollen. Von den traditionellen französischen Parteien sind in den DOM die sozialistische PS, die liberalkonservative UDR und die gaullistische RPR vertreten.

## Importökonomie

Im französischen Staatshaushalt sind jährlich Hunderte von Millionen Francs ausgewiesen, die den Überseedepartements zugutekommen, ihre Entwicklung fördern und den Lebensstandard europäischem Niveau annähern. Das Budget des zuständigen Ministeriums *(Ministère des Départements et Territoires d'outre-mer)* liefert dabei nur einen Bruchteil der Gelder. Viel bedeutender ist die Summe, die sich aus Sonderposten anderer Ministerien (Erziehung, Gesundheit, Justiz, Verkehr, Post und Fernmeldewesen, Städte- und Wohnungsbau, Landwirtschaft) zusammenaddiert. Ein Investitionsfonds verwaltet die vom Parlament bewilligten Kredite, über deren Verwendung dann die politischen Instanzen der Departements entscheiden. Die ›nationale Solidarität‹ wird im übrigen durch die Strukturförderung der EU ergänzt.

Aus den beständig fließenden öffentlichen Geldern ist eine **Infrastruktur** entstanden, die bilderbuchartig demonstriert, was die DOMs von den Nachbarinseln unterscheidet. Hier finden sich nicht

Plakate werben für lokale Produkte

nur Rathäuser und Gendarmerien, sondern auch sozialstaatliche Einrichtungen, die man in der Dritten Welt meist vergeblich sucht. Krankenhäuser, Entbindungsheime, psychiatrische Kliniken stehen in ausreichender Zahl zur Verfügung, und an allen Ecken schießen Bildungsstätten aus dem Boden: Kindergärten und Grundschulen, Gymnasien und Berufsbildungszentren, Universitätsinstitute sogar. Man hat die Kanalisierung eingeführt, Kläranlagen erbaut und Wohnungsbauprogramme initiiert. In der Peripherie der Hauptstädte sind die Blechhüttenslums *(bidonvilles)* weitgehend abgerissen, ihre Bewohner in Übergangs- und Sozialwohnungen umquartiert und die sanierten Viertel mit Sport- und Freizeitanlagen ausgestattet worden. Noch die entlegenste Hütte hat Stromanschluß und empfängt via Satellit RFO, und ein dichtes Netz asphaltierter Straßen erschließt die Inseln bis in die Bergwälder hinein. Nicht zu vergessen: die Einrichtung hochmoderner Containerterminals (Pointe-à-Pitre/Jarry und Fort-de-France) und der Ausbau der beiden internationalen Flughäfen (Le Raizet, Lamentin).

Die staatliche Generosität ist nicht uneigennützig, denn die ›*Grande Nation*‹ legt Wert auf ihre außereuropäische Präsenz. Außerdem kommen die Aufträge der Wirtschaft zugute: Baufirmen, Stromversorgungsunternehmen, Flug- und

Schiffahrtsgesellschaften, die übrigens teilweise in staatlicher Hand sind (Eléctricité de France, Air France, Compagnie Générale Maritime). Neben der Nachfrage des Staats schlägt auch noch die Kaufkraft seines gutbezahlten Personals zu Buche. Denn jeder Lehrer, Polizist und Forstbeamte erhält für den Dienst in Übersee ein Gehalt mit 40 % Teuerungszuschlag, Entfernungsprämie, Urlaubsgratifikation. Allein die Beamtenbezüge, 55 % der gesamten Lohnmasse, schwemmen einen satten Strom von Konsumgütern auf die Antillen. So präsentieren sich Guadeloupe und Martinique als **›Schaufenster Frankreichs‹** in der Karibik, bieten – vom normannischen Rohmilchkäse bis zum Peugeot 305 – die ganze Palette des *›savoir vivre‹*, zu EU-Preisen oder teurer, denn die Transportkosten und eine Importsteuer *(octroi de mer)* kommen hinzu.

Das Herz der Antillenwirtschaft schlägt in den Häfen, wo sich die CGM-Container zu langen Gassen stapeln, bevor sie von LKWs zu Lagerhallen (Jarry/Abymes, Lamentin) und Supermärkten transportiert werden. Wenn sie wieder zur Schiffsverladung zurückkehren, sind sie mit Bananen und anderen Agrarprodukten gefüllt, teilweise auch leer. Der Export ist bescheiden und beträgt um 20 % der Einfuhren, die sich in etwa mit den öffentlichen Ausgaben decken. Das Geld fließt also zurück nach Europa, und die DOMs vermitteln eigentlich nur ein staatlich finanziertes Zusatzgeschäft für französische Unternehmen, die nicht daran denken, mit hohen Kosten in winzige Märkte zu investieren. Die wenigen Ausnahmen (Bierbrauereien, Konserven- und Mineralwasserfabriken) bestätigen die Regel. Die kleinen antillanischen Betriebe können nämlich schwerlich mit den europäischen Multis konkurrieren, haben sogar Schwierigkeiten, ins heimische Verteilernetz einzudringen, da die Händler bei entsprechend hoher Abnahme von den Importfirmen Rabatte erhalten. Nur im Energie- und Baustoffbereich sind unter staatlicher Regie Versorgungsmonopole (EDF-Kraftwerke, SARA-Erdölraffinerie, SCA-Zementfabriken) entstanden, ansonsten gilt das ökonomische Gesetz, daß der Import die lokale Produktion verhindert. Nicht umsonst hat sich der **Handel** zur lukrativsten Inselbranche entwickelt.

Der französische Staat sieht dem beständigen Geldfluß nicht tatenlos zu. Er bietet Investoren steuerliche Vorteile (bis zu völligem Verzicht auf Gewinnbesteuerung), Prämien (bis zu 30 % der Investitionssumme) und billige Kredite. Doch das einfließende Kapital wird fast nur in Baugrund und Immobilien investiert. Die Anleger haben es auf die staatlichen Vergünstigungen abgesehen und sind nicht daran interessiert, die lokale Produktion konkurrenzfähig zu machen. Sie spekulieren lieber auf den internationalen Kurswert der Karibik und kalkulieren dabei Unwägbarkeiten

(Dollarkurs, Flugtarife, Trends auf dem Reisemarkt) mit ein. In den letzten Jahren hat sich daher der **Tourismus** zur Hauptdevisenquelle von Guadeloupe und Martinique entwickelt, große Hotelketten (Hilton, Sheraton, Club Méditerranée) sind eingestiegen, Fluggesellschaften und Reiseveranstalter beteiligen sich am Geschäft. Da das lokale Preisniveau hoch ist, zielt die Branche auf zahlungskräftige Klientel aus Nordamerika (27 % US-Amerikaner, 9 % Kanadier) und Europa (40 % Franzosen, 6 % andere Nationalitäten). So ballen sich an einigen besonders schönen Strandabschnitten die Luxushotels zu touristischen Enklaven (Gosier, Saint-François; Trois-Ilets, Pointe du Bout), die im Extremfall (Saint-Barthélémy) eine ganze Insel umfassen. Für die einheimischen Wirtsleute und Ladenbesitzer fällt bei diesem Boom nicht allzuviel ab, und die kleinen Hotels und Privatquartiere *(gîtes ruraux)* bleiben auf findige Individualtouristen angewiesen.

## Landwirtschaft in der Dauerkrise

Der kaum ins Gewicht fallende **Export** (20 % des Imports) entstammt fast ausschließlich dem Agrarsektor (Banane, Ananas, Avocado, Limette, Flamingoblume), der in seiner monokulturellen Ausrichtung noch

Bananenplantage auf Martinique

immer an Kolonialverhältnisse erinnert. Der großflächige Anbau von Ausfuhrprodukten schließt freilich ein, daß der lokale Bedarf selbst im Bereich der Landwirtschaft keineswegs gedeckt wird und der *pacte colonial* sich als Einfuhrzwang perpetuiert: Getreide, Fleisch und Milcherzeugnisse müssen importiert werden, auch Gemüse, Früchte und Fische. Man versucht den *circulus vitiosus* durch Diversifikation des Angebots zu durchbrechen, das die Selbstversorgung erhöhen und neue Exportmöglichkeiten im Feinkostbereich eröffnen soll. Doch während die europäischen Tomaten- und Rinderberge auf die Antillen herüberschwappen, stoßen die tropischen Produkte auf die billigere Konkurrenz der AKP-Staaten (Entwicklungsländer in Afrika,

Zuckerrohranbau in Basse-Terre

im karibischen und pazifischen Raum), die im Lomé-Abkommen Einfuhrgarantien zugesichert bekamen. Vor allem aber droht, daß die Freihandelsregeln der WTO (World Trade Organisation) den EU-Behörden die agrarprotektionistischen Maßnahmen verbieten, auf die man sich auf Guadeloupe und Martinique auch in Zukunft verlassen will.

## Banane

Sie rangiert als **Exportprodukt Nr. 1** weit vor den anderen Agrarprodukten. In den feuchten Hanglagen der beiden Hauptinseln (Capesterre, Nordosten von Martinique) bedekken die Bananenplantagen Anbauflächen von jeweils 7000 ha, die zu 95 % mit der Exportsorte *(banane-plantin)* bestanden sind. Die einheimischen Gemüse- *(banane-poteau)* und Dessertsorten *(banane-pomme* oder *figue)* werden in den kreolischen Gärten angepflanzt und auf den lokalen Märkten angeboten.

Die schnellwachsende Staude nimmt täglich 50 l Wasser auf und bildet in neun Monaten (bei entsprechender Flüssigkeitszufuhr noch schneller) einen Fruchtstand von 80–200 Bananen aus. Mit künstlicher Bewässerung lassen sich regenarme Perioden überbrücken und trockenere Lagen für den Anbau nutzen. Plastiksäcke schützen die heranreifenden Früchte vor Temperaturschwankungen und Ungeziefer, gegen das auch massiv Chemikalien gesprüht werden. Die Ernte fällt in keine bestimmte Periode und findet gestaffelt das ganze Jahr über statt. Mit dem bis zu 20 kg schweren Fruchtstand *(régime)* wird auch die Staude abgeschlagen, aus deren Strunk bereits neue Schößlinge sprießen. Man

Bananenverkauf im Dorf

verpackt die noch grünen ›Hände‹ und stapelt die Kartons in Containern, die in Kühlschiffen nach Le Havre und Bordeaux gelangen, wo die Früchte in Wärmekammern nachreifen.

Die Antillenfrucht ist kleiner und süßer als ihre Konkurrenz aus Mittelamerika, die vor allem wegen extrem niedriger Lohnkosten preisgünstiger angeboten werden kann. Diese (in Deutschland besonders beliebten) ›Dollar-Bananen‹ unterliegen seit der **EU-Bananenverordnung** von 1993 jedoch einer Einfuhrbeschränkung in Höhe von 2 Mio. t, so daß andererseits den AKP- und EU-Bananen ein garantierter Absatz von mehr als 850 000 t reserviert bleibt. So teilen sich die gelben Früchte aus Guadeloupe und Martinique mit denen aus Madeira, Kreta und den Kanaren ein gutes Viertel des europäischen Marktes. An der gesicherten Quote hängt die Existenz von 20 000 Antillanern (Pflanzer, Land- und Hafenarbeiter), die sich – anders als die Importeure – nicht ohne weiteres umorientieren können. Gelockerte EU-Einfuhrquoten wären für sie vielleicht verheerender als jeder Zyklon.

## Zucker und Rum

Manches Zuckerrohrfeld ist seit Kriegsende Bananenplantagen gewichen, und vor den Blechruinen stillgelegter Zuckerfabriken grasen heute oft Rinder. Trotzdem ist das Landschaftsbild noch weitgehend von der kolonialzeitlichen Monokultur bestimmt, die auf Guadeloupe sogar ganze Inselteile (Grande-Terre, der Norden von Basse-Terre, Marie-Galante) beherrscht. Die Ernte gelangt auf LKWs und Lieferwagen in die verbliebenen Zuckerzentralen *(usines centrales)*, in denen täglich etwa 2000 t Zuckerrohr zu Rohzucker und Nebenprodukten (Melasse, reiner Alkohol, Rum) verarbeitet werden. Von diesen Großbetrieben – sie beschäftigen jeweils 100–200 Industriearbeiter – gibt es noch zwei auf Guadeloupe (Gardel, Grande Anse/Marie-Galante) und eine einzige auf Martinique (Le Galion). Es sind Aktiengesellschaften, die sich im Zuge der Stillegungen und durch staatliche wie kommunale Beteiligungen ständig vergrößerten und alle Welt von sich abhängig wissen: die Landarbeiter, die zum größten Teil ausschließlich zur Erntezeit (Februar bis Juni) beschäftigt werden; die Pächter, die einen Teil der fabrikeigenen Plantagen in eigener Regie bewirtschaften; und schließlich die selbständigen Pflanzer, die den Ertrag ihrer 1–3 ha großen Parzellen in der Fabrik abliefern müssen. Auf allen **Pflanzungen** bietet sich noch dasselbe vorindustrielle Bild: der Zuckerrohrschneider *(coupeur de canne)*, die oft weibliche Hilfskraft *(amarreuse)*, das Transportmittel. Selbst auf den großen Ländereien gibt es nur wenige Schneidemaschinen, neben denen noch ein Heer von Saisonarbeitern die Macheten schwingt.

So kann man weder mit der vollmechanisierten Landwirtschaft der USA noch mit den Billiglohnländern der Region (Cuba, Brasilien) konkurrieren. Ist auch nicht nötig, denn die EU-Quotenregelung garantiert die Abnahme des Zuckers weit über dem Weltmarktpreis. Allerdings haben die Subventionen bisher nichts an den chronischen Defiziten der Zuckerzentralen geändert. Die zugebilligten Quoten wurden nie erreicht, die Anbauflächen gingen stetig zurück, die Ernteerträge sind seit 1970 fast um die Hälfte gesunken. Nach bewährter EU-Logik hat man für die Zuckerrohrverarbeitung eine Schwelle der Rentabilität errechnet (Guadeloupe 900 000 t, Martinique 350 000 t) und zur Steigerung der Erträge eine Reihe von Maßnahmen ergriffen: Subventionierung des Zuckerrohrankaufpreises, Zuschüsse für die ärmsten Pflanzer, Förderung der Neuanpflanzung, Entwicklung produktiverer Sorten, Bewässerungsprojekte. Da die Fabriken trotz verbesserter Ernteergebnisse in den roten Zahlen blieben, haben die kommunalen Behörden ihre Ansprüche zurückgeschraubt: Die Zuckerproduktion soll wenigstens den lokalen Bedarf decken, und die Ernte muß auch noch für die Versorgung der Rumdestillerien reichen. Doch auch dieses Ziel ist gefährdet, seit die EU-Behörden mit dem Abbau der Agrarsubventionen Ernst machen.

Die **Rumbrennereien** *(distilleries)* sind kleine oder mittlere Betriebe, die über eigene Zuckerrohrplantagen (20–200 ha) verfügen und zusätzlichen Bedarf selbständigen Pflanzern abkaufen. Sie sind meist im Besitz kreolischer Familien, die sich während der Zuckerkrise auf die Rumherstellung verlegt haben, um nicht zu Rohstofflieferanten der *usines centrales* abzusinken. So konnten sie ihre Pflanzungen für eine handwerkliche Produktion nutzen und als altehrwürdige Habitationen (s. S. 44ff.) überleben. Schließlich hat der aus reinem Zuckersaft gebrannte *rhum agricole* (s. S. 104f.) nichts mit dem *rhum industrielle* der Zuckerfabriken zu tun, der aus der Melasse ge-

Die Rundestillerie JM auf Martinique ist für ihren Zehnjährigen berühmt

wonnen wird. Auf den Pflanzungen namhafter Destillerien wird schon aus Qualitätsbewußtsein ausschließlich mit der Machete geschnitten: Die Halme sollen, von Blättern und Enden befreit, möglichst rückstandsfrei in die Presse gelangen. Auf Martinique haben die Rumdestillerien nicht nur mehr Prestige, sondern eine größere wirtschaftliche Bedeutung als der relativ schwach wachsende Zuckersektor. Den Erfolg sieht man daran, daß sich ausländische Unternehmen (Bacardi, Cointreau, Martini Rossi) eingekauft haben.

Der Rum wird zu einem Drittel für die einheimischen Konsumenten produziert, der Rest wandert als zweiter Exportartikel ins Mutterland. Die französische Regierung hat eine Regelung vereinbart, nach der Gärung und Destillation von Rum an das Anbaugebiet des Zuckerrohrs gebunden sind. So werden die steuerbegünstigten Importkontingente ausschließlich unter den Zuckerfabriken und unabhängigen Brennereien der Überseedepartements verteilt. Trotzdem sorgt sich die Innung der großen Marken um die Zukunft des traditionsreichen französischen Rums. Denn der weite amerikanische Markt ist von Bacardi beherrscht, der zweitgrößte deutsche gehört dem Verschnittrum und der französische leidet unter der Konkurrenz des Whisky. Fatalerweise gilt die französische Rumdefinition überdies als EU-widrige Importrestriktion, die ebenso fallen wird wie das Reinheitsgebot des deutschen Bieres.

## Arbeitslosigkeit und Emigration

Die andauernde Krise der Landwirtschaft hat die Antillaner sukzessive ihrer traditionellen Existenzgrundlage beraubt. Die nur rudimentär vorhandene Industrie konnte den Verlust nicht kompensieren. Auch die Expansion des Dienstleistungssektors hat nicht verhindert, daß über 25 % der Insulaner heute arbeitslos sind. Die Fortschritte im Gesundheitswesen und das langjährige Fehlen jeder Familienplanung haben nach dem Krieg zu einer Bevölkerungsexplosion geführt. Gezielte Aufklärung über Schwangerschaftsverhütung und Aids (im karibischen Raum besonders verbreitet!) haben inzwischen zu einer spürbaren Reduzierung der Geburtenrate beigetragen. Doch die Alterspyramide (40 % unter 20 Jahre) läßt erwarten, daß das Problem sich noch zuspitzen wird. So liegt die Jugendarbeitslosigkeit schon bei über 50 %.

Dabei sind die offiziellen Zahlen noch schmeichelhaft, da sie nur die Bezieher des Arbeitslosengeldes erfassen. Viele der Beschäftigungssuchenden sind aber gar nicht erwerbslos gemeldet. Sie schlagen sich mit Jobs durch und haben als Absicherung ein kreolisches Gärtchen, das während der einkommensfreien Zeit eine bescheidene **Selbstversorgung** erlaubt. Das gilt vor allem für die Landbevölkerung, die meist nur zur Erntezeit eine Anstellung findet. Die Landarbeiter springen bei den Fischern als Matrosen ein oder suchen sich andere **Gelegenheitsarbeiten,** solange auf den Plantagen keine Tagelöhner gebraucht werden. So drängen sich auf den städtischen Märkten neben den traditionellen *petits boulots* (›Kokosnußschlächter‹, Getränkeverkäufer, *Sorbetière*) die modernen Straßenhändler, die vom Radiorecorder bis zum Afrokitsch vielfältigen Ramsch ›günstig‹ an den Mann zu bringen versuchen. Nebenbei studieren sie die Annonceseiten von ›France Antilles‹, in denen die Nachfrage nach Laufburschen, Küchenhilfen oder Gärtnern in der Regel hinter dem reichlichen Angebot zurückbleibt. So ist die letzte Sicherheit immer die Hausgemeinschaft *(maisonnée),* die Arbeitslose im Notfall mitversorgt.

Die Stadt ist nicht nur Geschäftszentrum und Jobbörse, sie ist auch das Eldorado des Konsums. Nirgends wird den Antillanern ihre *malaise,* die Kluft zwischen den vorgespiegelten und den wirklichen Chancen, schmerzlicher bewußt. Sie orientieren sich am europäischen Lebensstil, kleiden sich chic und teuer in den Boutiquen ein und lesen gierig Erfolgsstories über ihre Idole, die schwarzen Musik- und Sportstars. Der Traum vom schnellen Geld nährt den Ärger über die eigene ›Rückständigkeit‹, die einen immer wieder auf die Hütte zurückwirft. So reift der Entschluß zur **Emigration.** Tausende melden sich jährlich bei der Ein-

## Geschlechterrollen antillanisch

Sie erscheint sexy, selbstbewußt, emanzipiert. Er gilt als potenzfixiert, kindlich, verantwortungslos. Die Antillanerin dominiert die Märkte, regiert die Familie, steht ›ihren Mann‹. Der Antillaner protzt mit Sex und Pferdestärken, muß unablässig seine Männlichkeit beweisen und bleibt zeitlebens ein Muttersöhnchen. Das sind Klischees. Daß sie sich so hartnäckig halten, hat aber seine Gründe.

In den ärmeren Schichten, auf dem Land zumal, ist die antillanische Familie noch von polygamen Strukturen geprägt. Die Frau steht im Zentrum der Familie und versorgt nicht selten zwei bis acht Kinder, die von verschiedenen Vätern stammen. Diese leben weiterhin bei ihrer Mutter und kümmern sich nicht um ihre Sprößlinge. Die Kinder wachsen also häufig ohne Väter auf, werden von ihren Müttern ernährt, von ihren Großmüttern erzogen. ›Vater Staat‹ zahlt noch eine Familienbeihilfe, ein ›Hosenschlitzgeld‹ *(argent braguette)*, wie böse Zungen sagen. Doch das Budget der Familie ist meist so knapp bemessen, daß die Kinder selbst mitverdienen müssen.

Man hat sich die Verantwortungslosigkeit des Mannes historisch mit der Übermacht des weißen Herrn zu erklären versucht, der den Sklaven nicht nur die weiße Frau verboten, sondern ihm auch noch die schwarze als Mätresse weggenommen hat. Doch wenn es stimmt, daß der Antillaner sich nach der Sklavenbefreiung nach dem Muster seines Herrn schadlos hielt, so bleibt sein Machoverhalten doch ein Rätsel. Plausibler klingt daher die Theorie, daß die ledige Mutter – in Ermangelung eines ständigen Lebensgefährten – ihren Jungen zum verwöhnten Tyrannen erzieht. Demnach erzeugt die Macht der Mutter die Einsamkeit der Frauen und umgekehrt. Bleibt die Tatsache, daß die auffällige Ehescheu und der hohe Prozentsatz unehelicher Kinder (rund 50 %) mit der ungeregelten Beschäftigung des Mannes zu tun hat, der in den ärmeren Schichten als zuverlässiger Ernährer ausfällt.

wanderungsbehörde, wenn sie nicht gleich bei Verwandten im Pariser Großraum auftauchen. Sie sind so oder so auf die Integrationshilfen der *métro*-Antillaner angewiesen, die in einigen Arrondissements der französischen Hauptstadt regelrechte Kolonien bilden. Wenn sie eine Anstellung gefunden haben, bleiben sie meist in Paris und fliegen nur noch im Urlaub mit Kind und Kegel zur Großmutter auf

Besuch. Die Hälfte der Emigranten kehrt nach harter Arbeit mit dem Ersparten auf die Heimatinsel zurück, um sich ein Taxi oder einen Laden zu kaufen und weltmännisch auf die Trägheit der *bitacos* (›der in ihrem Loch Sitzengebliebenen‹) zu schimpfen.

# Bevölkerung

Das republikanische Gesetz kennt keine Rassen, nur Franzosen. Trotzdem gibt es nach wie vor rassistische Ressentiments. Denn der Gleichheitsgrundsatz hat nichts an den sozialen Unterschieden geändert, die immer noch etwas mit der Hautfarbe zu tun haben. Während der Großgrundbesitz in weißer Hand geblieben ist, müssen sich die Schwarzen mit Parzellen begnügen. Während die Festlandsfranzosen die besten Verwaltungsposten besetzen, müssen die arbeitslosen Schwarzen nach Frankreich emigrieren. Das ist ›Schwarz-Weiß-Malerei‹, die immer wieder böses Blut schafft. Aber sie kommt der Realität näher als das Ideal der ›Vermischung‹ *(métissage).*

## Die Weißen

Die Macht der weißen Bevölkerung steht in umgekehrtem Verhältnis zu ihrer Zahl. Am deutlichsten wird dies bei den *békés,* den sogenannten **›großen Weißen‹** *(grands blancs).* Die Nachfahren der ersten Siedler aus der Normandie, der Bretagne, dem Poitou bilden eine verschwindende Minorität von 1 %, die aber an den wirtschaftlichen Schalthebeln sitzt. Als Zukkerbarone reich geworden, spielen sie mittlerweile im Bank- und Versicherungswesen, im Import-Export und Autovertrieb eine wichtige Rolle. Auf Martinique kontrollieren zehn *béké*-Familien fast 80 % der landwirtschaftlichen Nutzfläche. Nicht zuletzt deshalb bilden sie eine auf Rassentrennung bedachte Kaste, die dem Sohn oder der Tochter die existenzsichernde Protektion verweigert, wenn er oder sie die Schranke überspringt: uneheliche Mischlingskinder möglich – Mischehen mit Farbigen verboten! Im Normalfall versammelt sich die Kaste zu Mammuthochzeiten, bei denen unter 400 weißen Gästen zwei Scharze aufzufallen pflegen, die engsten Mitarbeiter des Paten.

Nichts zu tun haben wollen sie mit den **›kleinen Weißen‹** *(petits blancs),* jenen verarmten Siedlern, die es nie zu einer Plantagenwirtschaft gebracht haben und sich als Kleinbauern oder Fischer über Wasser halten. Sie vermischten sich trotz ihrer Armut und mit einer Ausnahme (auf der Dependance Désirade) nicht mit der schwarzen Mehrheit. So zählt man in einigen Ortschaften der Grands Fonds auf Guadeloupe etwa 300 *blancs-Matignons.* Man vermutet in ihnen Erben des Fürsten Matignon (Prinz

von Monaco), die vor dem revolutionären Terror Victor Hugues in die Hügel geflohen sind und noch als ruinierte Existenzen ihr Blut ›reinhielten‹. Sommersprossige, nicht selten rothaarige Weiße leben heute noch vor allem auf jenen Inseln, auf denen keine Sklaven angesiedelt wurden. Die *saintois* und *saint-Barths,* Nachfahren bretonischer und normannischer Seeleute oder Piraten, versuchten sich nie im Zuckerrohranbau, sondern lebten ausschließlich vom Fischfang.

Zu den Nachfahren der ersten Siedler kommen die Enkel späterer Einwanderer. Die **Syrer und Libanesen** bilden hier eine besondere Gruppe. Man sieht sie oft als erfolgreiche Juweliere und Boutiquenbesitzer in den Geschäftsstraßen der beiden Hauptstädte.

Die meisten Weißen (ca. 10 % der Bevölkerung) sind nicht auf den Inseln geboren, sondern als Beamte oder Firmenbeauftragte vorübergehend in die DOMs entsandt. Diese **Festlandsfranzosen** heißen *métros* (Abkürzung von *métropolitain*) und kehren nach zwei bis drei Jahren mit neuen Aufstiegschancen in die Metropole zurück. Ihre Dienstzeit in Übersee genießen sie als gutbezahlte Abwechslung: Das Gehalt liegt bis zu 40 % höher als im Mutterland, eine hübsche Villa dient als Wohnung und die kleine Yacht ankert in der Marina. Kein Wunder, daß sie mit den Pensionären und Touristen mehr verbindet als mit der einheimischen Bevölkerung.

## Die Farbigen

Über 80 % der Bevölkerung sind Farbige. Zum größten Teil handelt es sich um Nachkommen der aus Schwarzafrika verschleppten Sklaven. Neben dieser **schwarzen Mehrheit** bilden die **Inder** eine eigene ethnische Gruppe. Sie stammen von den Lohnsklaven ab, die nach der Sklavenbefreiung (1848) aus Südindien importiert worden sind. Diese recht starke Minorität (23 000 auf Guadeloupe, 28 000 auf Martinique) konzentriert sich in bestimmten Gemeinden (Matouba,

Moule, Port-Louis; Basse-Pointe, Macouba) und hat nicht nur ihre hinduistische Religion bewahrt, sondern auch die kreolische Küche um Gewürze und Rezepte bereichert. Die Inder haben sich nur teilweise mit den Schwarzen vermischt und werden von diesen oft noch abschätzig als *coolies* bezeichnet.

Die Rassenmischung bekommt vor allem dann Bedeutung, wenn sie die ›Apartheid‹ brechen soll, wenn Farbige die Schranke zu überspringen hoffen, die von den Weißen errichtet worden ist. Der **Mulatte** mag an die Demütigungen der Sklavinnen erinnern, die von den Schiffsmannschaften vergewaltigt, von den Pflanzern verführt worden sind. Er ist trotzdem Inbegriff des Aufsteigers und spiegelt die Empfindungen des Neids und der Selbstverachtung wider, die den Farbigen zu schaffen machen. Es bleibt auch heute noch der Traum vieler schwarzer Frauen, ein uneheliches Kind von einem Weißen zu haben. Farbige Eltern sind glücklich, wenn die Zufälle der Mendelschen Gesetze dem schwarzen Victor ein hellhäutigeres Brüderchen bescheren. Denn die Einheimischen sind Meister im Vergleichen und unterscheiden vom ›Tintentropfen in der Milch bis zum Milchtropfen in der Tinte‹ sämtliche Pigmentierungsnuancen. Neurotisch wird der Wunsch, den Weißen zuzugehören, wenn die Farbigen die Haut mit Salben traktieren und das Haar zu entkrausen beginnen. Es kursiert der Witz von dem Schwarzen, der sich selbst als braungebrannter Mulatte interpretiert, wenn er als *sal'nèg* (›dreckiger Neger‹) beschimpft wird.

So ist mit Recht kritisiert worden, daß die Farbigen den weißen Rassismus übernehmen, wenn sie sich untereinander als *nègre* (Neger), *mulâtre* (Mulatte), *câpre* (dunkelhäutiger Mischling) oder *chabin* (hellhäutiger Schwarzer) taxieren. ›Schwarze Haut, weiße Masken‹ heißt der vielsagende Titel des wichtigen Buches, in dem Frantz Fanon vor bald 50 Jahren mit dem Inferioritätskomplex seiner Landsleute abgerechnet hat. Doch auch heute trifft man schwarzes Selbstbewußtsein vornehmlich bei Gebildeten, die den sozialen Aufstieg am ehesten schaffen. Jenseits dieser Gruppe gilt jedoch immer noch der bittere Spruch: »*Tout nèg'riche, c'est mulât, tout mulât'pauv', c'est nèg*« (»Jeder reiche Neger ist ein Mulatte, jeder arme Mulatte ist ein Neger«). Derselben Logik gehorchen die Animositäten zwischen Guadeloupanern und Martiniquanern, die sich wechselseitig die Ranküne des Schwarzen und den Dünkel des Mulatten spüren lassen. Wahr ist, daß die Guadeloupaner im Durchschnitt dunkel-, die Martiniquaner hellhäutiger sind und vielleicht auch vergleichsweise geschäftstüchtiger. Die Gründe liegen in der historischen Entwicklung: Die Kaste der weißen *békés* hat auf Guadeloupe unter der Guillotine geblutet, auf Martinique aber eine farbige Bourgeoisie hervorgebracht.

# Kultur

Kolonialarchitektur

Parfums und Piment – Die kreolische Küche

»Mein Herz ist noch frei« – Die Sprache der Kopftücher

Religion und Aberglaube

Vom kreolischen Märchen zur ›Littérature antillaise‹

Bunt gestrichene *case créole* auf den Saintes

## Architektur

Zu den typischen Kolonialbauten zählen neben den Festungen, Kirchen und Fabriken vor allem die Wohnhäuser. Sie folgen zwar europäischen Mustern, tragen aber durch ihre luftige Bauweise dem tropischen Klima Rechnung. Charakteristisch sind die Veranden, Galerien und Balkone, die als offene Abdachungen vor Sonne und Regen schützen und zugleich ungehinderte Luftzufuhr gestatten. Diese Konstruktionen erinnern an die *carbets,* unter denen die Kariben ihre Hängematten aufspannten: Blätterdächer aus Cachibouzweigen oder Latanierwedeln, die auf behauenen Astgabeln ruhten und mit einer Schnur festgehalten waren. Nach ihrem Vorbild haben die Kreolen ihre Häuser dem Luftzug geöffnet. Türen und Fenster sind unverglast und liegen einander gegenüber. Sie sind mit Schlagläden versehen, die nur bei stürmischem Wetter verriegelt werden und verstellbare Holzlamellen aufweisen, mit denen sich die Sonneneinstrahlung und der Luftzug regulieren lassen.

Die Elementarform des kreolischen Baustils ist die **Hütte**, französisch *case.* Es handelt sich um einen Holzkubus (3 × 3 m) mit vier bis sechs Türen und einfacher Dachschräge, der nach dem Zellteilungsprinzip auf doppelte Größe (3 × 6 m) kommt. In dieser Standardausführung dient die frühere Sklavenhütte der armen Landbevölkerung noch häufig als Behausung. Unter dem Satteldach ist eine Wand eingezogen, die den Schlaf-

Veranda mit holzgeschnitztem Fries

## ›kreolisch‹

Das Wort bezeichnete ursprünglich einen in der Kolonie Geborenen, egal welcher Hautfarbe. Napoleons Frau Josephine war eine Kreolin; auf den Sklavenmärkten unterschied man zwischen dem *nègre créole* und der billigeren afrikanischen ›Ware‹; in der Kolonie sprachen Weiße und Schwarze miteinander *kréyol.* Als Attribut bedeutet ›kreolisch‹ also ›einheimisch, der Inselkultur zugehörig‹. In diesem Sinne spricht man heute von *case créole, cuisine créole, jardin créole, bijou créole, conte créole* usw.

bereich vom ›Wohnzimmer‹ trennt. Da jedoch für gesellige Punschrunden nur draußen Platz ist, bauen sich die Antillaner eine Veranda vors Haus, die sie mit gedrechselten Balustraden und geschnitzten oder geschmiedeten Friesen *(dentelles)* verzieren. Zur Eindämmung von Geruchsbelästigung und Brandgefahr verlegt man – in einem Anbau versteckt – Latrine und Küche auf die rückwärtige Seite. So wird das Wellblechdach nach allen Seiten verlängert und stülpt sich in verschiedenen Winkeln über das ursprünglich leicht verpflanzbare Häuschen. Doch der frühere Holzkubus hat längst einen gemauerten Sockel, wenn er nicht schon vollständig dem Beton weichen mußte.

Das **Herrenhaus** ist ursprünglich eine zweistöckige *grand'case,* die aus Holz oder Stein erbaut ist. Während der große Salon das gesamte Erdgeschoß beansprucht, verbergen sich die Schlafräume unter dem geräumigen, gut ventilierten Dach. Es ist mit Tonziegeln bedeckt und manchmal von Gauben durchbrochen. Diesen rechteckigen Bau umschließt auf drei Seiten eine reich verzierte Galerie, von der eine Freitreppe in den Garten führt. Die französische Parkanlage mit dem Brunnen und einer prächtigen Palmenallee bildet den repräsentativen Rahmen, vor dem die *habitation* in ihrer schlichten Eleganz prunkt. Später ging man nicht ohne Manierismus dazu über, auch die obere Etage mit umlaufenden Galerien auszustatten.

Das **städtische Kolonialhaus** besteht aus einem steingemauerten Unterbau und einer mehrstöckigen Holzfassade, vor der sich Galerien übereinanderstaffeln. Im Erdgeschoß stapeln sich die Waren in den Kontoren und Läden. Oben, in den ehemaligen Wohnungen der Geschäftsleute, sind inzwischen Büros untergebracht. Die Galerien ruhen auf schmiedeeisernen Trägern und weisen die typischen kolonialzeitlichen Schmuckelemente auf, die oft als Fertigprodukte aus Europa eingeführt wurden: geschwungene Eisenkonsolen, verspielte Balkongitter, filigrane Zierleisten. Leider haben nur wenige Geschäftshäuser die Feuersbrünste des letzten Jahrhunderts überstanden: Die verbliebenen Exemplare sind im Betonchaos der Hauptstädte (Pointe-à-Pitre, Basse-Terre, Fort-de-France) nicht mehr leicht auszumachen.

Der vermehrte Bau mit Beton unterbindet den Wärmeaustausch, der den traditionellen Materialien eigen war. Holzschindelfassaden *(bardeaux)* sind heute ebenso rar wie die porösen Wände aus *tibaume*-Geflecht *(gaulettes).* Die klassische Holzhütte findet man fast nur noch auf den Dependancen (Saintes, Saint-Barthélémy), wo ihre farbigen Ausführungen die Fotografen entzücken. Sonst schießen überall die Flachbauten und HLM-Blöcke (Sozialwohnungen) aus dem Boden, in deren Betonwaben sich die Hitze staut. In den Bürohäusern und Hotels kompensiert man den ›baulichen Fortschritt‹ mit ungesundem und umweltschädigendem Air Conditioning (FCKW!).

## Küche

Die kreolische Küche lebt vom reichhaltigen Angebot der tropischen Gärten. Sie liefern die stärkehaltigen Grundnahrungsmittel (Ignamewurzel, Süßkartoffel, Brotfrucht, Gemüsebanane), aromatische Gemüsesorten (Giraumonkürbis, Zwerggurken, Christophinen) und tropische Früchte. Die fleischarme, aber schmackhafte Kost wird fleißig gewürzt. In erster Linie mit dem obligatorischen Piment, dessen höllische Schärfe in unterschiedlichen Dosen zugesetzt wird. Zur vielseitigen Palette der kreolischen **Gewürze** zählen aber auch Basilikum, Bois d'Inde, Ciboule, Cumin (Kreuzkümmel), Estragon, Fenchel, Ingwer, Kerbel, Koriander, Kurkuma, Knoblauch, Lorbeer, Minze, Muskat, Petersilie, Rosmarin, Safran, Thymian, Vanille, Zimt oder ein *bouqet garni* aus Kohl, Kürbis und Kräutern. Das inseltypische Völkergemisch spiegelt sich auch im kulinarischen Bereich: So können sich indische Parfüms in französische Saucen schmuggeln. Schließlich besteht das Geheimnis der *cuisine créole* in der gelungenen Synthese von frischen Tropenfrüchten, exotischen Gewürzmischungen und raffinierter Zubereitung.

Der **Vorspeisenteller**, die *assiette créole,* setzt sich aus drei kreolischen Spezialitäten zusammen: den *accras,* fritierten Fischbällchen, die in der Regel aus Stockfisch gemacht sind und ordentlich Piment abbekommen haben, der *boudin créole,* einer fein gewürzten Blutwurst vom schwarzen Hausschwein, und den *crabes farcis,* einer Farce aus Erdkrabbenhachee, Kokos, Brot und Gewürzen. Daneben gibt es die *hors d'œuvres* *à la française:* mit Krabben gefüllte Avocados, Canapés von Seeigeln, Papayagratin ...

Die Antillaner verzehren in großen Mengen **Krustentiere, Meeresfrüchte** sowie **Fische** aller Art. Die Langusten und Süßwasserkrebse *(ouassous)* landen auf dem Grill oder werden *au rhum,* in Kokosnußsauce oder auf andere Art serviert. Nicht mehr häufig steht die Lambi-Muschel auf der Speisekarte. Wenn, dann als *colombo* (s. u.), denn das feste Fleisch verträgt eine kräftige Currysauce. Die *palourdes* (eine Muschelart) werden hingegen wie die Mangrovenaustern *(huître des palétuviers)* nur mit Zitronensaft beträufelt und roh geschlürft. Die weißen Seeigel *(chadron)* wiederum gibt es gegrillt oder als *blaff.* Dieser Küchenterminus begegnet einem auch bei Fischen und bedeutet, daß in einem Sud gewürzt mit Limonen, Knoblauch, Piment, Zwiebeln und *bouquet garni* gegart wurde. Man verwendet für dieses Alltagsgericht verschiedene Fischsorten, vor allem *balaou,* Dorade, Hai, Schwertfisch, Thunfisch und Thazard. Der zarteste unter den Tropenfischen ist der *vivaneau,* der in den Feinschmeckerlokalen mit edlen Saucen serviert wird.

**Fleischgerichte** sind eher Gemüseragouts, in die sich Schwarten- und Knochenstücke verirrt haben. Bestellt man ein *calalou,* so erlebt man seine Überraschungen, wenn man aus der spinatgrünen Tunke Krabben, Schweinsfüße und andere tierische Substanzen fischt. Die solideste Fleischspeise ist immer noch der *colombo,* jener pikant gewürzte Currytopf, den es mit Lambi-Geschnetzeltem, gewürfeltem Ziegenfleisch oder Huhn gibt. Er wurde von den indischen Einwanderern auf die Französischen Antillen gebracht, wo er heute fast als Nationalgericht gilt.

Kreolische Küche: Süßwasserkrebse

Als **Dessert** gibt es alles, was man aus den unvergleichlichen Früchten zaubern kann: *sorbets* oder *flan, soufflée* oder *tarte,* gefüllte *crêpe* oder Obstsalat, nicht zu vergessen die mit Rum flambierten kleinen Bananen und verschiedene Varianten von Kokosgebäck.

Als **Apéritif** oder **Digestif** kippt der Antillaner einen Rum pur *(sec):* vor dem Essen, zum ›Abheben‹ *(décollage),* den fruchtigen weißen Rum, nach dem Essen den vollmundigen *rhum vieux.* Eine abwechslungsreiche Alternative ist der Punsch. Er besteht aus drei Viertel weißem Rum, einem Viertel Zuckerrohrsirup und einem Limonenschnitz, wenn er ein wahrer *ti-punch* ist. Es gibt aber vom *punch au coco* bis zum *punch aux surelles* viele Sorten, die manchmal auch mit *rhum vieux* gemixt sind. Wer das zu stark findet, ersetzt den Punsch durch den trügerischen *planteur.* Er besteht aus zwei Drittel Fruchtsaft und einem Drittel weißem Rum und schmeckt daher weniger alkoholisch. Im übrigen trinkt man zum Essen wie überall in Frankreich Wasser, Bier oder Wein. Ein Rosé de Provence paßt zu den *accras* so gut wie das Lorraine-Bier zum *colombo.* Oder umgekehrt.

## Kleidung und Schmuck

*»Adieu madras, adieu foulard«* heißt das Abschiedslied, das heute wörtlich zu nehmen ist. Denn die **traditionelle Kleidung** wird nur an Festtagen vorgezeigt und verschwindet dann wieder in den Schränken. *Madras* – das ist der bunte Stoff mit den Quadratmustern, ursprünglich aus der gleichnamigen Stadt in Südostindien kommend. Das harte Tuch ist ein Gewebe aus Baumwolle und Bananenfaser und nicht mit den Imitationen in den Boutiquen zu verwechseln. *Foulard* – das ist der Seidenschal, der ebensowenig fehlen darf wie die gestärkten Spitzenunterröcke, die unter den wertvollen Röcken hervorquellen. Das Ganze erinnert an die Mode der französischen Provinz, wie sie vor mehreren hundert Jahren in die Kolonien kam.

Zum festlichen Anlaß holen die Frauen auch ihren sorgsam gehüteten **Goldschmuck** aus der Schatulle. Solche Schätze lagern in den ärmsten Hütten. Denn Schmuck ist der Reichtum der Eigentumslosen, seit die Mätressen und Lieblingssklaven von ihren Herren Goldgeschenke erhielten und den Schwarzen zugleich jeder andere Besitz untersagt war. Die fein gearbeiteten Schmuckstücke zeichnen sich durch ihre kreolischen Motive aus. *Canne* (Zuckerrohr), *chenille* (Raupe), *tétés-négresse* (Negerinnentitten) heißen die verschiedenen Ohrringe und Broschen. Besonders prächtig sind die oft mehrfach übereinander getragenen Halsketten, sei es nun das *collier-corde* (›Halsstrick‹), das *collier-grains-d'or* (›Goldkörner‹) oder die *chaîne-forçat* (›Sträflingskette‹).

Ältere Damen tragen noch das kunstvoll geknotete **Kopftuch** aus Madrasstoff. Es war früher die gängige Kopfbedeckung aller Frauen, die nicht zur vornehmen Spezies der Hutfrauen *(femmes à chapeaux)* gehörten. Diese Madrasfrauen *(femmes à madras)* tummeln sich heute nur noch auf den Märkten, und ihre Zeichensprache verstehen sie wohl selber nicht mehr: ein Zipfel – ›Mein Herz ist noch frei!‹, zwei Zipfel – ›Schon vergeben!‹, drei Zipfel – ›Glücklich ver-

An Festtagen tragen die Frauen farbenfrohe Kleider und geknotete Kopftücher

heiratet!‹, vier Zipfel – ›Verheiratet, aber mein Herz ist groß!‹

Die Jungen lassen sich lieber afrikanische Zöpfchen flechten. Fünf Stunden dauert die Arbeit, die dann für Monate vom Frisieren befreit. Man wäscht sich die Haare, ohne den Kopfputz aufzulösen.

## Musik

Nach Einbruch der Dunkelheit hört man an den Stränden nicht selten das Tam-Tam der afrikanischen **Trommel.** Aus Guadeloupe kommend, hat der dumpfere *gwo-ka* (breite Trommel) den helleren *bel-air* (schmale Trommel) auch in Martinique verdrängt. Man trommelt zu zweit, zu dritt, in verschiedenen Tonhöhen. Die *boula* schlagen den Grundrhythmus, begleiten die Soli des *marqueur.* Zusammen mit den *ti-bois* (hölzerne Trommelstäbe) und den *cha-cha* (mit Körnern gefüllte Kalebassen) ergibt das ein komplettes Rhythmusorchester. Die Umstehenden klatschen, singen, antworten im Chor. Alle weitere Instrumentierung hängt ist Geschmackssache. So kommen auf den Dorffesten und in den Diskotheken noch die Blechbläser, die Baßgeige, das Klavier hinzu, und manche Gruppen greifen auf Banjo und Akkordeon, vielleicht sogar auf Naturinstrumente (Lambi-Muschel, Bambusflöte) zurück.

Der **Rhythmus** ist und bleibt die Basis der afroamerikanischen Musik, die das afrikanische Erbe der Antillenbevölkerung bis heute bewahren konnte. Der mit Ziegenfell bespannte Holzzylinder war das Instrument der Sklaven. Sie verständigten sich mit der Trommel über die Hügel hinweg, kündigten ihre Flucht an, riefen zum Aufstand. Sie diente aber auch zum Taktschlagen beim Zuckerrohrschneiden, beim Einholen der Netze oder beim Schleppen von Holz und untermalte die verschiedenen Arbeitslieder *(chants de coups de main).* Doch ihre wichtigste Funktion hatte sie als Tanzbegleitung. Denn im ekstatischen Rhythmus der *calenda* (lasziver Begegnungstanz), der *laghia* (Kampftanz unter Männern) und anderer Tänze konnten die Sklaven kurzzeitig ihr Los vergessen.

Nach der Sklavenbefreiung entstand etwas Neues, die *biguine* (engl. *to begin*). Sie war eine Art Polka mit beschleunigtem und synkopiertem Rhythmus, eine **Mischung aus afrikanischen und europäischen Elementen.** Melodien, Instrumente und Paartänze, die bisher der Oper von Saint-Pierre und den Soiréen der *békés* vorbehalten waren, wurden jetzt mit der Trommel neu interpretiert und zu kreolischen *quadrilles* verarbeitet, die mal afrikanischer *(bel air),* mal europäischer *(haute taille)* ausfielen. Gespielt wurde die neue, genuin antillanische Musik von Orchestern, die in ihrer Zusammensetzung (Klarinette, Posaune, Banjo, Schlagzeug) an die ersten Jazzbands von New Orleans erinnern. Das ist kein Zufall, denn die Verbindungen mit der französischen Kolonie in Louisiana waren rege. In den 30er Jahren unseres Jahrhunderts kam die *biguine* in die Pariser Nachtclubs, wo sie von Stellio und anderen variantenreich verfeinert wurde. Heute setzt die Gruppe Malavoi die Tradition fort, indem sie das nun schon klassische Repertoire *(biguine, mazurkas,* kreolische Walzer) weiter verjazzt und mit modernen Arrangements versieht.

Doch es ist längst zu neuen Verbindungen gekommen. *Calypso* (Trinidad), *salsa* (Südamerika), *merengue* (Dominikanische Republik), *kadans* (Haiti) und *reggae* (Jamaica) sind übers Radio nach Guadeloupe und Martinique gelangt und haben die Imitationslust der dortigen Musiker beflügelt. Und nicht nur die Rhythmen der karibischen Nachbarn, auch die amerikanischen und europäischen Strömungen der Rockmusik sind auf offene Ohren gestoßen. Aus allen Einflüssen speist sich der ***zouk,*** der heute aus den HiFi-Geräten tönt und die Blechhütten wie Verstärker vibrieren läßt. Die Gruppe Kassav hat ihn Anfang der 80er Jahre kreiert, mit Synthesizern und kreolischen Texten in die französischen Hitlisten ›katapultiert‹. Während Jocelyne Beroard und Co internationale Triumphe feiern, sind ihnen zuhause – auf den Antillen und in Paris – längst gleichwertige Konkurrenten erwachsen. Doch trotz aller Kommerzialisierung stellt sich noch jedes Konzert als riesiges Tanzfest dar – und nichts anderes bedeutet *zouk* (abgeleitet von *mazouk = mazurka)* ursprünglich, nämlich Fest, Tanz, Ball.

## Religion und Aberglaube

Die Insulaner sind größtenteils Katholiken, denn ihre aus Afrika eingeschifften Vorfahren mußten den **christlichen Glauben** der französischen Kolonialherren annehmen und wurden erst einmal getauft, bevor sie als Arbeitstiere in die Plantagen kamen. Die Ersatzarbeitskräfte aus Südindien waren hingegen freie Lohnsklaven und sind nur zum Teil zum Katholizismus übergetreten. Die meisten Tamilen blieben der **hinduistischen Religion** treu und halten vor unscheinbaren Tempeln regelmäßig Opferzeremonien ab, bei denen sie *Mariemin* (marienähnliche Gottheit) und *Maldevilin* (dämonenbannender Krieger) Reis und frischgeschlachtete Tiere darbringen. Aber auch aus Afrika sind Kulte in die Kolonien gelangt, die sich dort mit dem christlichen Glauben verbunden haben und Sekten (Adventisten, Baptisten, Zeugen Jehovas usw.) großen Zulauf bringen. Zwar hat sich auf den Französischen Antillen keine synkretistische Religion von der Art des

Katholische Schwestern vor einer Kapelle

Am Marktstand einer *pacotilleuse* gibt es gegen jedes Übel ein Mittel

Voodoo ausgebildet, aber an Dämonen und magischen Praktiken herrscht kein Mangel.

Die verstorbenen Seelen bleiben nicht fern in ihrer anderen Welt, sondern wandeln durch ihre dorfnahen Wohnstätten, die sorgfältig gepflegten Friedhöfe. Nachts machen sich diese **afrikanischen Geister** durch seltsame Geräusche bemerkbar, und in vielen Häusern spukt es, weil *zombis* herumirren. Wenn Feuerkugeln durchs Dunkel fliegen, handelt es sich um *soucougnans,* die blutsaugend über ihre schlafenden Feinde herfallen. Tagsüber gehen sie einer normalen menschlichen Beschäftigung nach wie auch alle vom Teufel Besessenen *(engagés),* die meist nachts aus ihrer Haut schlüpfen und sich in Tiere verwandeln. Der Teufel selbst verbirgt sich im Fell des weißen Hasen *(lapin blanc),* und hinter einer Sau steckt gern die kreischende Hexe *(la bête a man ibé)* mit der rasselnden Kette. Schwer zu erkennen sind die *diablesses* (oder *guiablesses*), teuflisch schöne Sirenen mit einem Pferdefuß, die schon manchen einsamen Landarbeiter am hellichten Tag von der Plantage gelockt haben. Wenn allerdings Fischer auf Nimmerwiedersehn verschwinden, dann hat sie *manman d'Leau,* die schöne Nixe, geholt.

Wenn so viele Geister unterwegs sind, lauert an jeder Ecke das (Miß-)Geschick und es kommt darauf an, gute und böse Omen lesen zu können. Glück verheißt z. B. die weiße Eidechse *mabouya,* aber die schwarze Katze, die überkreuzten Gabeln oder der offene Schirm im Haus bedeuten nichts Gutes. Eine Menge Regeln müssen beachten werden, will man Unglück vermeiden : den Hausbau am Dienstag beginnen, bei der Hochzeit keinen weißen Schlüpfer tragen, den Friedhof nicht als erster oder letzter verlassen! Doch auch wer alles richtig macht, ist noch lange nicht vor der Mißgunst eines Feindes sicher, der ihm tote Kröten in den Garten legt oder ein Werkzeug verhext zurückgibt. Er braucht Rat und Hilfe eines *quimboiseurs,* der in der **schwarzen Magie** bewandert ist und einen entsprechenden Gegenzauber ar-

## Der Sturz von Man Justina

»Man Justina war keine echte Hexe, sondern eine *engagée* oder genauer gesagt eine *morphrasée;* eine von denen, die ihre menschliche Form leid sind und einen Vertrag mit einem Dämon abschließen und sich nachts je nach Herzenslaune in einen Esel, einen Krebs oder einen Vogel verwandeln. Eines schönen Morgens fand man sie am Dorfeingang in ihrem eigenen Blut ertrunken. Bei der Rückkehr von einem nächtlichen Flug war sie von den ersten Strahlen der Morgendämmerung überrascht worden und von der Helligkeit des Lichtes getroffen, zu Boden gestürzt. Sie lag mitten auf der Straße, und ihr Vogelkörper nahm langsam wieder menschliche Formen an. An den Flügelspitzen kamen Hände zum Vorschein, und lange Zöpfe von blendendem Weiß vermischten sich mit den verblichenen Federn eines Fledermausschädels. Die Leute standen in einiger Entfernung und registrierten alle nützlichen Einzelheiten Punkt für Punkt, weil ein solches Schauspiel, das man gewissenhaft den Abwesenden, den entfernten Verwandten, ja sogar Unbekannten mitteilen kann, die man später auf seinem Lebensweg kreuzen mag, äußerst selten ist… Vom Sekretär des Bürgermeisteramts benachrichtigt, kamen die Gendarmen von La Ramée gegen Mittag an. Man Justina hatte mit der Vogelwelt Schluß gemacht, und die Gendarmen fanden nur eine alte Negerin mit gebrochenen Gliedern mitten auf der Straße. Trotz der vielen Augenzeugen wiesen sie einfach die Aussagen der Leute von Fond-Zombi zurück, weigerten sich beharrlich, etwas verstehen zu wollen, stießen die Leute herum und ereiferten sich, als ob ihnen etwas Unaussprechliches vorenthalten werde: ein Verbrechen womöglich, an dem die ganze Bevölkerung mitschuldig war.«

(aus: Simone Schwarz-Bart, Ti Jean oder die große Reise, Peter Hammer Verlag, Wuppertal 1982, S. 35 f.)

rangieren kann. Man schätzt, daß es auf Guadeloupe und Martinique einige Hundert solcher Hexer gibt, angesehene und gefürchtete Zeitgenossen, die mit den Ängsten und Aggressionen ihrer Landsleute gute Geschäfte machen.

Im Dunstkreis dieser ›Medizinmänner‹ blüht die Wahrsagerei, der Exorzismus und die Naturheilkunde. Spiritistische ›Professoren‹ inserieren täglich in ›France Antilles‹, auf den Märkten bieten die *pacotilleuses* (Krämerinnen) ihre

Glücksbäder und Aphrodisiaka (vor allem das *bois bandé*) an und dorfbekannte *guérisseurs* (Heiler) verschreiben Naturpräparate, die sogar in den Apotheken erhältlich sind. Erst wenn die nach Geheimrezepten angesetzten Kräuteressenzen nichts ausrichten, nehmen die Antillaner die Heilkunst der Ärzte in Anspruch – mit einem bezeichnenden Resultat: Im Medikamentenkonsum liegen sie weltweit an der Spitze.

## Feste

Der **Karneval** ist folkloristischer Höhepunkt des Jahres, ein ausgelassenes Feiern, das alten Mummenschanz mit modernem Unfug kombiniert, aber noch nicht auf Touristen zugeschnitten ist. Die ›Fastnacht‹ ist seinerzeit mit den christlichen Siedlern auf die Inseln gekommen und war für die Sklaven die einzige Gelegenheit, den Aufseher Aufseher sein zu lassen und unter der Maske tagelang zu tanzen und zu trinken. Nach der Abschaffung der Sklaverei nutzte das Volk die Narrenfreiheit zur politischen Satire und fuchtelte in höhnischen Gesten mit Zuckerrohrhalmen und Macheten. Die nur mit einem Lendenschurz bekleideten, melasseverschmierten Männer *(nègres gros sirop)* stammen aus dieser Zeit. Heute entdeckt man sie unter vielen anderen Masken bei den spontanen Umzügen *(vidés)*, die – von Trommelgruppen und Musikkapellen angeführt – immer wieder durch die Ortschaften tanzen und deren Bewohner mit ihrem Übermut anstecken. Daneben gibt es die organisierten Lieder-, Tanz- und Schönheitswettbewerbe, bei denen es nicht immer lustig zugeht. Denn nach wochenlangem Vorbereitungsstreß kommt es bei der Wahl zur Karnevalskönigin schon zu mittleren Tragödien, wenn die Tochter bei der voreingenommenen Jury knapp unterliegt und nicht zur Mißwahl nach Frankreich darf. Der fünfstündige Zirkus leitet das große Finale, die drei tollsten Tage ein. Am Rosenmontag gibt es die ›komischen Hochzeiten‹ *(mariages burlesques)*, bei denen vollbusige und hochschwangere Frauen (verkleidete Männer) möglichst dürre und schwächliche Männlein (kostümierte Frauen) an die Kandare nehmen. Am Faschingsdienstag sausen rote Teufelchen (Kinder) hinter dem gehörnten Beelzebub her, einer riesigen Ziegenfellmaske mit langem Schwanz und Spiegelkostüm. Am Aschermittwoch schließlich muß der Karneval zu Ende gebracht und in Gestalt einer Puppe, die Seine Majestät Vaval darstellt, eingeäschert werden. Ein schwarz-weißer Trauerzug defiliert durch die Stadt, und unter dem Getöse der *diablesses* (s. S. 76) landet das Geschöpf auf dem Scheiterhaufen.

Das ganze Jahr über finden **Gemeindefeste** statt, in der Regel am Namenstag des Patrons der

Dorfkirche. Diese *fêtes patronales* folgen variantenreich demselben Schema: Kirchgang, Umzug, Festmahl, Wettkampf, Tanz. Verwandte Veranstaltungen sind die Fischerfeste *(fêtes des marins-pêcheurs)*, die auf Désirade und Terre-de-Bas (Saintes) an Mariä Himmelfahrt (15. August) begangen werden. Ein besonderes Datum (10. August bzw. nächstgelegener Sonntag) ist in Pointe-à-Pitre das Fest der Köchinnen *(fête des cuisinières)*, die makabrerweise zum hl. Laurentius beten, der im Jahre 258 auf dem Grillrost endete. Wenn die Seniorinnen der Kochinnung in ihrer bunten Kleidung aus der Kirche Saint-Pierre-et-Saint-Paul treten, holen sie Blutwürste, Langustenstükke und allerlei Gebäck aus ihren geweihten Körben.

An **Allerheiligen** *(toussaint)* werden Tausende von Kerzen auf die gekachelten Gräber gestellt. Die Angehörigen versammeln sich nach Einbruch der Dunkelheit in den erleuchteten Friedhöfen, die zu festlichen Empfangsstätten hergerichtet worden sind. Die stimmungsvolle Zeremonie erinnert an die langsam aussterbenden Totenwachen *(veillées mortuaires)*, die Verwandte, Freunde und Nachbarn zu einer ausgelassenen Feier zusammenführt. Ein Erzählmeister *(maître-conteur)* leitet die feuchtfröhliche Veranstaltung, bei der sich die Trauernden mit Geschichten, Rätseln und Scherzreden wechselseitig überbieten. Eine wichtige Rolle spielen auch die Be-

Trauerzug in Anse-Bertrand

erdigungen, die in den *avis d'obsèques* (der beliebtesten Radiosendung!) allmorgendlich inselweit angesagt werden und immer stark besucht sind. Laut Michel Leiris (›Das Auge des Ethnographen‹, 1978) ist »in der großen Bedeutung, welche die Antillaner Allerheiligen beimessen, ein Rest jener Totenkulte zu sehen, die im religiösen Leben der afrikanischen Neger einen so entscheidenden Platz einnehmen.«

## Die kreolische Sprache

Obwohl Französisch die offizielle Landessprache ist, hat sich das *kréyol* als **traditionelles Verständigungsmittel** behauptet. Es verbindet die Bevölkerungsmehrheit von Guadeloupe und Martinique mit den Bewohnern einiger Nachbarinseln, die zumindest zeitweise in französischem Besitz waren. Während auf den südlichen Antillen (Dominica, Santa Lucia, Saint Vincent, Grenada, Trinidad) nur Minoritäten kreolisch sprechen, sind es auf Haiti 90 % der Bevölkerung. Auch auf dem Kontinent gibt (Guyana) und gab (Louisiana) es kreolische Sprachinseln, deren Idiome sich mit portugiesischen und holländischen Elementen angereichert haben bzw. ins Englische eingeflossen sind. Selbst im Indischen Ozean (Réunion, Mauritius, Seychellen) stößt man noch auf eine verwandte Sprache, die sich zwar vom karibischen *kréyol* deutlich abhebt, von Antillanern aber verstanden wird. Denn trotz aller Differenzierungen haben die verschiedenen kreolischen Varianten das Französische als gemeinsame Grundlage und unterscheiden sich darin vom Papiamento, dem Negerhollands oder Pidgin-English.

Das *kréyol* entstand zu Beginn der Kolonialzeit als Notbehelf. Die aus unterschiedlichen Gegenden Frankreichs stammenden, also Dialekte sprechenden Siedler hatten Sklaven gekauft, die sich untereinander kaum verstehen konnten. Denn die Trennung der Stammesbrüder war eine Sicherheitsmaßnahme, die von den Plantagenbesitzern recht systematisch gehandhabt wurde. Die nötigen Befehle und Unterweisungen wurden in einem reduzierten Französisch gegeben, das die Schwarzen als Verständigungsmittel aufgriffen und mit afrikanischem Wortschatz anreicherten. Man nahm auch lexikalische Anleihen bei den Kariben, deren Sprache Begriffe für Flora und Fauna bereithielt. So setzt sich der Wortschatz der kreolischen Sprache aus indianischen, afrikanischen und französischen Elementen zusammen, enthält aber darüberhinaus auch spanische, portugiesische und englische Spuren, die von den ständigen Seefahrerkontakten mit den anderen Kolonien herrühren.

Die Dominanz des Fischervokabulars und ans Französische angepaßte Ausdrücke aus dem Spanischen und Portugiesischen haben einige Sprachwissenschaftler zur Annahme einer vorkreolischen *lingua franca* verleitet. Europäische Seefahrer und Abenteurer hätten demnach schon im Mittelmeer eine labile Verkehrssprache entwickelt, die dann in den Kolonien kreolisiert, als Kulturgut weitergegeben wurde. Denn eines steht fest: Erst die in der Kolonie Geborenen (›Kreolen‹), die zweiten und dritten Siedler- und Sklavengenerationen, haben die ursprüngliche Kontaktsprache als Muttersprache vorgefunden.

Die kreolische Grammatik zeichnet sich durch das **Prinzip der Vereinfachung** aus: Sie unterscheidet nicht zwischen Maskulin/Feminin, kennt kein Passiv und kommt fast ohne Präpositionen und Konjunktionen aus. Der Vergleich mit der komplexeren Basissprache hat kolonialistische Gemüter in ihrem abschätzigen Urteil über die ›Negersprache‹ bestätigt, in der sie immer nur ein ›verdorbenes Französisch‹

sahen. Selbst Linguisten sprachen dem Kreolischen lange den Rang einer Sprache ab und qualifizierten es als Dialekt. Erst in den letzten Jahren entdecken unvoreingenommene Forscher, daß das *kréyol* eigene Grammatikstrukturen aufweist und im Bereich der Wortbildung sehr bildhaft und kreativ verfährt: Wenn *yen-yen* Moskitos sind, dann ist ein *touffé-yen-yen* eine Party, bei der solch ein Gedränge herrscht, daß die Plagegeister zwischen den Tänzern ersticken (kreol. *touffé*). Vor allem die lexikologischen Studien Jean Barnabés (-Université des Antilles, Martinique) haben zu einer Neubewertung geführt, die von den Anhängern der Unabhängigkeitsidee noch forciert wird. Sie propagieren den *langage populaire* als zukünftige Nationalsprache, die das Französische als dominierende *langue culture* ablösen soll.

Das bleibt ein Wunschtraum, solange die Kinder auf Französisch lesen und schreiben lernen und nur wenige Schulen kreolischen Ergänzungsunterricht anbieten. Die beachtlichen Initiativen im Bereich des Films, Theaters, Radios und Pressewesens ändern auch nichts daran, daß die Förderung des Kreolischen das Anliegen einer politischen Minderheit bleibt. Die meisten Inselbewohner wünschen gar nicht, daß mehr *kréyol* in der Schule gesprochen wird. Schließlich ist der berufliche Aufstieg unweigerlich an die Beherrschung der französischen Sprache gebunden, die die Sprache der Verwaltung, der Wissenschaft und fast aller Medien ist. Spricht ein Ausländer einen Antillaner mit ein paar Worten Kreolisch an, so wittert dieser darin eine Beleidigung, nämlich die Unterstellung, er könne nicht Französisch! Das Kreolische ist zu einer ›Intimsprache‹ geworden, die auf das Familienleben beschränkt ist und auf den Märkten, in den Rumkneipen oder sonst im halböffentlichen Bereich signalisiert, daß man unter sich ist. Und selbst unter den Einheimischen sprechen immer weniger das wahre *kréyol,* weil sie in ihrer **Zweisprachigkeit** nach Bedarf zwischen den Idiomen hin- und herwechseln, französische Begriffe adaptieren und umgekehrt kreolischen Wortschatz französieren. So stirbt der alte Mesolekt (Mischsprache) und schon entsteht ein neuer: das karibische Französisch.

## Literatur

Die Kinder Guadeloupes und Martiniques wachsen mit **kreolischen Märchen** *(contes créoles)* auf, die von *zombis* und Prinzessinnen handeln und den einfältigen Elefanten in der Falle des Gevatter Hasen zeigen. Diese mündliche Volksdichtung, eine Mischung aus afrikanischen Bildern und La Fontaine (frz. Fabeldichter des 17. Jh.), muß in Verbindung mit dem Brauch des *cric-crac* gesehen werden, der leider im Aussterben begriffen ist. Wir kennen das Dialogritual zwischen dem Vortragenden und seinem Publikum nur aus antillanischen Romanen, die gerne Legenden zitieren und sich auf die mündliche Erzähltradition berufen. Die uns zugängliche Literatur ist frankophon und hat mehr mit dem französischen Buchmarkt als mit kreolischer Geselligkeit zu tun. Die Autoren sind in der Regel Akademiker (Lehrer, Journalisten, Politiker), die in der Metropole studiert haben und für ein französisch gebildetes Publikum schreiben.

Die Geburtsstunde dieser jungen antillanischen Literatur fällt in die 30er Jahre. Sie entstand mit der ***Négritude*-Bewegung** und ist unmittelbarer Ausdruck des erwachenden Selbstbewußtseins der Schwarzen. Césaire (Martinique), Damas (Guyana) und Senghor (Senegal) waren keine politischen Rebellen, sondern junge Literaten, die mit der Entdeckung des afrikanischen Erbes die Vorherrschaft europäischer Kultur bestreiten wollten – nicht mehr und nicht weniger. Bisher gab es nur die ›Hängematten-Poesie‹ der Weißen, die den Duft des Zimtapfels und den Teint der Mulattin besangen, ohne ein Wort über die Sklaverei zu verlieren. Es paßt zum Exotismus dieser *béké*-Literatur, daß ihr herausragender Vertreter, Saint-John Perse (1887-1975), Guadeloupe schon mit zwölf Jahren verließ, um es als Kindheitsparadies poetisch zu verewigen (›Eloges‹ 1910). Aimé Césaire dokumentiert den umgekehrten Weg in der programmatischen ›Rückkehr ins Land der Geburt‹ (›Cahier d'un retour au Pays natal‹ 1935/1947). Vom mächtigen, dekadenten Europa aus erscheint ihm die Kolonie als trostloses Opfer, Afrika aber als verheißungsvolles Gegenbild westlicher Ratio:

»Aya für jene, die niemals etwas erfanden
für jene, die niemals etwas erforschten
für jene, die niemals etwas bezwangen
aber sich hingeben, ergriffen, dem Wesen der Dinge.«

Césaire (*1913) hat den Surrealismus für die *Négritude* entdeckt und seinen Landsleuten damit eine poetische Sprache bereitgestellt, in der sie sich zu Wort melden und ihren Antikolonialismus kühn zum Ausdruck bringen konnten. Paul Niger (*1915), Guy Tirolien (*1917), Paul Desportes (*1921) bewahren noch das Aufbruchspathos der ersten Generation. Als die Dekolonisierung zum Regierungsstandpunkt wird, macht sich Unsicherheit breit. Wer nicht nach Afrika übersiedelt, um die Utopie zu inspizieren oder mit dem Befreiungskampf Ernst zu machen, befaßt sich selbstquälerisch mit der antillanischen Seele, die zwischen Unterwerfung *(esclavage)* und Flucht *(marronage)* zu schwanken scheint. Edouard Glissant (*1928) tut sich in diesem Sinne als Theoretiker der

*antillanité* hervor und erhält 1958 den Prix Renoudot für den poetischen Roman ›La Lézarde‹. In dunkler Natursymbolik beschwört er darin das politische Erwachen der Jugend, ein Ideal, das auch der Vergangenheitsbewältigung der späteren Romane (›Le Quatrième Siècle‹ 1964, ›La Case du Commandeur‹ 1979) zugrundeliegt.

Die Werke der jungen Autoren erscheinen desillusionierter, aber nicht weniger engagiert. Sie orientieren sich an lateinamerikanischen Vorbildern (Alejo Carpentier, Gabriel Garcia Márquez) und verstehen ihre Ausprägung des ›**magischen Realismus**‹ als Beitrag zu einer karibischen Kultur, die sich der Rationalität der westlichen Zivilisation verweigert, ohne deshalb den Anspruch einer realistischen Darstellung aufzugeben. Patrick Chamoiseau (*1953), Goncourt-Preisträger 1992 und unbestritten der Erfolgreichste unter der jungen Garde, läßt die untergehende Welt der *djobeurs* (Marktgehilfen), *quimboiseurs* (Quacksalber), *maître-conteurs* (Erzählmeister) noch einmal aufleben, um in einer Art literarischem Hexenzauber den Vormarsch der Supermärkte und Entwicklungsprojekte wenigstens ein Buch lang aufzuschieben (›Chronique des sept misères‹ 1986, ›Solibo Magnifique‹ 1988, ›Texaco‹ 1992). Sein Freund Raphaël Confiant (*1951) ist ein Stück radikaler, obwohl er seine Romane mittlerweile nicht mehr auf Kreolisch, sondern in kreolisiertem Französisch (›Le Nègre et l'Amiral‹ 1988, ›Eau de Café‹ 1991) verfaßt und dem Ideal der *créolité* weniger in Form einer ›Lobrede‹ (1989 zusammen mit Barnabé und Chamoiseau) als mit polemischen, auch selbstironischen Texten huldigt. Insofern spiegelt seine jüngste Prosa die gegenwärtigen Debatten der antillanischen Intellektuellen, denen man auch in Daniel Maximins (*1947) halbdokumentarischen Bildungsromanen (›L'Isolé soleil‹ 1982, ›Soufrières‹ 1987, ›L'Ile et une nuit‹ 1995) begegnet.

Rechnet man die fleißige Buchproduktion auf die Bevölkerung um, so kommt man auf eine erstaunlich hohe Rate von Dichtern und Schriftstellern, zu der die Frauen in erheblichem Maße beitragen. Das umfangreiche Werk von Maryse Condé (*1937) besteht aus Afrika- und Amerikaromanen, in denen sie je nachdem das Ideal vom Schwarzen Kontinent mit der Wirklichkeit konfrontiert (›Heremakhon‹ 1976, ›Ségou‹ 1988) oder das Trauma der kolonialen Vergangenheit zum fortwirkenden Fluch ausgestaltet ›Moi. Tituba sorcière noire de Salem‹ 1986, ›Traversée de la Mangrove‹ 1989). Vielleicht haben die sehr routiniert produzierten Romane der Literaturprofessorin auch zum Erfolg der deutlich jüngeren Gisèle Pineau (*1956) beigetragen. In Paris geboren, kennt sie ›Die lange Irrfahrt der Geister‹ (›La grande drive des esprits‹ 1995) nur aus dem Munde ihrer Großmutter und teilt daher mit ihren Lesern das ungläubige Staunen, das offensichtlich ihren Erfolg ausmacht. So gut sich die beiden genannten Autorinnen gegenwärtig verkaufen, sie bleiben literarisch weit hinter Simone Schwarz-Bart (*1938) zurück. Deren poetische Romane verbinden die ungeschminkte Geschichtsdarstellung mit einer zauberhaften Atmosphäre und waren für den ›magischen Realismus‹ der frankophonen Antillenliteratur auch sprachlich stilbildend. ›Pluie et Vent sur Télumée Miracle‹ (1972) schildert über drei Generationen hinweg die Geschichte unbeugsamer schwarzer Frauen, die eine Kette von Schicksalsschlägen mit viel Courage und ein wenig Hexenkunst bewältigen. ›Ti-Jean l'horizon‹ (1979) geht einen Schritt weiter und erzählt die Abenteuer des kreolischen ›Hänschen klein‹, der im Bauch eines Fabeltiers nach Afrika reist, um die Sonne nach Guadeloupe zurückzuholen.

Die antillanische Literatur ist ambitioniert und angesehen – bei der gebildeten Elite. Populär wurde nur ein Buch, ›La Rue Cases-Nègres‹ (1950) von Joseph Zobel (*1915). Das liegt an der schlichten, humorvollen Sprache, am parteilichen Standpunkt, am Bildungsoptimismus dieses sozialen Romans. Er ist weitgehend autobiographisch und schildert die Ausbeutungsverhältnisse auf Martinique während der 30er Jahre. Der gerührte Leser folgt dem begabten José aus den ›Negerhütten‹ ins Gymnasium und erlebt die Armut und den Tod von Man Tine, die sich für die Zukunft ihres Enkels im Zuckerrohr aufopfert. Zobels Buch popularisiert übrigens Grundgedanken der *Négritude* und lebt auch von der Originalität seiner antillanischen Charaktere (Médouze, Jojo, Carmen). Dank der schönen Verfilmung durch Euzhan Placy (Silberner Löwe von Venedig 1983) wurde ›Die Straße der Negerhütten‹ auch dem deutschen Publikum bekannt. Daß in den letzten Jahren eine ganze Reihe antillanischer Romane den Weg auf den deutschen Buchmarkt gefunden haben, dürfte dagegen weitgehend verborgen geblieben sein (s. S. 216).

# Auf den Inseln unterwegs

»Palmen...
Damals badete man dich in dem Grünblätter-Wasser; und das Wasser war auch grüne Sonne«

Saint-John Perse

# Guadeloupe – Grande-Terre

Pointe-à-Pitre – Die Inselhauptstadt

Von Strand zu Strand die Riviera entlang

Das Geheimnis des ›Rhum agricole‹

Klippenwege über dem Atlantik

Rund um Port-Louis

Grands Fonds

◁◁ In den Grands Fonds

Der Bois Jolan vor der Silhouette von Basse-Terre

# Guadeloupe – Grande-Terre

Beim Landeanflug sieht man, daß die Schmetterlingsinsel an ihrer Nahtstelle aus einem Labyrinth mangrovengesäumter Kanäle besteht. Wie die Hauptstadt Pointe-à-Pitre liegt auch der Flughafen auf der östlichen Inselhälfte. Sie heißt Grande-Terre und ist eine flache Kalkplatte, die zum Atlantik hin schroff in die Brandung abfällt, im Innern großflächig mit Zuckerrohr bepflanzt ist und hinter einem schützenden Korallenriff karibische Bilderbuchstrände vorzuweisen hat.

## Pointe-à-Pitre

Eine mangrovengesäumte Wasserstraße, die Rivière Salée, verbindet die nördliche Bucht (Grand Cul-de-Sac Marin) mit der kleineren südlichen (Petit Cul-de-Sac Marin), die sich hinter einer Kette von Inselchen (Ilet à Petrelluzzi, Ilet à Boissard, Ilet à Cochons) zu einem Naturhafen verengt. Hier liegt Pointe-à-Pitre, das wirtschaftliche Zentrum, das sich weit über die Stadtgrenzen hinaus bis nach Abymes und Baie-Mahault erstreckt. Da aus beiden Inselhälften Tausende zur Arbeit in die Stadt strömen, konzentriert sich hier untertags eine Menschenmenge, die die 30 000 *Pointois,* ja die 110 000 Einwohner der gesamten *agglomération* weit übertrifft.

Der Ortsname geht der Legende nach auf einen armen holländischen Juden namens Peter zurück. Aus Brasilien vertrieben, ließ er sich 1654 – mit Erlaubnis Houels, des damaligen Herren von Guadeloupe – im Petit Cul-de-Sac auf einer winzigen Insel nieder. Seine Fische verkaufte er auf der gegenüberliegenden Landspitze, die bald Pointe-à-Peter hieß und sich zu einem kleinen Händlerdorf entwikkelte. Houels Versuch, an dieser Stelle einen Hauptort zu errichten, scheiterte aber am sumpfigen Gelände. Es dauerte fast 100 Jahre, bis von der Nachbarsiedlung Abymes aus eine befestigte Straße zum Meer gebaut wurde. Als Guadeloupe dann zweimal den Besitzer wechselte (englische Eroberung 1759, Pariser Rückgabevertrag 1763), ging es Schlag auf Schlag: Die Engländer legten den Hafen an, und die Franzosen zogen Kais, legten Sümpfe trocken, bauten Befestigungen, um ihre Ansiedlung von 60 Häusern schließlich – in Anlehnung an die englische Aussprache – offiziell Pointe-à-Pitre zu taufen. Von nun an wuchs die Bevölkerung unablässig – trotz der zahlreichen Katastrophen (Erdbeben, Cholera, Brände, Zyklone), die die Stadt im 19. und 20. Jh. heimsuchten.

Pointe-à-Pitre ist heute mit Le Raizet, Abymes und Gosier zusammengewachsen: Mit dem Flughafen, Lagerhäusern und Supermärkten ist die Bebauung flächendeckend. Auf der anderen Seite der Rivière Salée sind die Industriezonen Jarry und La Gabarre entstanden, die den Inselbewohnern zahlreiche, aber lange nicht ausreichend Arbeitsplätze bieten. Aus Raumnot hat sich die Stadt in den letzten Jahren ungeachtet der Erdbebengefahr in die Höhe entwickelt. Die Elendsquartiere der meist arbeitslosen Tagelöhner wurden größtenteils niedergerissen und durch riesige Komplexe von Sozialwohnungen (HLM) ersetzt. Ein System von Umgehungs- und Ausfallstraßen führt von den Industrieparks zum Containerhafen, vom Flughafen zu den Hotels von Gosier, von Grande-Terre nach Basse-Terre – immer am Zentrum vorbei.

## Stadtrundgang

Der Boulevard Chanzy (in der Verlängerung Boulevard Hanne) trennt die weitgehend sanierten *bidonvilles* von der historischen Altstadt.

Marché Saint-Antoine

Auf der nördlichen Seite der Achse stehen die modernen Repräsentativbauten: das CECID-Hochhaus, der BNP-Klotz, das Rathaus, das Centre des Arts et de la Culture (mit Bibliothek, Ludothek, Ateliers, Film- und Konferenzsälen). Auf der südlichen Seite lockt der beständige Menschenstrom in das Häusergewirr der Altstadt. Die Rue Frébault, jene alte Chaussée von Abymes, führt senkrecht in das Viertel hinein, zum zentralen Markt und zu den Hafenkais. Zwischen den musikerfüllten Läden und dichtgeparkten Autoreihen haben Schuster ihre Holzkästen auf den engen Gehsteig gestellt, auf

Pointe-à-Pitre

dem Straßenhändler ihre glitzernden Uhren und Radios feilbieten. Wenn sich rechts und links die Querstraßen auftun, muß man innehalten: Achten Sie auf die tiefen Rinnsteine, in denen sich die Regenfluten sammeln, und werfen Sie einen Blick auf die Fassaden, deren wildes Stilgemisch von den zahlreichen Zerstörungen erzählt. Zwischen neuem Beton entdeckt man noch Holzhäuser der Jahrhundertwende, deren schmiedeeiserne Balkone den Händlern als Wetterdach dienen. Zum Shopping verläßt man die Rue Frébault, um durch die umliegenden Geschäftsstraßen Lamartine, Nozières, Sadi-Carnot und Schœlcher zu streifen. Abends und sonntags, wenn die Läden geschlossen sind, ist von dem pulsierenden Leben nichts mehr zu spüren.

Das Herz Pointe-à-Pitres schlägt am **Marché Saint-Antoine.** Unter einer großen Eisenkonstruktion und rund um einen kleinen Brunnen breiten die schwarzen Madrasfrauen tropische Köstlichkeiten aus. Wer dort auftaucht, wird sogleich am Ärmel gezupft, heftig zum Kauf animiert und böse zur Rede gestellt, wenn er ungeniert zu fotografieren wagt. An einem der zahlreichen Gewürzstände sollte man sich auf jeden Fall überreden lassen: ein paar Säckchen Zimt, Curry, Kümmel, Nelken oder einige Muskatnüsse, Vanille- und Kakaostangen passen leicht ins Fluggepäck und sind feine Mitbringsel. Der würzige Duft mischt sich mit dem der süßen Früchte (Mangos, Papayas, Corossols, Malaka-Äpfel, diverse Bananensorten und und und), die neben den Gemüsen und Wurzeln zu kleinen Häufchen aufgeschichtet und meist nach Augenmaß verkauft werden. Dazwischen lebendige Ware (Geflügel, Erdkrabben) und wundersame Sprays, Salben, Heiligenbildchen, deren Wirkung die heilkundigen *pacotilleuses* (Krämerinnen) mit demselben Ernst beschwören wie die der potenzsteigernden Mittelchen. Am Rande des Marktes werden mit der Machete Kokosnüsse aufgeschlagen: eine köstliche Erfrischung!

Zwei Straßenzüge weiter, am Hafenbecken **La Darse,** stößt man auf den kleineren, ärmlicheren Markt der vom Lande oder von den Nachbarinseln angereisten Frauen. Die Schiffe für die Dependancen legen hier ab, und frühmorgens wird Fisch direkt vom Boot aus verkauft. Die Fischer kommen nämlich von auswärts und dürfen ihren Fang nicht wie die guadeloupanische Konkurrenz an Land anbieten.

Im Rücken der Darse erstreckt sich die große **Place de la Victoire** und bietet abseits vom Trubel Erholung unter Flammenbäumen und Königspalmen. Der friedliche Fleck erinnert mit seinem martialischen Namen an den Sieg Victor Hugues über die Engländer und war während der Französischen Revolution der Standplatz der Guillotine (s. S. 94). Rund um den Platz erheben sich neben den Holzfassaden alter Handelshäuser die protzigen Stein-

## Die Ankunft der Guillotine

»Der Kommissar gab den Befehl, sofort die Salinen von Grande-Terre anzusteuern. Bald sichtete man in einem Wirbel schillernder Nebeldünste die Insel Marie-Galante, und die Schiffe wurden gefechtsklar gemacht. Und indes der Lärm rollender Lafetten anschwoll, indes Kabel und Flaschenzüge quietschten, laute Rufe ertönten, Vorbereitungen getroffen und eilig Formationen gebildet wurden unter dem Wiehern der Pferde, die das nahe Land und die frische Weide witterten, ließ sich Victor Hugues von den Druckern einige hundert während der Überfahrt hergestellte klecksige Plakate übergeben, auf denen in großen Lettern der Text des Erlasses vom 16. Pluviôse gedruckt stand, der die Abschaffung der Sklaverei verfügte und die Gleichberechtigung vor dem Gesetz für alle Bewohner der Insel ohne Ansehen von Rasse und Stand proklamierte. Dann durchmaß er mit festem Schritt das Oberdeck, trat auf die Guillotine zu und nahm die geteerte Umhüllung ab, daß das Blutgerüst zum ersten Mal im Licht der Sonne erstrahlte, mit nackter, scharf geschnittener Beilschneide. Im Glanz aller Insignien seiner Autorität, unbeweglich, zur Statue erstarrt, die rechte Hand an die Pfosten der Maschine gestützt, hatte sich Victor Hugues plötzlich in eine Allegorie verwandelt. Zusammen mit der Freiheit hielt die erste Guillotine ihren Einzug in der Neuen Welt.«

(aus: Alejo Carpentier, ›Explosion in der Kathedrale‹, Suhrkamp, Frankfurt a. M. 1977)

bauten der Sous-Préfecture und des Office du Tourisme (davor ein Kriegerdenkmal mit Kanonen).

Wirkliche Schmuckstücke kolonialer Architektur gibt es nur wenige. Sie stammen alle aus der zweiten Hälfte des 19. Jh. und wurden mit Vorliebe in Museen umgewandelt. Das **Musée Schœlcher** (24, Rue Peynier, 8.30–12.30 und 14–17.30 Uhr, Mi und Sa nur vormittags, So geschl.) ist im früheren Wohnhaus des Sklavenbefreiers untergebracht. Im Vorgarten steht seine Büste, innen sind antiquarische Raritäten ausgestellt, die Schœlcher auf seinen Geschäftsreisen sammelte. Das **Musée Saint-John Perse** (Rues A. R. Boisneuf/Nozières, 9–17 Uhr, Sa nachmittag und So geschl.) wurde zum 100. Geburtstag des Dichters im Maison Soucques-Pagès eröffnet. Dem Zévallos-Haus in Moule (s. S. 102) zum Verwechseln ähnlich, war die damals moderne Metallkonstruktion (1870–80) für eine reiche Familie aus Louisiana bestimmt, blieb aber in Guadeloupe, weil der Schiffskommandant nach einem Zyklon um die teure Fracht bangte. Im Erdgeschoß ist die aristokratisch-großbürgerliche Wohnatmosphäre des von der Familie Soucques erworbenen Kreolenhauses authentisch erhalten. Der erste und zweite Stock wurden zu einer Gedenkstätte (Ausstellung, Bibliothek, Video) jenes Alexis Saint-Léger umgestaltet, der als Saint-John Perse (1887–1975, s. S. 83) in die französische Literaturgeschichte eingegangen ist: Der *béké*-Sohn verließ 12jährig nach einem Erdbeben die heimatlichen Pflanzungen, siedelte sich mit seinen Eltern in Pau (Südfrankreich) an, reüssierte als Diplomat (Kabinettsdirektor von Aristide Briand) und Lyriker (Nobelpreis 1960) und kehrte nie wieder nach Guadeloupe zurück, obwohl (oder weil) er seine Kindheit in poetischen Traumbildern besang.

An der verschlafenen **Place Gourbeyre** erinnert die Gouverneursbüste an das Erdbeben 1843. Morgens wird ein Blumenmarkt vor der lateinamerikanisch anmutenden **Basilika** (Saint-Pierre-et-Saint-Paul) abgehalten. Der eisenverstärkte, mit Glasfenstern geschmückte Bau wurde 1847 über dem Palais Royal errichtet, einer Vorgängerkirche, die den Korsaren als Treffpunkt diente und 1784 abgerissen wurde. Am Fest der Köchinnen (in der Regel zweiter Augustsonntag) ziehen die farbenprächtig herausgeputzten *cuisinières* aus dem Gotteshaus, die geweihten Körbe voller Blutwürste, gefüllter Krabben und anderer Proben ihrer Kochkunst.

**Auskunft:** Office du Tourisme, 5, Square de la Banque, ✆ 05 90 82 09 30, Fax 05 90 83 89 22, wochentags 8–17 Uhr, Sa 8–12 Uhr.

**Busverbindungen:** Busbahnhöfe an der Darse (Richtung Sainte-

Musée Schœlcher

Anne/Saint-François), Mortenol (Norden Grande-Terres), Ecke Rue Jean Jaurès/Bd. Chanzy (Traversée/Pointe-Noire), Bergevin (*côte sous le vent*/ Basse-Terre); ab Place de la Victoire (Kino Renaissance) Pendelbus zum Flughafen; Taxi ✆ 05 90 83 09 55, 05 90 83 63 94, 05 90 82 00 00 (Flughafen).

**Schiffsverbindungen:** Ab La Darse verkehren mehrmals täglich Schiffe nach Marie-Galante (8, 12, 12.30, 15, 17 Uhr) und zu den Saintes (8 Uhr).

**Unterkunft:** Die wenigen Hotels der Hauptstadt werden weniger von Urlaubern als von Geschäftsleuten frequentiert: *Le Bougainvillée**** (Ecke Rue Frébault/ Rue Delgrès), ✆ 05 90 90 14 14, Fax 05 90 91 36 82), *Hôtel Saint-John* (Centre Saint-John Perse, ✆ 05 90 82 51 57, Fax 05 90 82 52 61). In unmittelbarer Nähe des Flughafens bietet sich *Les Relais Bleus du Raizet*** (✆ 05 90 90 03 03, Fax 05 90 82 00 26) zur einmaligen Übernachtung an.

**Essen und Trinken:** Rund um den Markt gibt es Croissanterien, Pizzerien, Saladerien und andere Fast-Food-Varianten. *La Canne à Sucre* (Centre Saint-John-Perse, ✆ 05 90 82 10 19) bietet im Erdgeschoß guten Imbiß, im ersten Stock teure *nouvelle cuisine créole.*

**Einkaufen:** Besonders interessant sind die Gewürzstände auf dem Markt und die Stoffläden in den umliegenden Geschäftsstraßen. Hier wie im Einkaufszentrum Saint-John-Perse (Freihafen) präsentieren die Boutiquen ein individuelles Sammelsurium von Textilien, Kunsthandwerk und anderen lokalen Produkten.

## Die Riviera

Die touristischen Zentren Guadeloupes befinden sich unweit der Hauptstadt an der sogenannten Riviera. Unterhalb der Karsthügel der Grands Fonds (s. S. 111) führt die Route d'Argent (N 4) von einem Sandstrand zum andern, um nach 52 km an den Klippen der Pointe

Ilet du Gosier

des Châteaux zu enden. Wenn man auf der anfangs vierspurig ausgebauten Schnellstraße das stickigschwüle Pointe-à-Pitre verläßt, hat man bereits in wenigen Minuten den Yachthafen (Marina) von **Bas-du-Fort** erreicht. Er wurde 1978 anläßlich der großen Rumstraßenregatta *(route du Rhum)* eröffnet und ist ein beliebter Seglertreffpunkt zwischen den Virgin Islands und den Grenadinen. Am Rande der gut ausgestatteten Bassins mit 650 Plätzen ist ein schickes Touristendorf entstanden, mit Ladenketten, Restaurants und dem sehenswerten **Aquarium de la Guadeloupe** (tägl. 9–19 Uhr). Daran schließen sich vornehme Villen und die

Am Dorfstrand von Sainte-Anne

ersten Luxushotels an. Man sieht hier vornehmlich *métros* (Festlandsfranzosen).

Über dem Ort erhebt sich das **Fort Fleur d'Epée.** Die kanonenbestückte Festung war im 18. Jh. errichtet worden, um den Petit Cul-de-Sac Marin zu überwachen und feindliche Landungen zu vereiteln. Ungünstigerweise war sie niederer gelegen als die umliegenden Hügel. Die Engländer nahmen das Fort von der Landseite her ein (10. April 1794), und Victor Hugues jagte es ihnen auf die gleiche Weise wieder ab (6. Juni 1794). Heute spaziert man unter Flammenbäumen umher, inspiziert die Gräben und Kasematten und genießt den Blick auf die Grande Baie, in der die Surfer auf- und abgleiten.

Hinter der Bucht liegt **Gosier** (kreol. Pelikan). In blühenden Grünanlagen stehen Guadeloupes Devisenbringer, die Viersternehotels mit hauseigenen Palmenstränden und breitgefächertem Sport- und Unterhaltungsangebot. Wer abends noch etwas erleben will und das ›nötige Kleingeld‹ hat, fährt nach Gosier: Es bietet die besten Restaurants, flotte Diskotheken und internationales Publikum. Draußen im Meer sieht man das **Ilet du Gosier** liegen, ein weißgesäumte grünes Inselchen mit einem roten Leuchtturm. Schnorchelfreunde lassen sich von den Hotels aus hinüberbringen.

Die N 4 verläuft abseits der Küste durch landwirtschaftlich genutztes Gebiet (Rinder- und Ziegenweide, Zuckerrohr). Die Hütten der Kleinbauern stehen vereinzelt am Straßenrand und verdichten sich an den Abzweigungen zu Streusiedlungen. Links führt ein Gewirr von Straßen in die Grands Fonds hinein, rechts schlängeln sich holprige Wege zu kleinen Buchten hinunter. Am idyllischen Petit Havre/Anse à Jacques (Abzweigung kurz nach Mare Gaillard) stößt man auf einen Picknickplatz, an dem bunte Fischerboote und Langustenkäfige aus Maschendraht zum Trocknen ausgelegt sind.

**Sainte-Anne** trägt seinen Namen zu Ehren Annas von Österreich, der Mutter Ludwigs XIV. Die Ende des 17. Jh. gegründete Siedlung war Hauptort der Kolonie, als Pointe-à-Pitre noch ein unzugängliches Sumpfgebiet war. Sainte-Anne ist kein Kaffee-, auch kein Zuckerzentrum mehr, vielmehr eine Mischung aus Fischerdorf und Ferienzentrum. Der Dorfstrand liegt an einer riffgeschützten Lagune: ein türkisfarbenes Planschbecken für jung und alt!

Hinter Sainte-Anne führt, an Tümpeln vorbei, ein Sträßchen rechts ab zur **Plage de Bois Jolan.** Die meerwärts geschwungenen Kokospalmen bilden eine phantastische Silhouette vor den Bergen Basse-Terres, insbesondere bei Sonnenuntergang. Im flacher werdenden Hinterland (Plaine de la Simonière) wechseln Zuckerrohrfelder mit Viehweiden ab. Als charakteristisches Bild erscheinen verfallende Mühlen mit mageren Bukkelrindern davor, die oft in Begleitung der zierlichen Kuhreiher zu sehen sind.

Das jüngste touristische Zentrum der Riviera, **Saint-François,** ist im Kern ein charmantes Fischerdorf geblieben. Rund um den Marktplatz und die alte Kirche aus dem 18. Jh. fühlen sich die Einheimischen noch unter sich. Fast alle standen am 17. September 1989 vor Trümmern. Der Hafen, an dem die Fischer heute wieder ihren nächtlichen Fang anlanden, war damals vom Zyklon ›Hugo‹ völlig zerstört worden. Saint-François hat einen langgestreckten Sandstrand, der am westlichen Ortsrand beginnt und nach den Trauben der *raisiniers* benannt ist, die gelbgereift in den Punsch wandern (Plage des Raisins Clairs). In Meeresnähe befinden sich ein kleiner Hindufriedhof (ein hoher Prozentsatz der Einwohner sind Nachfahren der *coolies*), ein Feriendorf (VVF) und kommunale Sportanlagen. Die großen Hotelkomplexe wurden auf der anderen Seite des Ortes errichtet. Dort bildet die Marina das anmutige Zentrum eines architektonisch reizvollen Ensembles von Bungalows und Gärten inklusive Golfplatz.

Hinter dem Aérodrome verläuft die Straße (D 118) durch karges Gebiet die Küste entlang. Rechts gelangt man durch Meertraubendickicht zu einsamen Strandabschnitten (Badeschuhe schützen vor spitzen Korallen). Links führen Pisten auf die nördliche Seite der immer spitzer zulaufenden Landzunge: zur Anse à la Gourde mit schönem Strand und Restaurant und zu den Badestränden links und rechts der Pointe Tarare (großartiger Blick). Die Hauptstraße, Lieblingsstrecke der Fahrradamateure, führt geradewegs auf die **Pointe des Châteaux** zu: Endstation! Die Brandung tost um die Felstürme und rollt mächtig in die schöne Sandbucht, in der Baden verboten ist. Man folgt hier einem Pfad hinauf zur Pointe des Colibris (43 m, Kreuz), dem östlichsten Punkt Guadeloupes. Von hier überwältigende Sicht auf die Buchten und Salinen

Blick von der Pointe de Château auf den Tafelberg von Désirade

der spitz zulaufenden Insel; auf der gegenüberliegenden Seite die Kalktafel Désirades; weiter südlich die Inselchen von Petite Terre mit einem Leuchtturm und in der Ferne der ›Sombrero‹ Marie-Galantes.

**Schiffsverbindungen:** Von Saint-François (Marina) fahren täglich 8 Uhr und 8.30 Uhr Schnellboote nach Désirade.

**Unterkunft:** Die Tourismuszone von Grande-Terre beginnt am **Bas-du-Fort,** wo das *Novotel Fleur d'Epée**** (✆ 05 90 90 81 49, Fax 05 90 90 99 07) sowie das *PLM Azur Marissol**** (✆ 05 90 90 84 44, Fax 05 90 90 83 32) und – als Bungalowanlage – das *Village Soleil*** (✆ 05 90 90 85 76, Fax 05 90 90 93 65) Gäste erwarten. Die meisten der Dreisternehotels von **Gosier** liegen an der Pointe de la Verdure: *Arawak**** (✆ 05 90 84 24 24, Fax 05 90 84 38 45), *Callinago**** (✆ 05 90 84 25 25, Fax 05 90 84 24 90), *Créole Beach**** und *Mahogany**** (✆ 05 90 90 46 46, Fax 05 90 90 46 66) sowie *Salako**** (✆ 05 90 82 64 64, Fax 05 90 82 64 00). Am westlichen Ortsausgang ist – zwar ohne Strandzugang, aber mit traumhaftem Blick auf die Bucht – das einfache und preiswerte *Les Flamboyants* (✆ 05 90 84 14 11, Fax 05 90 84 53 56) für Selbstversorger eine gute Adresse. Als weitere Bungalowanlagen folgen am Strand von **Saint-Félix** das *Village Caraïbe Carmelita*** (✆ 05 90 84 28 28, Fax 05 90 84 58 12) und in **Fonds Thézan** das auf einer Klippe gelegene *La Toubana* (✆ 05 90 88 25 78, Fax 05 90 88 38 90). Rund um **Saint-Anne** reicht die Palette von *La Caravelle***** (✆ 05 90 88 21 00, Fax 05 90 88 06 06),

dem Bilderbuchhotel des *Club Méditerranée,* über die stilvoll um eine Mühle gruppierte Ferienanlage *Relais du Moulin*** (✆ 05 90 88 23 96, Fax 05 90 88 03 92, Restaurant mit *nouvelle cuisine créole*) bis zu den komfortablen *Gîtes* von Mme Lautric (✆ 05 90 88 03 37). Die meisten Luxushotels bietet **Saint-François:** *La Cocoteraie***** (✆ 05 90 88 79 81, Fax 05 90 88 78 33), *Le Hamak***** (✆ 05 90 88 59 99, Fax 05 90 88 41 92), *Le Méridien***** (✆ 05 90 88 51 00, Fax 05 90 88 40 71). Unter den preiswerteren Unterkünften sind *Les Marines de Saint-François**** (✆ 05 90 88 59 55, Fax 05 90 88 44 01), *Résidence Pradel*** (✆ 05 90 88 49 85, Fax 05 90 88 64 32) oder das *VVF* ✆ 05 90 88 59 47 Fax 05 90 88 58 43) zu empfehlen.

**Essen und Trinken:** An der Marina von **Bas-du-Fort** kann man in verschiedenen Edelbistros sehr ordentlich ›französisch‹ essen. Zur Auswahl stehen unter anderem die Crêperie *Le Petit Breton* (✆ 05 90 93 64 14), die Brasserie *La Coupole* (✆ 05 90 90 97 34), das Fischlokal *Le Café des Arts* (✆ 05 90 90 89 02). In **Gosier** sind neben den ambitionierten Menüs der *Auberge de la Vieille Tour* ( eine Gourmetadresse im gleichnamigen Viersternehotel, ✆ 05 90 84 23 23) vor allem die kreolische Küche von *Le Bananier* (✆ 05 90 84 34 85), die Tagesgerichte von *La Passiflora* (östliche Ortsausfahrt, ✆ 05 90 84 27 48) und die ausgezeichneten Pizzen von *Au P'tit Paris* (gleich gegenüber, auch zum Mitnehmen, ✆ 05 90 84 56 65) zu empfehlen. Am Dorfstrand von **Sainte-Anne** bieten eine Reihe kreolischer Lokale schattige Sitzplätze und schmackhafte Kost *(assiette créole* und verschiedene *colombo*-Varianten), das beste Restaurant des Ortes ist aber zweifellos *L'Accra* (westliche Ortseinfahrt ✆ 05 90 88 22 40). In **Saint-François** sind empfehlenswert: das kreolische Traditionslokal *Jerco* (hinter der Mairie, ✆ 05 90 88 40 19), das indisch inspirierte *Vieux Port* (am Hafen, ✆ 05 90 88 46 60) und *Le Zagaya* (✆ 05 90 88 67 21) mit phantasievollen Fischgerichten. Eines der feinsten Restaurants der Insel, das *Iguane Café* (✆ 05 90 88 61 37), liegt außerhalb des Ortes an der Straße zur Pointe des Châteaux: Auf der Speisekarte stehen *Ouassous*-Ravioli, Langusten in altem Rum, Fondue in der Kokosnußschale...

**Diskotheken:** *Elysées Matignon* (✆ 05 90 90 89 05), *Le Victoria* (✆ 05 90 90 97 76) und *Le Zenith* (✆ 05 90 90 72 04) – alle in Bas-du-Fort.

**Einkaufen:** Alte kreolische Stiche gibt es in der *Imagerie Créole* (Bas-du-Fort, ✆ 05 90 90 87 28), karibische (z. T. haitianische) Malerei und Töpferwaren in *L'Atelier* (Gosier, ✆ 05 90 84 46 25) und *Artisans Caraïbes* (Saint-François, ✆ 05 90 90 87 28), Seidenkreationen und Pareos in *La Case à Soie* (Sainte-Anne, ✆ 05 90 88 11 31).

## Die Atlantikküste

Von Saint-François führt die N 5 14 km durch eine Küstenebene, die sich 40–60 m über dem Meer aus Kalk aufgebaut hat und jahrhundertelang fast ausschließlich mit Zuckerrohr bepflanzt wurde. Kein Wunder, daß man auf dem Weg nach Moule auf entsprechende Industriedenkmäler stößt. Rechts und links der Straße sieht man die Stümpfe der alten Windmühlen *(tours du Père Labat)*. Auf halber Strecke erhebt sich der Backsteinschlot von **Zévallos,** einer der ersten dampfbetriebenen Zuckerzentralen *(usine centrale)* der Insel, die 1845 erbaut wurde. Neben der Fabrikruine steht das Herrenhaus, ein guterhaltenes Juwel kolonialer Architektur, dessen verspielte Eisenkonstruktionen (Galerien, Vordach, Träger, Zierleisten) Eleganz und Leichtigkeit in sich vereinen. 2 km weiter geht es links über die Ravine Gardel zur gleichnamigen Fabrik, die als einzige der Zentralen den mörderischen ›Gesundschrumpfungsprozeß‹ der letzten Jahre überstanden hat. Es lohnt sich, von hier noch ein Stück landeinwärts um die Teiche *(étangs, mares)* zu fahren und auf diesem Wege die D 101 anzusteuern. Man stößt dort auf die **Destillerie Bellevue,** kein Museum, sondern knatternde, dampfende Maschinerie der Jahrhundertwende.

**Moule,** die einzige Stadt am Atlantik, war einst ein bedeutender Zuckerexporthafen. Riesige Segelschiffe wurden aus dem alten Kanal *(chenal)* der Ravine Gardel in die rauhe See getreidelt und schwer beladen nach Europa geschickt. Über dem Hafen liegt das ehemalige Fort, dessen Kanonen die Engländer wiederholt (1794, 1809) an der Landung hinderten. Die größten Verheerungen richteten die Zyklone an, die Moule in diesem Jahrhundert zweimal (1928, 1989) fast völlig zerstörten.

Zwei Strände säumen die Ortsausfahrten. Im Südosten bietet Autre Bord gute Bademöglichkeiten,

Das Zévallos-Haus ist ein typisches Beispiel kolonialer Architektur

Korallenbänke und einen beeindruckenden Blick nach Norden, wo das Plateau Grande-Terres sich weit in den Atlantik hinausschiebt. Weniger attraktiv ist der schattige Strand der Baie du Nord-Ouest, hinter der sich die Straße gabelt (N 5/D 123). Rechts den Berg hoch, erreicht man das nach einem martiniquanischen Archäologen benannte **Departement-Museum Edgar Clerc** (9–12.30 und 14–17.30 Uhr, Sa und So bis 18.30 Uhr, Mi nachmittags geschl.) Es dokumentiert – übersichtlich und abwechslungsreich – die vorkolumbische Zeit: Ein Fundschichtenmodell erläutert die Datierungsmethodik der Archäologie; in verschiedenen Vitrinen sind Stein-, Muschel- und Tonwerkzeuge, vor allem aber Keramiken und *adornos* (Henkelköpfe mit Ornamenten) ausgestellt; eine maßstabsgetreue Hütte veranschaulicht die häusliche Arbeitswelt der Indianer. Besonders faszinierend sind eine Reihe von Gegenständen, die auf Totenkult und Fruchtbarkeitsmythen hindeuten und letztlich doch rätselhaft bleiben: das zum Drogenkonsum bestimmte *tabacco*-Röhrchen, die dreieckigen Ritualsteine und allerlei symbolische Figuren (z. B. früchtefressende Fledermäuse).

An der nächsten Gabelung (Palais) hält man sich wiederum rechts (D 120) und fährt durch abwechslungsreiches Hügelland (Zuckerrohr, Kokos, Mango, Brotfrucht) weiter nach Norden. Bei La Mahaudière, einer malerisch überwachsenen Fabrikruine, geht es in nordwestlicher Richtung (geradeaus oder links nach Campêche, dann wieder rechts) über das Kalkplateau der Portlands. Die zahlrei-

# Rhum agricole

»Die Göttin hat mir Tee gekocht
und Rum hineingegossen
sie selber aber hat den Rum
ganz ohne Tee genossen.«
(Heinrich Heine)

Wer seinen Löffel Verschnittrum in den Tee träufelt, hält Rumtrinker in der Regel für Piraten oder arme Schlucker. Die Geschichte gibt ihm recht, denn der ›Teufelstöter‹ war der Leib- und Magensaft der Flibustiere und ein trostreiches Getränk für die Sklaven. Und noch eines hat die schlechte Meinung für sich: Der Zuckerrohrschnaps war von Anfang an ein Abfallprodukt der Zuckerproduktion. Ob *guildive, taffia* oder *rum,* man brannte und brennt ihn noch heute weltweit aus den Rückständen des Siedeprozesses, dem gekochten und nicht mehr kristallisierbaren Zucker. Doch es gibt eine Ausnahme: die Französischen Antillen. Dort ist man Ende des 19. Jh. dazu übergegangen, den reinen Zuckerrohrsaft zu destillieren. Der traditionelle, stark nach Karamell schmeckende Melasserum wird zwar noch produziert, um als Konditoreiwürze in den Export zu gehen. Getrunken wird jedoch nicht dieser *rhum industriel,* sondern der sehr viel aromareichere *rhum agricole.* Und so wird er hergestellt:

Das frisch geschlagene Zuckerrohr durchläuft eine Häckselmaschine *(coupe-canne)* und vier bis sechs Quetschwalzen *(moulins).* Man besprengt die zermalmte *bagasse* mit Wasser, um den verbleibenden Zucker aus den Fasern zu pressen. Der aufgefangene Saft *(vesou)* enthält dann 4–18 % Saccharose. Er wird geseiht, gefiltert und schließlich in Gärungsbottiche gepumpt. Bei tropischen Temperaturen (23–40° C) und guter Luftventilation beginnt das bräunliche Gebräu automatisch zu kochen, da wilde Hefe den Zucker spaltet. Die meisten

chen Teiche sind mit Wasser gefüllte Dolinen, trichterförmige Vertiefungen, die sich durch Auflösung des Kalkgesteins gebildet haben. Unterhalb einer Bruchstufe führt die Straße (D 122) dann stracks hoch zur **Porte d'Enfer.**

Das Meer brandet gegen enorme Felswände, die einen türkis leuchtenden Kanal umschließen. Vor

Destillerien leiten die Gärung nach alten Fermentierungsrezepten (Hefe, Bakterien, Säure) ein und setzen die Maische mit vergorenen Resten *(pied de cuve)* an. 15–48 Stunden brodelt es in den Bottichen. Wenn keine Kohlendioxydblasen mehr aufsteigen, hat sich der Zuckergehalt in Alkohol umgewandelt: ein 5–6 %iger Zuckerrohrwein *(grappe)* ist entstanden, der noch ungenießbar ist.

Die anschließende Destillation erhöht den Alkoholgehalt und trennt die unerwünschten Aromastoffe von den erwünschten. Man destilliert nicht mehr wie zu Labats Zeiten in zwei Durchgängen, sondern kontinuierlich im Kolonnensystem. Der Zuckerrohrwein wird in einem Vorwärmer auf 65–75° C erhitzt und gelangt über einen Turm *(analyseur/condenseur)* in die mehrbödige Destillierkolonne *(colonne à plateaux)*. Dort fließt er über die stufenweise temperierten Böden dem aufsteigenden Wasserdampf entgegen, der ihn von Alkohol und flüchtigen Stoffen befreit. Während sich die Schlempe *(vinasse)* mit Fuselölen und anderen schweren Bestandteilen unten absetzt, nehmen die alkoholischen Dämpfe die leichten Bukettbestandteile in den Kondensator hinüber. In Kühlschlangen durchqueren sie den Weinvorwärmer, um sich am Ende des Kondensationsweges als 65–75 %iges Destillat in einem Auffangbottich niederzuschlagen.

Dieser farblose Rum ist brennendes Wasser, solange sein Alkoholgehalt nicht auf Trinkstärke reduziert ist. Wenn man ihn mit destilliertem Wasser, besser noch mit Quellwasser auf 59 % (Marie-Galante), 55 % (Guadeloupe), 50 % (Martinique) verdünnt, kann er als *rhum blanc* konsumiert werden. Er schmeckt dann fruchtig nach Zuckerrohr. Wenn man ihn in Eichenfässern lagert, verliert er durch Verdunstung jährlich 8–10 % Alkohol und kann nach Ablauf von drei Jahren als *rhum vieux* degustiert werden. Jeder Europäer ist überrascht über den Geschmacksreichtum dieses Antillencognacs, der auch als Fünf-, Sechs-, Zwölfjähriger verkauft wird oder mit Jahrgangsbezeichnungen auf den Markt kommt. Da die Faßreifung unter tropischen Klimaverhältnissen beschleunigt abläuft, verwendet man übrigens Once-Used-Fässer aus den Vereinigten Staaten, da diese nicht mehr so viel Gerbsäure abgeben.

dem Erdbeben 1843 war er von einer Felsbrücke überwölbt, an deren Trümmern sich nun die Wellen brechen. Der fjordartige Einschnitt ist so tief, daß die Brandung vor dem ›Tor‹ bleibt und das ruhige Wasser der geschützten Bucht zum Baden einlädt. Hinter dem schattigen Picknickplatz steigt der **›Zöllnerpfad‹** (W 1 *Sentier des Douaniers*)

Von der Pointe du Piton hat man den schönsten Blick auf die Porte d'Enfer

zur Pointe du Lagon, wo man in das Trou de la Madame Coco blicken kann. Der blau markierte Weg folgt der zerklüfteten Steilküste weiter von Grotte zu Grotte und führt nach knapp $1^1/_2$ Std. zum Trou du Souffleur, einem spektakulären Felsenloch über dem schäumenden Meer. Kurz darauf erreicht man die Pointe du Souffleur, wo die hochgepreßten Wasserfontänen *(souffleurs)* das Schnauben eines gigantischen Fabeltieres vortäuschen. Hier empfehlen wir umzukehren und auf demselben Weg zurückzugehen. Man muß insgesamt mit 3 Std. rechnen, braucht festes Schuhwerk (scharfkantiger Untergrund) und Sonnenschutz (kein Schatten) und sollte keine kleinen Kinder mitnehmen (Steilabbruch).

Der beste Blick auf die Porte d'Enfer bietet sich von der gegenüberliegenden Pointe du Piton, die man bei der Weiterfahrt auf der nun steil ansteigenden Straße erklimmt. Sie führt an einer Reihe gefährlicher Felsabbrüche vorbei, die man besser nicht aus der Nähe inspiziert. Nach 5 km geht es rechts ab zur **Pointe de la Grande Vigie,** der grandiosen, in 84 m Höhe gelegenen Nordspitze Guadeloupes (Naturschutzgebiet). Man stellt das Auto am Ende der Sackstraße auf dem Parkplatz ab, zieht wegen der spitzen Felsen gutbesohlte Schuhe an und studiert die Informationstafel. Der gut beschilderte Weg (W 2) führt durch einen Trockenwald von Kakteen, *ti-baume, mapou, gom-*

*mier rouge* zu den äußersten Felsen (15 Min.). Links erscheint die Pointe de la Petite Tortue, deren Gestalt frappierende Ähnlichkeit mit einer Schildkröte aufweist. Rechts bilden die Spitzen *(pointes)* des gleichförmig hohen Kalkplateaus einen langen Küstenstreifen, in

dessen Ausbuchtungen kleine Sandstrände zu erkennen sind. Weit draußen entdeckt man Désirade (50 km), Antigua (70 km) und Montserrat (80 km).

**Unterkunft:** Am Strand Autre Bord (Moule) das *Tropical Club Hotel Les Alizés* (✆ 05 90 93 97 97, Fax 05 90 93 97 00).

**Essen und Trinken:** In Moule bekommen Sie einfache kreolische Gerichte auf der meernahen Veranda des *P'tit Jardin* (✆ 05 90 23 51 63). Zauberhaft vornehm sitzt und speist man vor Campêche im *Château de Feuilles* (✆ 05 90 22 30 30, Schwimmbad im Garten, unbedingt vorbestellen).

**Destillerie:** Mo–Fr 7.30–14 Uhr steht die Destillerie *Bellevue*, ✆ 05 90 23 55 55, Besuchern zur Besichtigung offen, Einkauf in der *cabane à rhum* 8–18 Uhr.

## Auf der Ostseite des Grand Cul-de-Sac Marin

Von der Nordspitze kommend fährt man auf dem Weg nach Anse-Bertrand durch trockene Buschlandschaft. Nach den ersten Ausrottungsfeldzügen war den Kariben hier 1660 ein Reservat von 2000 ha vertraglich zugestanden worden. Die auf dem Papier stehenden Rechte der ›Wilden‹ hielten die Siedler jedoch nicht davon ab, ihre Kulturen weit nach Norden auszudehnen, wo ihnen allenfalls die Unwirtlichkeit der Böden zu schaffen machte. Als 1882 einer der letzten Häuptlinge eine verzweifelte Bittschrift an die französische Regierung sandte, war der Untergang seines Volkes längst besiegelt.

Vor der Ortseinfahrt des verschlafen wirkenden **Anse-Bertrand** lockt rechts der farbenprächtige Strand von **Anse Laborde.** Unzählige Korallen- und Muschelsplitter tönen den feinen Sand in zartem Rosa, von dem das knallige Blau des Meeres hart absticht. Das zurückströmende Wasser entwickelt einen mächtigen Sog, den man in Sitzbadewannen ohne Gefahr auskosten kann (Badeverbot an der von Felsen eingeschlossenen Ostseite).

8 km weiter bietet **Port-Louis** (7000 Einwohner) eine ähnliche Kombination aus ärmlicher Architektur und Bilderbuchstrand. Die mit Kandelabern geschmückte Hauptstraße öffnet sich vor der mit Königspalmen flankierten Kolonialkirche zu einem freien Platz mit Aussicht auf die Silhouette von Basse-Terre. Am nördlichen Ortsende beginnt die Anse Souffleur, deren weitgeschwungener Sandstrand hinter dem Friedhof mit Muschelgräbern die schattigeren, stilleren Liegeplätze aufweist. Vorbei an Korallenbänken und Mangroven führt das Sträßchen bis zur Pointe d'Antigue, dem besten Aus-

An der Anse Souffleur

Friedhof von Morne-à-l'Eau

sichtspunkt vor der riesigen Bucht des Grand Cul-de-Sac Marin.

Im Hinterland von Port-Louis liegt die ehemalige Zuckerzentrale von **Beauport.** Sie war die letzte verarbeitende Industrieanlage des riesigen Plantagengebiets zwischen Anse-Bertrand und Morne-à-l'Eau. Mehrmals überquert man auf der N 6 die stillgelegte Eisenbahnlinie, auf der die Zuckerrohrbündel von den entferntesten Feldern in die *usine centrale* gelangten. Auf landeinwärts weisenden Schildern liest man den Ortsnamen Les Mangles. Die schlickfangenden Stelzwurzeln der Mangrove (*rizophora* oder *mangle rouge*) haben dort längst Land gebildet. Und der Autofahrer kann nur ahnen, wie der amphibische Wald – von Kanälen durchzogen – immer breiter in die Große Bucht hineinwächst.

Hinter Petit-Canal führt die Straße in großem Bogen an den Sümpfen vorbei, überquert eine Hügelkette und erreicht **Morne-à-l'Eau.** Das lebhafte Landstädtchen (15 000 Einwohner) wurde erst Anfang des 19. Jh. in einer Senke gegründet, die durch den kilometerlangen Canal des Rotours entwässert werden konnte. Sehenswert ist der wie ein Amphitheater angeordnete Friedhof mit seinen schwarz-weiß gekachelten Grabmälern.

Nach Pointe-à-Pitre kehrt man über die Schnellstraße (N 5) zurück, wenn man nicht vorher noch einen Abstecher (D 107) nach **Vieux-Bourg** unternimmt. Ehemals Zentrum der Gemeinde Morne-à-l'Eau, ist es heute ein abgelegenes Fischernest. Vor der Landspitze liegt das Ilet Macou, ein Mangroveninselchen mit Kapelle. Wer das Stelzwurzeldickicht erkunden will, fährt auf der D 106 Richtung Abymes noch ein Stück nach Süden: Im Canal Perrin warten Boote, und nördlich des Flughafens beginnt demnächst der Mangrovenlehrpfad (W3, Insektenschutzmittel nicht vergessen!).

**Essen und Trinken:** Am Strand von Anse Laborde sitzt man *Chez Prudence* (✆ 05 90 22 11 17, kreolische Küche) schön auf der überdachten Terrasse. In Port-Louis empfiehlt sich *La Corrida* (Fischerhafen, ✆ 05 90 22 92 33, kreolische Küche).

**Ausflüge:** Die Fischer von Vieux-Bourg bringen Besucher zum Ilet Macou oder fahren auf Anfrage zu den Korallenbänken des Grand Cul-de-Sac hinaus.

**Tip:** Ab Morne-à-l'Eau kann man sich mit dem traditionellen Ochsenkarren *(cabrouet)* durch die Grands Fonds kutschieren lassen. Abfahrt und Ankunft an der *Auberge Le Relax* (✆ 05 90 24 87 61, kreolische Küche, Bungalows).

# Die Grands Fonds

Abseits der Küstenroute verbirgt sich im Inneren von Grande-Terre eine Landschaft, die aus der Vogelperspektive wie eine Eierschachtel aussieht. Man erreicht dieses Karstgebiet über Morne-à-l'Eau, Abymes oder Sainte-Anne, um es dann in ständigem Auf und Ab zu durchqueren. Regenwasser hat den Kalk zersetzt und ein Relief von dichtgescharten Trichtern und Kegeln ausgeformt. Während die Kuppen über 100 m hoch stehen (Aussichtspunkt Deshauteurs 136 m), liegen die tiefsten Senken *(grands fonds)* unter dem Meeresspiegel. In diesen feuchten ›Cockpits‹ gedeihen unter schattenspendenden Brotfrucht- und Mangobäumen tropische Obst- und Gemüsesorten. An den ungeschützten Hanglagen dominieren Bananen- und Zuckerrohrpflanzungen. Die Besiedlungsdichte ist enorm (300 Einwohner pro km$^2$): Überall haben sich Kleinbauern niedergelassen, die sich im wesentlichen selbst versorgen und den geringen Überschuß in Pointe-à-Pitre feilbieten. In einigen Dörfern wie Jabrun-du-Sud oder Levallois leben übrigens noch verarmte Nachfahren aristokratischer Familien, die in der Revolutionszeit in die Hügel flüchteten. Dank ihres strengen Inzuchtgebots, das keine Vermischung mit den ehemaligen Sklaven duldet, haben sich diese *blancs Matignons* (s. S. 63) als reinrassige Minderheit erhalten.

# Guadeloupe – Basse-Terre

Zu den Stränden an der Nordküste

Die Waldmuseen des Nationalparks

Wasserfälle und Teiche – Unterwegs im Regenwald

Die Südspitze

Soufrière – Die Vulkantour

Taucherparadies vor den Ilets de Pigeon

Farnbäume an der Traversée

# Guadeloupe – Basse-Terre

Guadeloupes westliche Inselhälfte besteht aus einem langgestreckten Gebirgskamm, der in Nord-Süd-Richtung von 700 m auf über 1400 m ansteigt und in der immer noch aktiven Soufrière gipfelt. Dieses Vulkanmassiv bildet eine Passatbarriere, die den Höhenlagen enorme Niederschläge beschert. Neben dem ausgedehnten Regenwald gehören Wasserfälle, Korallenbänke und indianische Steingravuren zu den Schätzen von Basse-Terre, das größtenteils als Nationalpark unter Naturschutz steht.

## Der Norden von Basse-Terre

Nach dem Straßenkreuz von Destrelan führt die N 2 geradeaus hinein ins Land der Korsaren und Boucaniers. Sie hatten ihre Basen in den versteckten Buchten zwischen der Rivière Salée und der Grande Rivière à Goyaves. Baie-Mahault und Lamentin sind Piratengründungen, die Ortsnamen erzählen von legendären Zeiten: Der *mahot,* ein Mangrovenbaum, lieferte den Seeräubern das Material für Schiffstaue; der *lamantin,* ein ausgestorbener Verwandter des Seehunds, teilte mit ihnen die Küste. Noch ein Stück weiter erinnert ein Weiler an das Räucherfleisch *(boucan),* das die Piraten im bewaldeten Hinterland präparierten und auf ihre langen Seefahrten mitnahmen.

Die Straße überquert hier die Grande Rivière à Goyaves, den längsten und bedeutendsten Fluß auf Guadeloupe. Er wälzt sein schlammiges Wasser in vielen Windungen zum **Grand Cul-de-Sac Marin** hinunter und gewinnt im Mündungsgebiet jährlich 10 m Land. Von Gosier kann man mit Ausflugsbooten in die Stelzenwälder der Mangroven hinein- und anschließend zu den vorgelagerten Inseln hinausfahren. Auf La Caret (Korallen, Sandstrand, Picknicktische) darf zum Mittagsimbiß anlegt werden. Die vor dem Riff liegenden Mangroveninseln Christophe, Fajou, La Biche und Carénage stehen jedoch unter strengem Naturschutz: Die Parkbehörde will die Vögel an ihre Nistplätze zurücklocken und den Lambi-Muscheln und Langusten eine Regenerationspause gönnen.

Zuckerrohr im Norden der Insel

Landeinwärts zweigen von der N 2 mehrere Sträßchen ab, die durch Zuckerrohranpflanzungen zum Waldrand hinauf führen. Die D 1 (ab Lamentin) bringt Kurgäste zur schwefelhaltigen **Ravine Chaude** (Thermalbad). Die Straße von Duportail (ab La Boucan) führt zur **Domaine de Séverin,** der letzten Destillerie mit einem intakten Wasserrad von 6 m Durchmesser, und weiter hinauf zum Schmugglerpfad (W 5 *Trace des Contrebandiers*), auf dem man nach dreistündiger Urwalddurchquerung das Tal der Petite Plaine und Pointe-Noire erreicht. Die Straße von Bellevue (2 km vor Sainte-Rose) ist die Zufahrt zum **Musée du Rhum** (Mo–Sa 9–17 Uhr), das auf dem Terrain der Destillerie Reimonenq Geschichte und Technik der Rumherstellung dokumentiert (Informationsblatt und Videofilm in deutscher Sprache) und im Obergeschoß neben 30 Schiffsmodellen eine einzigartige Insektengalerie präsentiert. Die D 19 (in Sainte-Rose) führt wie die Straße von Bellevue zur schwefelhaltigen Quelle **Sofaïa,** wo ein Pfad zum 486 m hohen Belvédère ansteigt und zugleich die fünfstündige Trace Baille Argent – Sofaïa (W 4 bis Beausoleil) beginnt.

**Sainte-Rose,** ein von Mangroveninselchen geschützter Fischerhafen, ist das ländliche Zentrum des Nordens. Hier kauft man Proviant ein, bevor man zu den Stränden der **Corniche d'Or** (Goldküste) aufbricht. Nach der Plage Ramée, dem Dorfstrand, und der Plage des Amandiers mit Picknicktischen unter Meermandelbäumen erreicht

man die berühmte Nordspitze Basse-Terres, die **Pointe Allègre**: Hier landeten am 28. Juni 1635 die beiden Haudegen Duplessis und de L'Olive und mit ihnen die ersten 550 Freiwilligen, die mit der geplanten Besiedlung allerdings scheiterten. Weit draußen erkennt man den Tête à l'Anglais-Felsen und weiter westlich das Ilet à Kahouanne. Man sieht die Inselchen von der Plage Clugny (rechts interessantes Kalkplateau, links Sandstrand, Vorsicht Strömungen), der Plage de Tillet, der Plage de Fort Royal – jeweils aus anderer Perspektive. Die Strände werden nun immer makelloser: Anse de la Perle, Plage Rifflet, Grande-Anse. Letzteren sieht man sehr schön von der Anhöhe aus: ein majestätischer Bogen aus goldgelbem Sand und Palmenhain.

Von den Bergen kommt die D 18 herunter, eine von Hütten gesäumte kurvenreiche Querverbindung abseits der Strände. Südlich der Abzweigung senkt sich die N 2 in die enge Bucht von **Deshaies** hinab. Der ruhige Fischerort ist ein beliebter Ankerplatz für Sportschiffer. Der Hafen liegt im Visier einer Geschützstellung *(batterie)*, die auf der nächsten Erhebung im Trockenwald errichtet wurde. Bis Pointe-Noire verläuft die Straße in großen Kehren, teils am Meer, teils im Landesinneren.

◁ Plage de Cluny und Ilet à Kahouanne

**Unterkunft:** Auf dem Gemeindegebiet von **Deshaies** gibt es neben dem Strandhotel *Fort Royal**** (✆ 05 90 25 50 00, Fax 05 90 25 50 01) die höhergelegenen Bungalowanlagen *La Flûte Enchantée* (✆ 05 90 28 41 71, Fax 05 90 28 54 43) und die *Habitation Grande Anse* (✆ 05 90 28 45 36, Fax 05 90 28 51 17). Unter den zahlreichen Privatunterkünften (*Gîtes*-Liste anfordern!) bietet *Jacky Location* (✆ 05 90 28 43 53, Fax 05 90 28 50 95) auch Swimmingpool und *Table d'hôte* (Gästetisch). Vor **Sainte-Rose,** im Park einer ehemaligen Zuckerfabrik, liegt das Bungalowhotel *La Sucrerie du Comté* (✆ 05 90 28 60 17, Fax 05 90 28 65 63).

**Essen und Trinken:** An der Route de Sofaïa liegt der *Jardin Créole* (✆ 05 90 28 67 98), ein Feinschmeckerlokal mit botanischem Garten (9.30–17 Uhr): Die frisch zubereiteten Gerichte werden sehr schön präsentiert, und der Chefkoch persönlich gibt im Garten interessante Erläuterungen zu den verwendeten Produkten. Klassisch kreolische Küche bei *Chez Clara* (✆ 05 90 28 72 99) in Sainte-Rose, *Le Karacoli* (✆ 05 90 28 53 40) am Strand von Grande-Anse oder *Le Mouillage* (✆ 05 90 28 41 12) im Fischerhafen von Deshaies.

**Destillerien:** Degustation und Verkauf im *Musée du Rhum/Destillerie Reimonenq* (✆ 05 90 28 70 04) und auf der *Domaine de Sèverin* (✆ 05 90 28 91 86, Fax 05 90 28 36 66), die neben dem wohl besten Rum der Insel noch mehr zu bieten hat: eine Besichtigungsfahrt (Di und Fr 9 Uhr) quer durch das Gut, ein gepflegtes Restaurant im Herrenhaus (*ouassous* aus der eigenen Zucht) und drei stilvolle Appartements.

Möbelschreiner im Plaines-Tal bei Pointe-Noire

**Thermalbad:** Die *Station Thermale René Toribio* (Ravine Chaude ✆ 05 90 25 75 92, Fax 05 90 25 76 28) verfügt über zwei Schwimmbecken (33 °C) und bietet vielfältige Anwendungen vor allem für Rheumatiker, 10–22 Uhr.

**Ausflüge:** Die Ausflugsboote ›Le Balajo‹ (✆ 05 90 20 35 43, 18 Plätze) oder ›Le King Papyrus‹ (✆ 05 90 90 92 98, 200 Plätze) bringen Sie von Bas-du-Fort (Marina) durch die Rivière Salée in den Grand Cul-de-Sac. Unterschiedliches Tagesprogramm mit Mangrovenfahrt, Tauchen, Mittagsimbiß auf La Caret.

## Pointe-Noire und die Traversée

Nach den schwarzen Basaltblökken der Pointe Cimetière Cato (nördliche Ortseinfahrt) benannt, ist **Pointe-Noire** ein Zentrum der Holzverarbeitung, seit sich dort vor 300 Jahren die Schiffszimmerleute niederließen. So hat die Parkbehörde hier ihr **Maison du Bois** (9.15–17 Uhr, Mo geschl.) errichtet. Im botanischen Wäldchen *(arboretum)* wird an die mühsame Arbeit der ›Brettschneider‹ *(scieurs de long)* erinnert, die den Stamm noch im Urwald zu Planken zersägten. Das eigentliche Museumsgebäude ist aus 13 Holzsorten erbaut, die

...bietet Wissenswertes rund um Kakao

eingangs in einer Musterpalette zusammengestellt sind. Die einzelnen Räume führen durch verschiedene Bereiche des holzverarbeitenden Handwerks wie Schiffsbau, Küferei, Mühlentechnologie oder Möbelschreinerei und informieren auch über die traditionellen Kulturen der *côte sous le Vent* (Kaffee, Kakao, Vanille). Als Ergänzung lohnt ein Besuch der **Maison du Cacao** (9–17 Uhr, So 9–13 Uhr), wo am Ende des Rundgangs eine köstliche warme Schokolade für die Besucher aufgebrüht wird.

Vorbei an der Anse Caraïbe (Fischerhütten, Boote, Picknickplätze) zweigt dann in Mahaut die Traversée (D 23) von der Küstenstraße ab. Diese Querverbindung rückt die entlegene *côte sous le vent* näher ans wirtschaftliche Zentrum der Insel heran und bringt die Touristen bequem ins Herz des Nationalparks. Sie ermöglicht auch die beliebte Tagesrundtour, die eine Exkursion zu den nördlichen Stränden mit einem Abstecher in den Bergregenwald verbindet. Von Mahaut geleiten Flammenbäume hinauf in die dampfende Wildnis. In 450 m Höhe erreicht man nach einigen Kehren den **Parc zoologique** (9–17 Uhr), der mitten im Urwald einen schnellen Rundgang durch die heimische Tierwelt (Erdkrabben, Reiher, Tauben, Schildkröten, Leguane, Mangusten und als Hauptattraktion den Racoon) gestattet.

Die Straße verläuft um den Morne à Louis (743 m, Relaisstation) herum, auf den in spitzem Winkel eine steile Piste abzweigt: großartige Ausblicke auf die karibische Küste, über Farnbäume hinweg. Wenig später erreicht die Traversée ihren höchsten Punkt, den **Col des Mamelles** (600 m). Der Name (*mamelle* – weibl. Brust) kommt von den beiden Vulkanen, deren wohlgeformte Kuppen an einen riesigen Busen denken lassen. Beide Kegel sind auf kurzen, aber steilen Pfaden zu besteigen (1 1/2 bzw. 1 Std.). Vom Paß geht es rechts hoch auf die Mamelle de Pigeon (W 6, 768 m), während links der Weitwanderweg (GR – *Grande Randonnée*) nach Norden führt. Eine Kurve später beginnt der Aufstieg zur Mamelle de Petit-Bourg (W 7, 716 m), gleichzeitig mit der Trace des Crêtes (W 8), auf der man in 5 Std. nach Village (s. S. 141) oder in einer Mehrtagestour (GR) bis zur Südspitze wandern kann.

Der Bewuchs der Straßenböschung ändert sich: im Paßbereich die karibische Pinie, dann Baumfarne, Bambus, Calimettes, schließlich – sobald der Urwald sich lichtet – die weiß blühende Côtelette. Bevor die zunehmend abschüssige Hauptstraße den David-Fluß überquert, taucht am rechten Straßenrand das **Maison de la Forêt** (10–17 Uhr) auf. In dem Holzhäuschen erhält man durch Grafiken und Fotos eine Einführung in die Vegetationszonen der Insel und außerdem ein instruktives Faltblatt, das die detailliert beschilderten Naturlehrpfade (10 Min. bzw. 60 Min.) kom-

An der Traversée

mentierend begleitet. Die beiden Wanderwege (W 9a und b) trennen sich hinter der Hängebrücke und treffen sich wieder bei den drei Carbets, in denen weitere Schautafeln auf Sie warten (›Stockwerkbau‹ und Fauna des tropischen Regenwalds).

Nach 700 m geht rechts die Forststraße zur Baumschule La Providence ab. Sie führt noch ein Stück weiter und endet unten am Corossol (Picknickplatz). Dieser Seitenarm des David-Flusses wird weiter nördlich zur **Cascade aux Ecrevisses.** Man erreicht sie von der Traversée aus nach Überquerung der Brücke (großer Parkplatz). Links unten sind zahlreiche *ajou-*

*pas* (überdachte Picknickplätze) aufgestellt, rechts führt ein bequemer Spazierweg (W 10) in 5 Min. zum Wasserfall.

Wenn man aus dem Urwald herauskommt, trifft man bald auf eine Kreuzung: Links kommt man auf die Panoramastraße Richtung Lamentin, geradeaus geht es zurück zur Inselhauptstadt Pointe-à-Pitre, rechts erreicht man Vernou, die angenehm luftige Villen- und Gartensiedlung. Hier zweigt in südlicher Richtung die Route de la Glacière ab, die oberhalb des **Saut de la Lézarde** (W 11, 1 Std. hin und zurück), eines weiteren Wasserfalls, auf die Trace Merwart (W 12, s. S. 134) führt.

**Unterkunft:** Am östlichen Rand der Traversée bietet das ruhig gelegene *Le Mont Fleuri* (Vernou, ✆ 05 90 94 23 92, Fax 05 90 94 12 08) Zimmer und Appartements.

**Essen und Trinken:** In der Bar des *Parc zoologique* jede Menge hausgemachte Punschsorten (im Eintrittspreis inbegriffen), gegenüber im kleinen Parkhotel *Couleur caraïbe* (✆ 05 90 98 89 59) französisch-kreolische Gerichte mit interessanten Saucen, auf der Paßhöhe im *Gîte des Mamelles* deftige kreolische Kost.

## Das Capesterre

Die N 1 ist eine gut ausgebaute Schnellstraße, die das Wirtschaftszentrum Pointe-à-Pitre mit der Verwaltungsmetropole Basse-Terre

Gärtner in der Domaine de Valombreuse

# Cap à terre!

Man weiß nicht, ob der Name Capesterre an die Lage der Küste *(Caput terrae)* oder an den Landungsbefehl *(Cap à terre!)* erinnert. Jedenfalls war die dem Passat zugewandte Inselseite diejenige, die ihr europäischer Entdecker ansteuern mußte. Er war schon das zweite Mal nach ›Westindien‹ unterwegs und wollte zurück zu seinen 39 Spießgesellen im Fort von La Navidad. Diese erste europäische Siedlung der Karibik lag auf Hispaniola (heute Dominikanische Republik/Haiti) und war von Kolumbus gegründet worden, nachdem seine drei Nußschalen am 12. Oktober 1492 die vorgelagerte Insel Guanahani (Archipel der Bahamas) angelaufen hatten. Jetzt war ein Jahr vergangen und die Existenz der ›Neuen Welt‹ in der alten publik gemacht. Und wieder ließ sich Kolumbus, im Auftrag der spanischen Krone, vom gleichmäßigen Passat treiben. Diesmal waren es 17 Schiffe, die nach 21 Tagen eine trockene Insel erreichten. Kolumbus taufte sie ›La Deseada‹, die ›Ersehnte‹, französisch ›La Désirade‹. In ihrer Nachbarschaft entdeckte er ›Dominica‹ (es war Sonntag), ›Marie-Galante‹ (seinem Schiff Santa Maria zu Ehren) und die ›Saintes‹ (Allerheiligen). Der Schiffsarzt berichtete über diesen ersten Novembersonntag 1493: »Wir bemerkten eine Insel am Bug der Schiffe, und dann tauchte rechter Hand eine andere auf: Die erste [Dominica] war auf der uns einsehbaren Seite mit Bergen bedeckt; die zweite [Marie-Galante] war ein ebenes, aber mit sehr dichten Bäumen bestandenes Gelände. Im Lauf des Tages erschienen allmählich hier und da weitere Inseln [die Saintes], so daß wir an diesem Tag sechs von verschiedenen Seiten erblickten, die meisten davon ziemlich groß.« Am nächsten Tag näherten sie sich dann einem besonders eindrucksvollen Stück Land: »Da erhob sich ein hohes Gebirge, dessen höchster Punkt einem Vulkan glich [Soufrière] und von einer gleißenden Helligkeit glänzte. Auf den Schiffen wurde gewettet, ob es sich um Felsen oder Wasser handelte. Erst aus größerer Nähe konnten wir uns das wunderbare Schauspiel erklären: Überall stürzten schäumende Kaskaden von schwindelerregenden Höhen.« Die Spanier gönnen sich eine Ruhepause auf der paradiesischen ›Insel der schönen Wasser‹, die Kolumbus in ›Santa Maria de Guadalupe de Extremadura‹ – Guadeloupe – umbenennt, um ein Versprechen an die Mönche eines berühmten spanischen Klosters einzulösen. So entdeckt er die Inseln über dem Wind bis nach Puerto Rico und Hispaniola, wo er La Navidad zerstört und seine Kumpanen ermordet findet.

verbindet und die Touristen aus dem Feriengebiet um Gosier rasch zu den attraktivsten Ausflugszielen von Basse-Terre, wie Soufrière, Carbet-Wasserfällen und Saintes bringt. Es lohnt sich aber dennoch, diese Rennstrecke gelegentlich zu verlassen, um rechts ab den herabströmenden Bächen in die Anbaugebiete und immer weiter hinauf an den Rand des Regenwalds zu folgen.

Kurz vor dem Städtchen **Petit-Bourg** geht es hinter der Lézarde-Brücke über Grande Savane zur **Domaine de Valombreuse** (9–17 Uhr), einem großzügig angelegten Blumenpark mit mehreren Volieren, einer Bar, einem Kinderspielplatz und einem luftig in den Wald gebauten Restaurant. Wenn man im südlichen Ortsteil von Petit-Bourg die hübsche Aussicht auf die Bucht genossen hat, führt die rückwärts ansteigende Straße von Morne Bourg an einer der letzten Maniokerien vorbei. Jenseits des Moustique-Flusses gibt es dann oberhalb der Traditionsbrennerei von **Montebello** noch Überreste der einstigen Sommerfrische zu entdecken: »Nichts bleibt als ein paar schöne Mangobäume, Fächerpalmen und Ylangs-Ylangs, die Steinreste und leere Bassins bewachen«, schrieb die hier gebürtige Schriftstellerin Maryse Condé (s. S. 85). Eine Forststraße führt oben durch Bananenplantagen in den Regenwald, wo die 24 km lange Trace Victor Hugues (W 13, s. S. 134) endet.

Im Gemeindegebiet von **Goyave** führen nach der Rivière Rose zwei Straßen von der Ortsumgehung ab: zunächst links die alte Verbindung nach Goyave, dann rechts das kleine Sträßchen Richtung Douville. Man kann dort den 8,4 km langen Forstweg hochfahren und dann beim Holzschild **Chutes de Moreau** dem gleichnamigen Fluß (W 14, acht Überquerungen, Achtung: bei Regen unpassierbar!) bis unter den Gebirgsgrat (Mateliane 1298 m) folgen. In gut 1,5 Std. gelangt man zu phantastischen Wasserfällen. Es sind drei, der höchste davon – über 100 m – stürzt in ein grün schimmerndes Naturbecken mitten im Regenwald, ein seltenes Badevergnügen!

In **Sainte-Marie** liegt die Landungsstelle, an der Christoph Kolumbus am 4. November 1493 mit seiner Mannschaft die ›Insel der schönen Wasser‹ betrat. Damals ging der Entdecker schnurstracks in die verlassenen Hütten der Eingeborenen und nahm neben allerlei Gegenständen auch zwei prächtige Papageien mit. Heute ziert seine weiße Büste – umzäunt und festgemauert – eine Gedenksäule. Landeinwärts steigen die Bananenfelder weit die Hänge hinauf (bis 400 m), ein ausgedehntes Agrargebiet, in dessen Mitte die **Plantation Grand Café** in Belair (Mo–Fr 9–17 Uhr in der Hauptsaison, sonst 9–12 Uhr) für Besucher offensteht. Wer sich umfassend über das Thema ›Banane‹ informieren möchte, erhält hier – von den verschiedenen Staudensorten über die einzelnen Arbeitsabläufe bis zur Degustation – eine so einzigartige wie authentische Einführung.

Wieder zurück auf der Hauptstraße, sollte man beim **Hindutempel von Changy** anhalten. Die weiße Fassade ist mit bunt bemalten Figuren geschmückt, welche *Mariamman* (die in der Mitte thronende Göttin), *Vinayagar* (den Gott mit Elefantenkopf), *Sarasvati* (die Beschützerin der Künste) und an den Seiten des Gebäudes *Madourai Viran* (die Tempelhüter) darstellen. Mit etwas Glück und bei gebotener Zurückhaltung können Besucher eine Opferzeremonie erleben, bei der Lämmer, Ziegen und Hühner geschlachtet werden (nicht fotografieren!).

Der Hauptort des **Capesterre** hat den Namen der Region übernommen. Eine Allee von Flammenbäumen führt in die nicht weiter sehenswerte Kleinstadt. Man verläßt sie durch die **Allée Dumanoir,** die der ansonsten vergessene Dichter Pinel Dumanoir vor mehr als 100 Jahren hat pflanzen lassen. Auf beiden Seiten säumen Doppelreihen von hohen Königspalmen die Stra-

Moreau-Fluß im Regenwald bei Goyave

ße. Gleich nach der Allee liegt rechts die *Habitation* Bois Debout, auf der ein anderer Dichter, Saint-John-Perse, einen Teil seiner Kindheit verbrachte: »Palmen ...! Damals war da ein Meer, leichtgläubiger, von unsichtbaren Fahrten träumend, gleich einem Himmel über die Obstgärten gestuft«, heißt es in ›Pour fêter une enfance‹.

**Essen und Trinken:** Das Restaurant der *Domaine de Valombreuse* (auf halber Strecke des Rundwegs) liegt zauberhaft über einem Urwaldbach und bietet klassische kreolische Küche.

Die Allée Dumanoir bei Capesterre

## Chutes du Carbet und Grand Etang

Eine der beiden Bergstraßen, die ans Soufrière-Massiv heranführen, ist die D 4 von Saint-Sauveur zu den **Carbet-Wasserfällen.** Die 8 km lange Strecke überwindet eine Höhendifferenz von 600 m. Die Auffahrt ist ein Erlebnis: Man durchquert ausgedehnte Bananenfelder, passiert den farbenfrohen Weiler L'Habituée, gelangt ins Anbaugebiet der *Habitation* Grande-Chasse, taucht in der Nähe des verborgenen Grand Etang in den Urwald und schraubt sich noch 200 m höher durch einen mehr oder weniger dichten Tunnel aus Bambus und Farnen.

Am Aire de pique-nique (Parkplatz, Verkaufsstände, Accrasbude) herrscht oft Touristenrummel und am Beginn des Fußwegs drängen sich die Fotografen um die Sichtlücke, durch die man – bei schönem Wetter – die zwei ersten und schönsten Wasserfälle übereinanderstehen sieht. Der Carbet stürzt in drei Stufen (125 m – 110 m – 20 m) die harten Andesitwände hinunter, die er trotz unermüdlicher Arbeit nicht abwetzen kann. Man erkennt an den Haarnadelkurven, ein erfreulicherweise aufgegebenes Straßenprojekt, oben links die Echelle, daneben halbverdeckt die Soufrière: An den Flanken beider Berge entspringen die kochenden Quellen (95 °C) des Flusses.

Oberhalb des Aire de pique-nique beginnt ein Spazierweg. Treppen, Geländer und Brücken bringen auch ungeübte und schlecht beschuhte Touristen sicher zum Fluß hinunter. Nach Überquerung der Holzbrücke stößt man auf eine markierte Kreuzung. Auf dem Hauptweg geht es geradeaus zum vielbesuchten zweiten Wasserfall (W 15a, 25 Min.), den man bequem jenseits einer Hängebrücke erreicht. Links von der großen Kaskade entdeckt man übrigens eine kleine *chute* mit heißen unterirdischen Quellen.

Vom Hauptweg zweigt an der genannten Kreuzung rechts ein steil ansteigender Pfad ab, der sich bald erneut gabelt. Rechts beginnt der steile aber problemlose Abstieg zum dritten Wasserfall (W 15b, 2 Std.) mit seiner kleinen, aber wuchtigen Kaskade. Links geht es auf weitgehend befestigtem Pfad stetig höher zum ersten Wasserfall (W 15c, 2 Std., rutschig und anstrengend) oder gar weiter zur Soufrière (W 15d, 4 Std., schwierig). Diese Wanderungen verlangen Ausdauer und angemessene Ausrüstung: Kleidung zum Wechseln, festes Schuhwerk mit gutem Profil, ein Handtuch zum Abtrocknen sowie Wasser und Insektenschutzmittel.

3 km unterhalb des Carbet-Parkplatzes zweigt von der D 4 ein Sträßchen ab, das nach 300 m am **Grand Etang** endet (Auto oben abstellen), dem größten der geheimnisvollen Urwaldteiche, die sich hier am Fuß der Vulkane häufen. Lavaströme haben Senken verriegelt, in denen sich das reichlich vom Bergmassiv abfließende Wasser sammelt. Der Rundweg (W 16, 1 Std.) um den Grand Etang ist von großem Reiz: Ein Gewirr von Brett- und Stelzwurzeln, Lianen und Bambusbüscheln versperrt die freie Sicht auf den dunkel schimmernden See (auf keinen Fall baden: Bilharziosegefahr!). Nach 10 Min. führt ein Pfad (W 17 Trace des Etangs) rechts nach oben, der sich nach weiteren 10 Min. erneut gabelt. Auf der südlichen Route gelangt man zu den verlandenden **Etangs Roche und Madère** (1 1/4 Std.), während man in westlicher Richtung den meist nebelverhangenen **Etang de l'As de Pique** (1 1/4 Std.) erreicht. Von diesem obersten Teich kann man über die Bananenfelder von Moscou zum Plateau du Palmiste (Gourbeyre) absteigen (insgesamt gute 2 Std.).

## Die Südspitze

Die N1 führt an der Südflanke des Vulkanmassivs in großem Bogen hinüber zur Verwaltungshauptstadt Basse-Terre. Bevor die Schnellstraße sich jedoch von der Atlantikseite entfernt, geht es links abzweigend in zahlreichen Kurven hinunter nach **Trois-Rivières.** Oberhalb des kleinen Hafens liegt der **Parc Archéologique des Roches Gravées** (8.30–17 Uhr). Man hat hier die ältesten Kulturdenkmäler der Insel gefunden, Petroglyphen (Felszeichnungen), die vermutlich von den Arawakindianern stammen (3./4. Jh.,

Geschützstellung an der Südspitze

s. S. 41f.). In dem felsigen Gelände wurde ein botanischer Garten angelegt, der einen Überblick über die wichtigsten tropischen Nutzpflanzen vermittelt. Man passiert die eindrucksvollen Gravuren *La tortue* und *Les capitaines* im unteren Bereich hinter dem Steg, folgt dann der im Park entspringenden Quelle nach oben (Blick auf die Saintes) und kehrt durch ein von Würgerfeigen umschlungenes Felsenchaos (›Arawakkopf‹ am Grotteneingang) zum Ausgangspunkt zurück. Die besten Lichtverhältnisse bestehen um die Mittagszeit.

Die alte Nationalstraße schlängelt sich an üppigen Gärten und schönen Kolonialhäuschen vorbei hinauf zur Schnellstraße. Nach Basse-Terre führt aber auch die kleine Küstenstraße (D 6), die sich unterhalb der Monts Caraïbes um die Südspitze windet. Verteidigungsanlagen zeugen von der einstigen strategischen Bedeutung des Canal des Saintes (s. S. 162). Wenn man am westlichen Ortsende von Trois-Rivières zum schwarzen Sandstrand der Grande Anse abbiegt, kann man auf der Landzunge davor eine alte Geschützstellung *(batterie)* entdecken: Wie ihr Pendant auf der Grande Pointe diente sie dazu, von den Saintes kommende feindliche Schiffe unter Beschuß zu nehmen. An der äußersten Südspitze sind die Befestigungsanlagen des **Vieux-Fort** zu erkennen, die noch vor dem Bau des Fort Delgrès (Basse-Terre) die Insel gegen die Engländer sichern sollten. Wäh-

rend die Männer zu Kriegs- und Fischzügen in See stachen, vertrieben sich die Frauen hier die Zeit mit Sticken. Das ortstypische Kunsthandwerk wird heute noch gepflegt: Im Centre de Broderie et Arts Textiles (einige Schritte vor dem Leuchtturm) kann man Taschentücher, Deckchen und Blusen erstehen.

Im Hinterland des Fischerdörfchens beginnt der Weitwanderweg (GR), der immer den Grat entlang ganz Basse-Terre durchquert. Die meist wolkenfreien Basaltberge der **Monts Caraïbes** (bis 687 m) sind wesentlich älter als die höheren, daher oft verhangenen Vulkane des Soufrière-Massivs. Vor Erreichen des Yachthafens gibt es auf dem Weg in die Stadt Basse-Terre einen hochinteressanten geologischen Aufschluß: Zwischen den Stationen eines Trimm-Parcours erkennt man die übereinanderliegenden Basalt- und Aschenschichten. Die an der Steilwand klebenden Säulenkakteen deuten auf das trockene Klima.

**Schiffsverbindung:** Vom Bootshafen in Trois-Rivières legen täglich um 8 Uhr, 8.30 Uhr und 9 Uhr die Schiffe nach Terre-de-Haut (Saintes) ab. Rückkehr ab 15 Uhr (Erkundigungen einholen!).

Blick auf den Saintes-Archipel

**Unterkunft:** In Trois-Rivières steht das *Grand'Anse Hotel*** (✆ 05 90 92 92 21, Fax 05 90 92 93 69) mit 16 Bungalows und kreolischem Restaurant.

## Saint-Claude und Matouba

Der alte Kurort **Saint-Claude** liegt unterhalb der Soufrière, 530 m über dem Meer. Die in Basse-Terre beschäftigten Beamten wohnen hier in angenehmer Höhenlage. Ihre Residenzen, schmucke Kolonialvillen, ragen aus abschüssigen, üppig blühenden Gärten heraus. Saint-Claude ist außerdem Sitz einer Hotelfachschule, der Parkbehörde und bekannt für seine Kliniken. Man erreicht die Sommerfrische ab Gourbeyre über die romantische Route de Choisy (D 9) oder ab Basse-Terre über die gut ausgebaute N 3.

Oberhalb von Saint-Claude wird die N 3 zur Straße nach Matouba. Sie überquert die Rivière Noire, dann die Ravine aux Ecrevisses. An

# Widerstandserklärung

In diesen schönsten Tagen eines Jahrhunderts, das für alle Zeit gepriesen sein wird für den Triumph der Aufklärung und der Philosophie, sieht sich eine Gruppe von Unglücklichen gezwungen, die Stimme zu erheben, der Nachwelt, wenn sie selbst schon von der Erde verschwunden sein wird, von ihrer Unschuld und ihren Heimsuchungen zu sprechen.

Sagen wir es nur, heute sind die Maximen selbst der grausamsten Tyrannei übertroffen worden. Unsere einstigen Tyrannen gestatteten einem Herrn, seinen Sklaven freizulassen; und nun weist alles darauf hin, daß es im Jahrhundert der Philosophie Menschen gibt, die unglücklicherweise im Besitz allzu großer Macht sind, weil sie sich entfernt haben von der Autorität, aus der sie hervorgingen, und die schwarze Menschen und solche, die ihre Herkunft von dieser Farbe ableiten, einzig in den Ketten der Sklaverei sehen möchten. Und Sie, Erster Konsul der Republik, Sie, Soldat der Philosophie, von dem wir die uns geschuldete Gerechtigkeit erhofften, warum lassen Sie uns die Entfernung von der Quelle erhabenster Anschauungen beklagen, denen wir so oft Bewunderung zollen mußten?

Bürger von Guadeloupe, Ihr, die Ihr allein auf Grund Eurer anderen Hautfarbe keine Furcht haben müßt vor der Rache, mit der man uns bedroht – es sei denn, man wollte Euch als Verbrechen zur Last legen, daß Ihr Eure Waffen nicht gegen uns richtet –, Ihr habt die Gründe vernommen, die unsere Empörung erregten. Der Widerstand gegen die Unterdrückung ist ein Naturrecht. Die Gottheit selbst kann uns nicht zürnen, daß wir unsere Sache verteidigen: es ist die Sache der Gerechtigkeit, der Menschlichkeit. Wir werden sie auch nicht durch den Schatten eines Verbrechens beflecken. Bleibt Ihr in Euern Häusern; von unserer Seite habt Ihr nichts zu befürchten.

Und Du, Nachwelt, beweine unser Unglück, und wir sterben beruhigt!

Oberst der Infanterie,
Oberbefehlshaber der Streitkräfte von Basse-Terre
Am 9. Mai 1802 — Louis Delgrès

(aus: Daniel Maximin, Sonne mutterseelenallein,
Rütten & Loening Verlag, Berlin 1990

der Brücke sieht man Blätterkaskaden wuchernder Schlingpflanzen und – bergwärts zurückversetzt – die malerische alte Brücke. An der nächsten Kurve erinnert das **Delgrès-Monument** an den 28. Mai 1802, als der Freiheitskämpfer sich mit 300 Getreuen in die Luft sprengte, nachdem er das Fort Saint-Charles in Basse-Terre hatte aufgeben müssen und bei Matouba in eine aussichtslose Lage geraten war (s. Kasten). Am Denkmal biegt links ein Straße zur *Habitation* Joséphine ab. Die Gebäude sind verfallen, und hinter den Ruinen stößt man auf einen kleinen Familienfriedhof, der rundum von üppig sprießender Vegetation umgeben ist.

**Matouba** ist die höchstgelegene Ortschaft Guadeloupes (665 m). Das für seine heißen Schwefelquellen bekannte Dorf liegt unterhalb des Nez Cassé (1287 m), einer hochgeschobenen ›Ausgeburt‹ des Carmichaël-Vulkans. An der Nordseite des Lavaberges tritt das Heilwasser mit annähernd 60° C aus der Erde. Man nutzt es – oben in der Clinique des Eaux-Vives – zur Behandlung von Rheumapatienten. Die andere Spezialität des Ortes steht auf den Speisekarten der Restaurants. Die köstlichen *ouassous* (Süßwasserkrebse) werden heute in Wasserbecken gezüchtet, nachdem die Bergbäche weitgehend leergefischt sind. Die Bewohner Matoubas, größtenteils Inder, leben vorwiegend vom Gemüseanbau. Auf den fruchtbaren Vulkanböden des **Plateau de Papaye** (850 m) gedeihen Kohl, Salat und Chri-

Eine Spezialität aus Matouba: Süßwasserkrebse

stophinen besser als anderswo und – dank der häufigen Regenfälle – ohne künstliche Bewässerung.

Man erreicht das Plateau über eine steile Piste, stellt das Auto an der Thermalstation ab und kann dann über Almwiesen hochsteigen, bis man nach etwa 15 Min. vom Dickicht der Lianen und Urwaldriesen empfangen wird. Der Weg führt, immer die Wasserleitung entlang, zu den Bains Chauds (W18, 1½ Std. hin und zurück). Versäumen Sie (nach einer guten ½ Std.) die Abzweigung rechts hinauf zu den Quellen, so landen Sie nach einstündigem Abstieg bei der Maison Forestière, dem Ausgangspunkt der großen Urwalddurchquerung (W 13 Trace Victor Hugues, s. unten), die von der *côte sous le vent* über den Hauptkamm ins Capesterre hinüberführt. Mit dem Auto erreicht man das Forsthaus auf der Straße von Matouba, vorbei an der Mineralwasserfabrik, gleich nach dem Restaurant.

Wer zur großen Kammwanderung aufbricht, geht zunächst über breite Treppen nach oben, erst durch koniferenähnlichen Sekundärwald, dann hinein in den Dschungel, wo man an der ersten Gabelung (nach 30 Min.) den Wanderweg zu den Bains Chauds rechts liegen läßt, um an der zweiten Gabelung (nach weiteren 30 Min.) links auf die Trace Victor Hugues (W 13, bald zugleich GR) abzuzweigen. Hier marschiert man – im Höhenbereich von 1000 bis 1200 m – zunächst um die Grande Découverte herum (1263 m), dann hinunter zur Savane aux Ananas, schließlich in einer scharfen Rechtsschleife aufs Joch am Morne Bontemps (1183 m). Nach diesem höchsten Punkt kommt die schwierigste Passage der Kammwanderung. Denn nun geht es auf sehr schmalem Pfad die Südostseite der beiden Sans Toucher (1354 m, 1318 m) entlang über den freien Bergrücken zum Morne à Mitre und anschließend nordwärts in die steile Westflanke des Matéliane (1298 m) hinein. Nach insgesamt 4–5 Std. erreicht man hinter der ehemaligen Schutzhütte erneut eine beschilderte Weggabelung. Während links der GR dem Hauptkamm (jetzt W 12 Trace Merwart, mit Biwakhütte am Morne Frébault) nach Norden folgt, beginnt rechts der dreistündige Abstieg nach Montebello (s. S. 124).

**Unterkunft:** Im *Relais de la Grande Soufrière**** (Saint-Claude, ✆ 05 90 80 01 27, Fax 05 90 80 18 40) befindet sich das Restaurant der Hotelfachschule.

**Essen und Trinken:** In einer für Saint-Claude typischen Villa bietet *Le Lamasure* (✆ 05 90 81 10 10, Fax 05 90 80 30 00) *nouvelle cuisine créole,* während oben in Matouba das Traditionslokal *Chez Paul* (hinter Mineralwasserfabrik, ✆ 05 90 80 01 77) schmackhafte *ouassous*-Gerichte auf den Mittagstisch bringt.

**Tourenplanung:** Auf der *Trace Victor Hugues* legen Sie den wohl schönsten Abschnitt der GR in einer begeisternden, aber strapaziösen Tageswanderung (8–9 Std.) zurück. Achtung: 600–800 Höhenmeter, stellenweise morastig. Ausrüstung: wasserdichte Stiefel, Regenschutz, Kleidung zum Wechseln, Proviant, mindestens 1,5 l Wasser, ign-Karten 4605/4606 G oder Topoguide GR-G1.

## Soufrière – Die Vulkantour

Von Saint-Claude aus führt die D 11 sehr nahe an die Soufrière (1467 m) heran. Die Bergstraße verläßt den Kurort in östlicher Richtung und erreicht am Picknickplatz von Beausoleil einen Urwald mit prächtigen Brettwurzelbäumen. Am Parkplatz der **Bains Jaunes** (960 m) steht die **Maison du Volcan** (8.30–16 Uhr, Mo geschl.), das auf Schaubildern die tektonischen Verhältnisse, die Methoden der Überwachung und verschiedene Formen des Vulkanismus erklärt. Neben dem Museum befindet sich ein Gedenkstein und ein altes Schwimmbecken: Hier erholten sich schon früher die Bergsteiger, wenn sie auf dem gepflasterten Vorläufer der heutigen Teerstraße (dem *Pas du Roy*) vom Vulkan herunterkamen.

Durch zunehmend karge Vegetation windet sich die D 11 immer höher bis zur **Savane à Mulet** (1142 m). Schon am Parkplatz verbreitet sich der typische Schwefelgeruch, dem die ›alte Dame‹ ihren

Am Col de l'Echelle

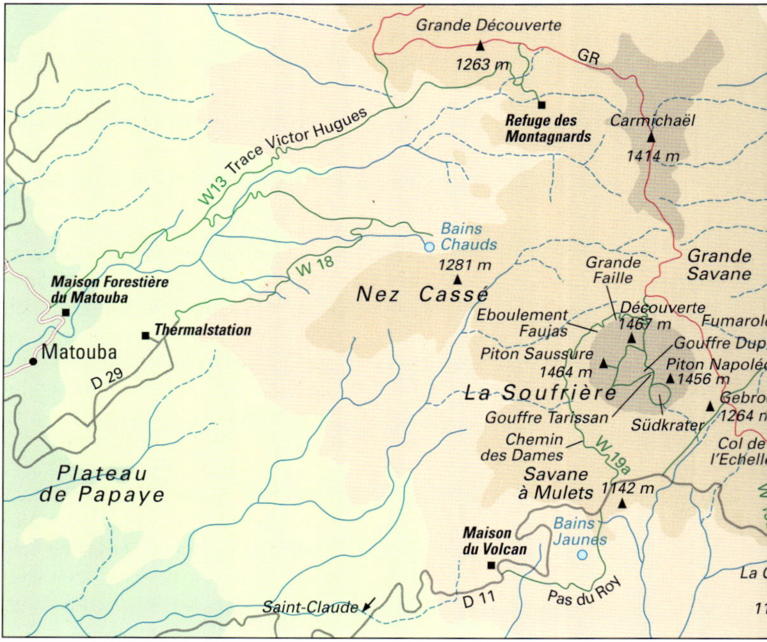


Namen (*soufrière* = Schwefelgrube) verdankt. Seit 10 000 Jahren ist sie der einzige aktive Vulkan der Insel. Doch keine Angst: Eine seismographische Station registriert sorgsam das kleinste Vorbeben und warnt rechtzeitig vor jeder vulkanischen Tätigkeit. Zuletzt mußten 1976 73 000 Personen nach Grande-Terre evakuiert werden, bis sich der feuerspeiende Berg nach fünf Monaten wieder beruhigt hatte (s. S. 17f.). Er bildet den Mittelpunkt eines ganz aus vulkanischen Gesteinen aufgebauten Massivs mit dem schmalen Rücken des Carmichaël (1414 m) auf der Nordseite und den eindrucksvollen Kegeln der Echelle (1397 m) sowie der Citerne (1155 m) in Richtung Süden.

Auf dem **›Damenweg‹** (W 19a Chemin des Dames) geht es in einfachen Kehren über die getrockneten Schlammschichten der letzten Eruption, welche die ursprüngliche Vegetation (Flechten, Bergananas) in diesem Bereich zerstört hat. Man kann sie jedoch in voller Pracht bewundern, wenn man an der Nordseite nacheinander zu zwei Spalten *(Eboulement Faujas, Grande Faille)* gelangt. An der zweiten und eigentlichen Nordspalte führt ein steiler Pfad in 10 Min. zum ›Gipfel‹.

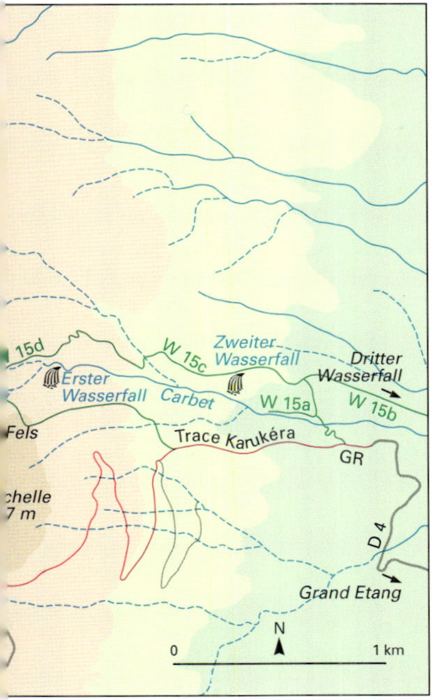


Soufrière

Er ist eine einzige Mondlandschaft, ein ausgedehntes Hügelgelände aus Kratern und bizarren Felsformationen. Die erstarrten Lavaströme sind mit Moosen, Farnen und Bergspezies bewachsen: Pflanzen, die es unten im Wald zu erstaunlicher Größe bringen, können hier en miniature vorkommen (z. B. Bergbambus). Bei klarem Wetter eröffnet sich von der Découverte ein sagenhafter Blick über die Saintes und Dominica bis nach Martinique! Aber auch wenn Nebelfetzen aufsteigen, bietet sich ein großartiges Schauspiel, zumal der Vorhang schlagartig wieder aufreißen kann.

Man folgt den grün-weißen Markierungspfählen. Keinesfalls die Wege verlassen, auf Kinder streng achtgeben! Der Pfad zwischen dem Gouffre Dupuy und dem Gouffre Tarissan ist nicht ungefährlich, besonders bei Nebel. Schließlich erinnern die Namen der beiden Abgründe an (beinahe) Verunglückte. Während Dupuy, ein kühner Bergsteiger, gerade noch abgefangen werden konnte, ist der Tierarzt Tarissan tatsächlich in dem Loch verschwunden: Man erzählt, er habe sich auf der Naturbrücke zwischen den beiden *gouffres* duelliert; in Wirklichkeit wagte er sich zu weit nach vorne, als er – wie jeder Tourist heute – Steine in die Tiefe warf. Ein paar Schritte weiter der dampfende Südkrater!

Der Abstieg erfolgt wieder über den steilen Pfad, auf dem man zum Gipfel gelangt. Wer zur Nordspalte zurückgekehrt ist, setzt die Umrundung rechter Hand fort. Nach etwa 100 m, auf dem sumpfigen Plateau der Grande Savane, kreuzt sich der Damenweg mit der *Grande Randonnée* (GR). Dieser Weitwanderweg führt geradeaus (nordwärts) auf den Grat des Carmichaël. Rechts (südwärts) jedoch schwenkt er hinüber Richtung **Col de l'Echelle.** Unsere Rundtour folgt dieser Route, führt durch das Quellgebiet des Carbet, passiert die Abzweigung zu den Carbet-Fällen (W 15d, s. S.

127) und stößt auf dem Paß auf einen eindrucksvollen Felsbrocken: Er ist in zwei Teile zerborsten, deren Abbruchkanten noch exakt zusammenpassen. Hier, auf der großen Schutthalde, fand der letzte Ausbruch statt.

Im Normalfall wird man jetzt zur Savane à Mulets absteigen und dabei den ständigen Blick auf die Saintes genießen. Wer die Umrundung ausdehnen will, kann am zwiegespaltenen Felsen der GR noch ein Stück weiter folgen und über den Gipfel der Echelle (W 19b) bis zum kreisrunden Citernekrater wandern, um schließlich von dort auf der Betonpiste zum Parkplatz zurückzukehren.

**Tourenplanung:** Der Gipfel ist am späten Vormittag in der Regel schon in Wolken gehüllt. Sie sollten nur bei klarem Himmel, möglichst frühmorgens starten. Man muß für die einfache Soufrière-Umrundung inklusive Besteigung $2\frac{1}{2}$ Std., für die verlängerte Echelle-Variante insgesamt 4 Std. rechnen. Ausrüstung: gutes Schuhwerk, Pullover, Windjacke, Regenzeug, Wasser und etwas Proviant.

## Von Basse-Terre zu den Ilets de Pigeon

Basse-Terre (14 000 Einwohner) ist nach wie vor Guadeloupes Verwaltungsmetropole: Sitz der Préfecture, des Conseil Général, der Forstbehörde (ONF) und des Bischofs. Doch die alte Inselhauptstadt hat die Konkurrenz mit Pointe-à-Pitre längst verloren. Die periphere Lage war immer schon ein Handikap. Wirklich ins Abseits geriet die Stadt durch den letzten Vulkanausbruch (1976): Fünf Monate stand sie leer, viele der Evakuierten kehrten nicht mehr zurück. Inzwischen hat Basse-Terre seinen letzten Trumpf verloren: Der traditionelle Bananenhafen ist für die moderne Containerverladung nicht eingerichtet, der Export wird heute über Jarry abgewickelt.

Am Südeingang der Stadt erhebt sich das **Fort Delgrès** (früher Saint-Charles), ein massiger Festungsbau auf 5 ha Grund. 1643 ließ Charles Houel hier einen Bergfried errichten. Später wurde die Anlage mit Gräben, Brustwehren und vorspringenden Basteien versehen und zu einer sternförmigen Festung à la Vauban ausgebaut. Sie war von Anfang an schlecht plaziert, zu schmal an der Meeresfront und nach vorne geneigt, eine Zielscheibe für die Schiffsartillerie. Die Geschichte des Forts, eine blutige Ereigniskette gescheiterter Verschanzungen, spiegelt das Hin und Her zwischen Franzosen und Engländern, aber auch den Krieg der Weißen gegen die Schwarzen wider. Die Verteidigungsanlagen sind noch gut zu erkennen, die Kasernen weitgehend verschwunden. Auf der höchstgelegenen Bastion befindet sich u. a. das Grab des bonapartistischen Generals Richepanse, der Delgrès aus der Festung vertrieb und den Aufstand gegen die Wiedereinführung der Sklaverei erfolgreich niederschlug (1802). In einer ehemaligen Kaserne ist ein historisches Museum untergebracht (9–12 und 14–17 Uhr).

Unterhalb des Forts erstreckt sich die Stadt nach Norden und steigt seitlich die Hänge hinauf. Auf der Uferstraße (Boulevard du Général de Gaulle) staut sich vor dem quirligen Markt (Parkplatz, Busbahnhof) der Verkehr. Durchquert man die Markthalle, so gelangt man zu den Stoffgeschäften und *Epicerien* der Rue de la République und – jenseits des Flusses – des Cours Nolivos. Außer der Kathedrale und einigen Kolonialhäusern an der **Place du Champ d'Arbaud** sind nur die Repräsentativbauten (Conseil Général, Préfecture) des Tunesiers Ali Tur bemerkenswert. Seit 1925 Architekt für das Kolonialministerium, hat er nach dem Zyklon von 1928 auf Guadeloupe über 100 öffentliche Gebäude errichtet.

Der Flughafen von Basse-Terre gehört bereits zu **Baillif.** Immer wieder war diese alte Siedlung Schauplatz englisch-französischer Scharmützel. Am Meer unten steht der **Labat-Turm,** eine halbverfallene Befestigungsanlage, die der streitbare Pater nach eigenen Plänen errichtet und mit »seinen bewaffneten Negern« – wie er fröhlich berichtet – wiederholt benutzt hat. Auf dem Weg nach Vieux-Habitants geht es dann die zunehmend

Basse-Terre

Korallen im Naturschutzgebiet
Réserve Jacques Cousteau

kurvige Nationalstraße weiter am Meer entlang (Bademöglichkeit am schwarzen Sandstrand von Rocroy) oder – besonders empfehlenswert – auf der D 13 über die fruchtbaren Höhen von Cousinière.

Man fährt durch dichtbesiedeltes Gebiet, an den Anwesen der Kleinbauern und Pflanzer vorbei, die ihre Bananen-, Christophinen- oder Salatkulturen bis auf 600 m Höhe ausgedehnt haben. Im ersten Weiler (Madeleine) führt ein Fußpfad zur **Roche Gravée** (Fels mit Arawakgravur), einer der zahlreichen Basaltblöcke, die man immer wieder neben angepflockten Rindern auf leuchtend grünen Weiden liegen sieht. An der höchsten Stelle zweigt in der Kurve eine steile Piste zum Aussichtspunkt Mon Repos und gleichzeitig die Zufahrt zu **Vanibel** ab. Auf der schön restaurierten Kaffeepflanzung steht hinter der gemauerten Wasserleitung eine historische Mühle *(bonifierie)* mit einem Despolpator, der die Kaffeebohnen schon im 19. Jh. maschinell aus dem Fruchtfleisch herausquetschte.

Man gelangt so oder so (N 2, D 13) nach **Vieux-Habitants,** der 1636 von den ersten *engagés* gegründeten Siedlung. Unter den Sehenswürdigkeiten ist die Anfang des 18. Jh. erbaute Kirche, vor allem aber auch die wenig später entstandene **Kaffeeplantage La Grivelière** zu nennen. 1720 war die Aromapflanze auf die Insel gekommen, 1780 wuchsen bereits 18 Mio. Stauden – vor allem in den feuchteren Höhenlagen der vergleichsweise trockenen *côte sous le vent.* So muß man 6 km das Tal der Grande Rivière hinauffahren, wo die schindelgedeckten Holzbauten der ehemaligen *habitation* zur Zeit restauriert werden. Man sieht die

Despolpatormühle, die Rösterei, die Trockenterrasse und ein Schubladensystem von Trockenflächen, die bei Einbruch der Nacht unter das Gebäude geschoben wurden.

Nach dem Niedergang der Kaffeekulturen ist die windabgewandte Küste in der Entwicklung zurückgeblieben, nicht nur der relativen Trockenheit, auch des zerklüfteten Reliefs wegen. Erst 1960 hat man die windungsreiche Straße gebaut, EDF nutzt seit einigen Jahren die heißen Vulkanquellen von **Bouillante** (*bouillant* = kochend) zur Energiegewinnung, und die Gemeinde bemüht sich gemeinsam mit der Parkbehörde um den Aufschwung des Tourismus. Sicher, die zahlreichen kleinen Buchten, bei aufkommenden Zyklonen schützende Schlupfwinkel für die Fischerboote (Anse à la Barque), bieten den Feriengästen nur schmale, oft steinige Strände (außer Anse à Sable mit einer Thermalquelle). Doch für Interessierte gibt es reizvolle Abstecher ins Hinterland: Ab Marigot 4 km flußaufwärts durchs Beaugendre-Tal (vielfältige Tropenvegetation); auf Seitenstraßen ins ehemalige Kaffeezentrum von Bouillante (Mühlen in Thomas und Birloteau, Trockenhaus der *Habitation* Muscade); ab Village in sechsstündiger Urwaldwanderung auf der Trace des Crêtes (W 8, GR) bis zu den Mamelles (s. S. 121).

Der Küstenstraße noch ein Stück nach Norden folgend, kommt man zum einzigen Unterwasserpark Frankreichs, einem der schönsten der Welt. Die nach ihrem Initiator benannte **Réserve Jacques Cousteau** ist ein 301 ha großes Naturschutzgebiet, in dem nur traditioneller Fischfang erlaubt, Unterwasserjagd verboten und der Bootsverkehr streng reglementiert ist. Ausgangspunkt bildet die Plage Malendure (Tauchbasis, Bars und Restaurants). Von dort nehmen Glasbodenboote Gäste zu den Korallenbänken der **Ilets de Pigeon** mit. Man kann direkt vom Boot aus schnorcheln oder sich auf der Insel absetzen und abends wieder abholen lassen. Wer lieber an Land bleibt, kann von Malendure nach Mahaut auf einem Küstenpfad (W 20, 2 Std.) durch den Trockenwald wandern.

**Unterkunft:** In den *Gîtes de Vanibel* (✆ 05 90 98 40 79, Bücher, Küche, Garten mit Pool) wohnt man abseits und landestypisch auf einer traditionellen Bananen- und Kaffeeplantage, die demnächst auch ein kleines Museum einschließt. Die Doppelbungalows der *Domaine de Malendure* (✆ 05 90 98 89 88, Fax 05 90 98 47 00, TV, Restaurant, Flughafen-Pendelverkehr) liegen über dem Tauchparadies und bieten weitere Sportmöglichkeiten.

**Essen und Trinken:** *Le Caprice des Iles* (✆ 05 90 81 74 97) serviert neben dem Labat-Turm typische kreolische Küche; am Fischerhafen der Petite Anse (Marigot) ißt man sehr gut Fisch im *Les Tortues* (✆ 05 90 98 82 83); vor den Ilets de Pigeon ist *Le Rocher de Malendure* (✆ 05 90 98 70 84, Fax 05 90 98 89 92) ein feines Restaurant mit Regionalküche, Traumblick und Bungalows.

# Dependancen

Saint-Martin –
Karibisches Steuerparadies

Saint-Barthélémy –
Die schönsten Strände
der Kleinen Antillen

Désirade –
›Insel der Verdammten‹

Marie-Galante –
›Insel der 100 Mühlen‹

Saintes –
Schatzsuche an der Bucht
von Pont Pierre

Am Strand von Grande-Anse auf Désirade

# Dependancen

Guadeloupe ist ein Archipel. Die Schmetterlingsinsel wird von drei nahen ›Ablegern‹, Désirade, Marie-Galante und den Saintes, umgeben und verwaltet im Norden des Antillenbogens noch die beiden weiter entfernten Dependancen Saint-Martin und Saint-Barthélémy. Vom gottverlassenen Eiland bis zum exklusiven VIP-Paradies hat jeder Inselsplitter seinen eigenen Charakter und eine andere Bevölkerung, die mal amerikanischer, oft französischer und auf Marie-Galante sogar kreolischer als die Hauptinsel anmutet.

## Saint-Martin

Die Maschine der Air Guadeloupe überfliegt eine Reihe fremder Inselchen (Montserrat, Antigua, Nevis, Saint Kitts), bevor sie nach einer guten Stunde die nördlichste Insel der Französischen Antillen erreicht. Saint-Martin liegt in unmittelbarer Nähe der amerikanisch und britisch verwalteten Virgin Islands und ist von Puerto Rico nicht weiter entfernt als vom guadeloupanischen ›Kontinent‹. So weht die Trikolore auf der Sous-Préfecture von Marigot, und die einzige Landstraße trägt die Nummer 7 (N 7), weil sie als Fortsetzung der 250 km entfernten Nationalstraße von Guadeloupe betrachtet wird. Sonst freilich wirkt der Fleck recht unfranzösisch: Bonbonfarbene Straßenkreuzer parken unter den Palmen, die schwarze Bevölkerung ist anglophon und nur drei Fünftel besitzen einen französischen Paß. Denn der andere Teil der Insel ist holländisch und heißt Sint Maarten.

Der allgegenwärtige Kolumbus hatte die Insel am Martinstag (11. November) 1493 entdeckt, aber nicht betreten. Französische Piraten nutzten sie Anfang des 17. Jh. als Schlupfloch, das sie im Namen Ludwigs XIII. besetzten. Sie wurden freilich bald von Holländern ›belästigt‹, die im Süden das Fort Amsterdam errichteten. Als acht Jahre später kein strategischer Nutzen mehr zu erkennen war, zerstörten sie alles, was sie nicht mitnehmen konnten, und übersahen nur fünf Holländer und vier Franzosen, die sofort ihre Gouverneure (auf Saint Eustache und Saint Christopher) verständigten: Neun Leute ohne Staat – undenkbar! So landeten holländische und französische Truppen, die die nötige ›Drohkulisse‹ für eine friedliche Aufteilung abgaben. Nach der Legende wurde ein Wettlauf veranstaltet und die Grenzlinie dort gezogen, wo die getrennt gestarteten Läufer wieder zusammentrafen.

Heute weisen auf die Grenze nur Willkommenschilder hin. Zwar gibt es Polizei und Verwaltung in doppelter Ausgabe, und jede Inselhälfte hat ihre Amtssprache (Holländisch, Französisch), ihre Währung (Gulden, Franc), ihre elektrische Spannung (220, 110 Volt) und ihren Flughafen (Princess-Juliana, Espérance). Doch die Feste werden gemeinsam gefeiert, alles spricht englisch und es regiert der Dollar. Denn Saint-Martin ist ein einziges Zoll- und Steuerparadies. Luxushotels, Spielkasinos und Dutyfree-Shops prägen das Bild. Wer das Miniatur-Hongkong als normaler Konsument aufsucht, sollte sich nicht verrechnen: Bereits eine Übernachtung frißt locker den Preisvorteil auf, der beim Kauf von Spirituosen, Schmuck, Foto- und HiFi-Gerät erzielt wird. Wirkliche Geschäfte machen hier die Investoren und Händler, deren Handwerk von illegalem Kapitaltransfer und Schmuggel schwer zu

Saint-Martin

unterscheiden ist. Saint-Martin ist auch eine Drehscheibe des internationalen Kokainhandels.

Die Insel besitzt makellose Strände, die zu den Hotels gehören, aber teilweise noch unvermarktet geblieben sind. Eine Besonderheit sind die Salzlagunen, deren größte (Simson Baai Lagoon – Grand Etang) von zwei spektakulären Küstenstreifen gesäumt wird, auf denen man von Bucht zu Bucht gelangt (D 208). Sie verbinden die Halbinsel von **Terre-Basse** mit dem Hügelland der **Grande-Terre,** das im 424 m hohen Pic du Paradis gipfelt. Wenn man auf der N 7 den Ostteil der Insel umrundet, kann man immer wieder andere Traumstrände (Grand-Case, Baie Orientale) und vorgelagerte Inselchen (Ilet Pinel, Tintamarre) erblicken, die ihrerseits mit Strandplätzen locken. Im Landesinneren markieren Steinmauern Parzellen, auf denen Kleinbauern bis vor kurzem noch Nutzpflanzen für die lokalen Märkte anbauten. Im 18. und 19. Jh. gab es hier Baumwoll- und Zuckerrohrplantagen.

Trotz des Rummels um den zollfreien Einkauf vermittelt **Philipsburg** holländisches Flair: Bunte Häuser, indonesische Restaurants und stündlich der Klang des Glokkenspiels. In **Marigot** entdeckt man dagegen alle Merkmale eines französischen Provinzstädtchens. Vom Hof der Sous-Préfecture führt ein Pfad hinauf zum Fort, von dem man das hübsche Panorama genießen kann. Die beste Aussicht auf den Grand Etang bietet sich auf der Strecke zwischen Marigot und Philipsburg.

**Auskunft:** Office du Tourisme de Saint-Martin, 96, Rue de Rivoli, 75004 Paris, ✆ 01 42 77 91 70, Fax 01 44 59 22 75.

**Flugverbindungen:** Tägl. mehrere Flüge ab Pointe-à-Pitre (65 Min.) und Saint-Barth (10 Min.), außerdem Verbindungen nach Anguilla, Antigua, Montserrat, Nevis, Saba, Saint Kitts, Saint Thomas und Puerto Rico (Air Saint-Barth, Windward Airways). Als einzige Dependance ist Saint-Martin im Direktflug von Paris, den USA und sogar Deutschland (Lufthansa nach Sint Maarten) aus erreichbar. Vorsicht: zwei Flughäfen (Espérance, Princess-Juliana)!

**Schiffsverbindungen:** Ab Marigot (Marina) Schnellboote nach Anguilla und Saint Barth; ab Anse Marcel Pendelverkehr zu dem vorgelagerten Bade- und Tauchparadies Ilet Pinel.

**Verkehrsmittel:** Auf den Flughäfen, in Marigot und an den Hotels stehen Mietwagen und Taxis (✆ 05 90 87 56 54) bereit; von 9–19 Uhr verkehren Linienbusse zwischen den Hauptorten.

**Unterkunft:** *Le Méridien***** (Anse Marcel, ✆ 05 90 87 67 00, Fax 05 90 87 30 38), *Le Privilège***** (Anse Marcel, ✆ 05 90 87 37 37, Fax 05 90 87 33 75) und *La Samanna* (Baie Longue, ✆ 05 90 87 51 22, Fax 05 90 87 87 86) bieten teuren Luxus. Als preiswertere Alternative kommen die Einzimmerappartements des *Caravelle-Hotels** (Oyster Pond, ✆ 05 90 87 39 49, Fax 05 90 87 39 49), des Guest-House *Hevea** (Grand-Case,

✆ 05 90 87 56 85, Fax 05 90 87 83 88) oder des *Club Orient Naturist Hotels* (Baie Orientale, ✆ 05 90 87 33 85, Fax 05 90 87 33 76, FKK) in Betracht.

**Essen und Trinken:** Vorsicht Touristenfallen! In Marigot beliebt und empfehlenswert: *Le Mini-Club* (✆ 05 90 87 50 69, Sa Langustenbuffet)

**Einkaufen:** Mehrwertsteuerfreie Luxusartikel (Kameras, Hifi, Mode, Schmuck, Uhren, Parfums, Gemälde und Kunst aus Haiti) in den Dutyfree-Shops von Marigot und Philipsburg.

## Saint-Barthélémy

30 km von Saint-Martin, 230 km von Guadeloupe entfernt liegt Saint-Barthélémy, von Kennern und Liebhabern kurz Saint-Barth genannt. Die zerklüftete und bergige Kalkinsel (25 km²) ist spärlich mit Buschwald und Sukkulenten überzogen und hat feinsandige Strände vorzuweisen, die zu den schönsten der Kleinen Antillen gehören. Amerikanische Millionäre und Very Important Persons haben hier ihre Luxusyachten, Villen und Privatstrände. Die gepflegten Preise für gehobenen Hotelkomfort und feine Küche stellen sicher, daß das zahlungskräftige Publikum unter sich bleibt. Für ›Normalverbraucher‹ ist Saint-Barth nur als Tagesausflug diskutabel: Solch ein Trip umfaßt ein einmaliges Flugerlebnis, die Inselrundfahrt, Badelust und zollfreies Shopping.

Als Kolumbus auf seiner zweiten Reise »Inseln über Inseln« in sein Tagebuch notierte, gab er dem verkarsteten Felsen den Namen seines Bruders Bartholomäus. Saint-Barth blieb unbewohnt, bis der Gouverneur der ersten französischen Besitzung (Saint Christopher, heute Saint Kitts) sich 1648 zur Besiedlung entschloß. Die ersten 50 Normannen fielen dem Massaker von Kariben zum Opfer, die selbst vermutlich nicht auf ›Ouanalao‹ (ursprünglicher Name der Insel) lebten. Eine zweite Mannschaft hatte mehr Erfolg: Man pflanzte Tabak, Baumwolle, Ananas und entwikkelte sich zur Nachschubbasis für königliche Korsaren, die vor Naturkatastrophen (Zyklone, Brände, Gelbfieber) und englischen Plünderungen freilich nie sicher war. 1785 bot Ludwig XIV. das karge Land samt seiner 740 Bauern der schwedischen Krone an, um dafür Lagerhäuser in Göteborg zu erwerben. Gustav III. willigte ein und erklärte Gustavia zum Freihafen. Jetzt kamen scharenweise die Glücksritter, die ganz ohne Zukkerrohr und fast ohne Sklaven im Amerikahandel reich wurden. Als die Konkurrenz von Saint Thomas das Geschäft zum Erliegen brachte und der Exodus der Händler nicht zu stoppen war, gab Schweden die Kolonie an Frankreich zurück (1878) – gegen 320 000 Francs und mit großer Zustimmung (350 Ja-Stimmen und nur ein einziges Nein) der alteingesessenen *petits blancs*.

Diese weißen, oft blonden und blauäugigen Kreolen haben sich nicht mit anderen Rassen vermischt und sprechen noch heute das alte Französisch ihrer normannischen oder bretonischen Vorfahren. Die jahrhundertelange Inzucht hat bewirkt, daß sie alle miteinander verwandt sind (ein gutes Dutzend Namen für 2000 Saint-Barths!). Die Familienbande schließen aber keineswegs aus, daß sie sich in Eigentums- und Erbschaftsfragen häufig gegenseitig vor den ›Kadi‹ nach Saint-Martin zerren. Die cleveren unter ihnen haben sich zusätzliche Parzellen ›erheiratet‹, die sie an reiche Ausländer verkaufen. Mit etwas Kapital unterhalten sie Handelsflotten, die zwischen den Warenlagern von Gustavia und anderen (Schwarz-)Märkten hin- und herpendeln. Die weniger Erfolgreichen versuchen als Handwerker

Saint-Barthélémy

Hutkauf in Corossol

am Bauboom zu partizipieren oder gehen auf Nachbarinseln zur Arbeit. In jedem Falle ziehen sie sich abends in ihre sorgfältig umzäunten Häuschen zurück und fühlen sich so urfranzösisch, daß ihnen die Abhängigkeit vom ›schwarzen‹ Guadeloupe ein Dorn im Auge ist.

Die Ankunft mit dem Flugzeug ist spektakulär. Der erfahrene Pilot zieht die ›Twin Otter‹ (19 Sitze) zwischen zwei Bergkuppen hinunter, schwingt über eine Straßenkreuzung und stoppt kurz vor der Bucht auf einem abschüssigen Flugfeld. Man passiert den Zoll, mietet sich einen offenen Kastenwagen *(Moke)* und fährt am besten wieder die rückwärtige Anhöhe hinauf: Von dort eröffnet sich der Blick auf **Gustavia** mit seinem rechteckigen Hafenbecken. 54 m über dem Meer, erkennt man die Reste der schwedischen Festung, die den Freihafen und den Ankerplatz Anse Public bewachte. Im Hauptort unten erinnern Straßennamen (Straße – schwed. *gatan*), nordische Häuser und der zu zwei Dritteln aus *firestone* erbaute Glockenturm an die schwedische Zeit. Mehr über die Geschichte, aber auch über Flora und Fauna der Insel erfährt man im **Museum von Saint-Barth** (8.30–11.30 und 15–17.30 Uhr, Sa morgens und So geschl.). Zahlreiche Schmuckgeschäfte, Parfümerien, Boutiquen, HiFi-Shops und Geschenkläden säumen das Hafenbecken. Im Wasser tummeln sich braune Pelikane.

In nordöstlicher Richtung biegt die Straße nach **Corossol** ab. Das Dorf wirkt auf den ersten Blick verwaist: Die Männer sind beim Fischen, und die Frauen verbergen sich in den schmucken Häuschen. Sie tragen teilweise eigenartige

Hauben, die *calèches* oder *quichenottes (kiss me not)*, sitzen an altertümlichen Nähmaschinen und stürzen nur kurz heraus, um ihre Flechtwaren anzubieten. Hüte, Körbchen und Taschen werden hier nach alter Tradition aus getrockneten Latanblättern geflochten. Man sieht sie auf Terrassen aufgehängt und bekommt auf der Fahrt zur Baie des Flamands ganze Wäldchen von Latanien *(latanier)* zu Gesicht. Der 600 m lange Strand ist von feinstem Sand, das Wasser glasklar. Noch attraktiver erscheint die nur mit dem Boot erreichbare Anse du Colombier (am Ende der Fahrstraße Fußpfad durch Kakteen), der Ankerplatz vor Rockefellers Insel.

Die am Ende des Flugfelds liegende Bucht von **Saint-Jean** (800 m Bilderbuchstrand) hat sich zum

Nur mit dem Boot erreichbar: die Anse du Colombier

touristischen Zentrum der Insel entwickelt (Hotels, Restaurants, Einkaufszentrum). Von hier aus beginnt die Erkundung des östlichen Inselteils, die rund um den Morne Vitet (286 m) herumführt. Man folgt der Küstenstraße von Saint-Jean nach **Lorient,** dem Ort der ersten Besiedlung. Auf dem sehenswerten Friedhof kann man schwedische Gräber besuchen. Ab Camaruche führt eine steile Piste hinauf zur höchsten Erhebung der Insel, von der sich ein atemberaubendes Panorama bietet. Hier muß man umkehren und zur Pointe Milou (Kakteen, Pelikane) und/oder zum Grand Cul-de-Sac (Lagunenlandschaft, Hotels) hinunterfahren. Am Petit Cul-de-Sac gibt es Salzhöhlen zu entdecken, zu denen auf der östlichen Strandseite ein Pfad führt. Auf der Rückfahrt passiert man das karge, von uralten Steinmäuerchen durchzogene Tal von Grand Fond.

Saint-Barth ist von einem Kranz unbewohnter Inselchen umgeben, Naturparadiese, auf denen sich Leguane, Pelikane und Fregattvögel tummeln, die man auf der Hauptinsel nicht immer antrifft. An den Felsen Bonhomme und Frégate ziehen im Mai Walfamilien vorbei. Draußen an der Ilet de Coco patrouillieren Haifische, die auch vor Saint-Barths einsamen Südstränden, Anse du Gouverneur und Anse de la Grande Saline, auftauchen können.

**Auskunft:** Office Municipal du Tourisme, Quai du Général de Gaulle, Gustavia, ✆ 05 90 27 87 27, Fax 05 90 27 74 47.

**Flugverbindungen:** Ab Pointe-à-Pitre (50 Min.) oder Saint-Martin (10 Min.) gibt es tägl. Flüge. Auch innerkaribische Flugverbindungen nach Anguilla, Antigua, Montserrat, Nevis, Saba,

Saint Kitts, Saint Thomas und Puerto Rico (Air Saint-Barth und Windward Airways).

**Schiffsverbindung:** Tägl. Motorboot von und nach Saint-Martin.

**Verkehrsmittel:** *Mini-Mokes* und Scooter kann man am Flughafen mieten, außerdem Taxis am Flughafen (✆ 05 90 27 75 81) und in Gustavia (✆ 05 90 27 66 31).

**Unterkunft:** Auf Saint-Barth findet man Luxushotels, eines schöner als das andere: *Carl Gustav***** (Gustavia, ✆ 05 90 27 82 83, Fax 05 90 27 82 37), *Manapany***** (Anse des Cayes, ✆ 05 90 27 66 55, Fax 05 90 27 75 28), *Guanahani***** (Grand Cul-de-Sac, ✆ 05 90 27 66 60, Fax 05 90 27 70 70). Unter den erschwinglicheren Dreisterne-Hotels sind *La Banane**** (Lorient, ✆ 05 90 27 68 25, Fax 05 90 27 68 44, zugleich feines Restaurant) und *Yuana**** (Anse des Cayes, ✆ 05 90 27 80 84, Fax 05 90 27 78 45) von besonders persönlicher Atmosphäre. Es gibt keine preiswerten Privatquartiere. Man kann aber bei Sibarth (Rue Général de Gaulle, B.P. 55, Gustavia, ✆ 05 90 27 62 38, Fax 05 90 27 60 52) Luxusvillen mieten.

**Essen und Trinken:** In Gustavia bieten die In-Bar *Le Select* (Rue de la France) und das Gourmetrestaurant *Paradisio* (Rue du Roi Oscar II., ✆ 05 90 27 80 78) unverwechselbares Saint-Barth-Ambiente. Ansonsten überall gepflegte Strandlokale.

**Einkaufen:** In den Edelboutiquen von Gustavia gibt es mehrwertsteuerfrei Parfüms, Haute Couture, Porzellan, Schmuck, Kunst und Kunsthandwerk, wozu auch einheimische Flechtwaren, darunter schöne Hüte, gehören.

# Désirade

›Die Ersehnte‹ ist ein 11 km langer Kalkfelsen von 2 km Breite. Von der Pointe des Châteaux (s. S. 99f.) sieht man den Tafelberg im Atlantik, östlichster Ausläufer Guadeloupes, der mit Grande-Terre geologisch identisch ist. Über dem südlichen Küstenstreifen steigen steile Kalkwände zu dem über 200 m hohen Plateau auf. Im Rücken des Haupt- und Fischerortes Grande-Anse bildet die Grande Montagne (275 m) die höchste Erhebung. Oben bläst ein rauher Wind, unten steht die Hitze, die ausgetrockneten Böden sind kaum nutzbar. Die rund 1700 Einwohner leben von Fischfang, Schafzucht und dürftigem Gartenanbau. Touristisch ist die Insel terra incognita. Man erreicht sie mit dem Boot ab Le François (1 Std.) oder mit dem Flugzeug von Le Raizet (20 Min.).

Schon die Kariben fanden die Insel zu karg und verließen sie wieder. Kolumbus fuhr schnell weiter, als ihm ›La Deseada‹ das ersehnte Süßwasser schuldig blieb. Die ersten Bewohner waren Leprakranke, die 1725 auf Befehl des Gouverneurs auf den öden Kalkfelsen deportiert und dort von wenigen Priestern und Schwestern der Charité betreut wurden. Die Isolierstation bekam viel Nachschub, als durch königlichen Erlaß vom 15. Juli 1765 mißliebige Adelssöhne auf die Insel verbannt wurden. Der Hafen von Rochefort (Frankreich) quoll über von ›Unwürdigen‹, deren »gestörtes Benehmen dazu angetan ist, die Ehre und den Frieden der Familien aufs Spiel zu setzen«. Nach der Französischen Revolution vermischten sich die Ausgestoßenen mit freigelassenen Sklaven.

Noch heute findet man auf der Insel adelige Nachnamen, nicht selten bei Schwarzen. Denn 80 % aller Ehen sind ›Mischehen‹, nur 20 % der Bevölkerung blieb weiß. Man kann in einer einzigen Familie eine bunte Kinderschar antreffen, mit verblüffenden Kombinationen von Haut-, Haar- und Augenfarbe. Nirgends in der Karibik ist Rassismus so obsolet wie auf dieser ›Insel der Verdammten‹. Ein Anarchist wie Maurice Besgneux konnte hier bis zu seinem Tod als angesehener Bürger leben. Der Antimilitarist aus der XI. Internationalen Brigade hat mit seinen Miniaturnachbildungen von Kriegsschiffen zum *patrimoine* (kulturellen Erbe) Désirades beigetragen. In der Kirche von **Grande-Anse** kann man den Dreimaster bewundern, der beim Fest der Fischer und Seemänner (15./16. August) durch den Hauptort getragen wird.

Die Insel ist schnell besichtigt, wenn man die 10 km lange Küstenstraße entlangfährt. Im äußersten Westen bildet die Pointe des Colibris das Pendant zu Guadeloupes Pointe des Châteaux (s. S. 99f.). **Les Galets,** Schotter, heißt treffend der entlegene Fleck, an dem sich nur Leguane wohlfühlen. Am anderen, östlichen Ende der Straße erreicht man **Baie-Mahault,** das Dorf, das

Désirade

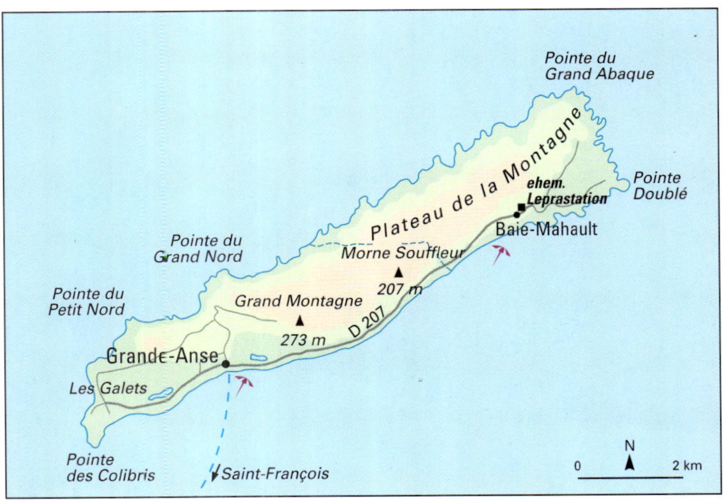

zur einstigen Leprastation gehörte. Letztere wurde 1958 geschlossen und später abgerissen: Zu sehen sind nur noch die Reste der Kapelle und – unten am Meer – einige Priester- und Schwesterngräber. Noch ein Stück weiter erreicht man die Pointe Double, wo der Leuchtturm verloren vor dem unermeßlichen Atlantik steht und – zerfällt.

Nach der Zyklonkatastrophe von 1989 erhielt die Insel 1991 erstmals eine geregelte Trinkwasserversorgung. Die unterseeische Pipeline ändert aber nichts an der isolierten Lage der Dependance, die ihren Strombedarf mit umweltschonenden Windmaschinen zu decken sucht. Désirade hat vor allem Natur zu bieten. Man entdeckt hier noch Spezies, die auf Guadeloupe ausgestorben sind oder kurz davor stehen: den Melokaktus *(tête à l'Anglais)* und Orchideen, Agutis und Leguane. Auch gibt es auf Désirade noch einsame, wilde Palmenstrände (Grande-Anse, Baie-Mahault).

Man kann sich von einem Fischer für einen Tag auf den winzigen Inselchen von **Petite Terre** absetzen lassen. Terre-de-Haut und Terre-de-Bas sind durch eine 200 m breite Lagune getrennt. Seit der Leuchtturm auf Automatik umgestellt wurde, sind Vögel die einzigen Inselbewohner.

**Flugverbindung:** Ab Le Raizet um 7 und 16 Uhr (Di und Fr 16 Uhr) mit Air Guadeloupe (Reservierung ✆ 05 90 82 47 00).

Leguane fühlen sich wohl auf Désirade

**Schiffsverbindung:** Zwei Schnellboote (8, 8.30, 16 Uhr, Rückfahrt jeweils 15.30 Uhr) verbinden Saint François mit Grande-Anse. Nach Wunsch Inselrundfahrt und Mahlzeit inbegriffen.

**Verkehrsmittel:** Kollektivtaxis stehen am Bootssteg bereit. Drei Autoverleihfirmen (✆ 05 90 20 01 11, 05 90 20 04 26, 05 90 20 02 78) bieten auch Fahrräder oder Scooter an. Tip: Mit einem Jeep kommt man auch auf das Plateau, auf dem das Militär eine Piste angelegt hat.

**Unterkunft und Essen:** Es gibt auf Désirade nur äußerst schlichte Hotel-Restaurants, von denen *La Payotte* (✆ 05 90 20 01 94) direkt am Strand von Grande-Anse Fischspezialitäten anbietet. In Baie-Mahault bekommt man bei *Chez Marraine* (✆ 05 90 20 00 93) einfallsreiche, schmackhafte Gerichte.

**Wandern:** Schon wegen der Dornen ist festes Schuhwerk vonnöten. Sonnenschutz, viel Trinkwasser und die ign-Karte 46045 (Maßstab 1:25 000) sind unabdingbar. Wanderungen auf das Plateau sollten zur Sicherheit vorher bei der Gendarmerie gemeldet werden.

## Marie-Galante

Mit 157 km$^2$ ist die ›Grande Dépendance‹ die größte Insel des Archipels von Guadeloupe. Geologisch und landschaftlich ähnelt die runde Kalktafel Grande-Terre. Eine Bruchstufe von ca. 150 m Höhe (La Barre) teilt die Insel in zwei ungleiche Hälften (Les Bas, Les Hauts), deren größere und höhergelegene im Morne Constant (204 m) gipfelt. Die Süd- und Südostküste sind durch Korallenriffe geschützt, die Nordküste weist spektakuläre Felsformationen auf.

Kolumbus taufte die Insel, die er am 3. November 1493 kurz vor seiner Landung auf Guadeloupe entdeckte, auf den Namen einer seiner Karavellen. Die spanischen Seeleute gaben ihr den anschaulicheren Spitznamen ›Sombrero‹ (15 km Durchmesser), zeigten aber weiter kein Interesse. Als gut 150 Jahre später die Franzosen mit der Besiedlung begannen, bekamen sie es mit den Kariben zu tun, die sie großenteils vorher aus Guadeloupe vertrieben hatten. Die ersten 30 Kolonisten wurden massakriert, erst eine zweite Mannschaft von 100 Siedlern konnte sich behaupten, nachdem sie bei Grand-Bourg eine Festung angelegt hatte. Mit dem Sklavenimport entwickelte sich der Anbau von Zuckerrohr zur beherrschenden Monokultur. Marie-Galante wurde die ›Insel der 100 Mühlen‹: Noch heute ist das flache Land von den hübschen Windmühlen übersät, die im 18. Jh. die wasser- und ochsengetriebenen Vorläufer ersetzten und seit der Einführung der Dampfmaschine funktionslos sind. Bis 1816 wurde die Zuckerinsel wechselweise von Franzosen und Engländern besetzt: Sie war ein strategisch wichtiger Vorposten im Kampf um Guadeloupe, dessen Geschichte Marie-Galante fortan teilte.

Die Inselrundtour beginnt in **Grand-Bourg,** wo die Schiffe anlegen und Sammeltaxen bereitstehen. Nach einem kurzen Halt im schattigen Zentrum mit Marktplatz, Barockkirche und Rathaus samt Kulturzentrum erreicht man außerhalb des Städtchens das **Château Murat.** Zu besichtigen sind das Herrenhaus mit Renaissancegiebel (18. Jh.), die Ruine einer Zuckerfabrik und die besterhaltene Windmühle der Französischen Antillen. In der Parkanlage, die sich leicht zum Meer hin senkt, stehen *flamboyants* und Yuccabäume, die im Sommer riesige Blütenstände tragen. Das Schloß, 1843 durch ein Erdbeben zerstört und neu aufgebaut, dient heute als Heimatmuseum (7.30–12.30, 14.30–17.30 Uhr, Sa und So 9–12 Uhr, Mi geschl.). Unterhalb der *habitation* liegt vor einem Korallenriff ein Sandstrand, der an der restaurierten Moulin des Basses (gravierte Steine) endet.

Marie-Galante

Besucherattraktion: Windmühle des Château Murat

Vorbei am Flughafen, nähert man sich Petite Anse und Plage de la Feuillère und den vergleichbar schönen Palmenstränden von **Capesterre,** . Auf der anderen Seite der Ortschaft führt ein nur anfangs befahrbarer Weg in 20 Min. zu den **Galeries.** Das Korallenriff ist an dieser Stelle unterbrochen, so daß der Atlantik die Felsen ungehindert ›angreifen‹ kann. Beständig wühlt die Gischt in ausgehöhlten Platten, aus denen das Wasser durch Rinnen abfließt. Die Wanderung kann bis zur Pointe de Tali fortgesetzt werden, wo sich eine großartige Aussicht auf das Caye à Poirier bietet. Noch dramatischer sind zwei Stellen an der nördlichen Steilküste: das **Caye Plate** mit in die Brandung abstürzenden Kalkfelsen und das **Gueule Grand Gouffre,** ein Felsentor, das in ein smaragdgrünes Wasserloch hineinführt.

Mehrere Wasserläufe durchfurchen das Innere der Insel, wo sich im Kalk Höhlen gebildet haben. Das **Trou à Diable** ist eine 500 m lange Höhle mit Stalaktiten, Stalagmiten und einem unterirdischen See. Leider mußte dieses Teufelsloch vor Jahren aus Sicherheitsgründen geschlossen werden. Über die bewaldete Bruchstufe kommt man in das malerische Tal der **Rivière du Vieux Fort,** wo man hier und da noch *gaulettes*-Hütten sieht. Die Wände sind aus *ti-baume*-Ruten geflochten und mit Stroh und feuchter Erde abgedichtet. Auf Grund ihrer Winddurchlässigkeit hielten diese traditionellen Behausungen den immer wieder drohenden Zyklonen relativ gut stand.

Die nordwestlichen Strände, Anse du Vieux Fort und Anse Canot, gehören zu den schönsten der

Das Gueule Grand Gouffre an der Nordküste von Marie-Galante

Antillen: klares Wasser, Türkistöne auf weißem Pulversand, schattenwerfende Palmen und Meertrauben. Von hier ist es nicht mehr weit bis nach **Saint-Louis,** das in einer stillen Bucht den Fischerbooten ideale Anlaufbedingungen bietet. Im flachen Hinterland steht das Zuckerrohr bis zum Horizont. Trotz des erheblichen Rückgangs der genutzten Flächen ist der Zuckerrohranbau nach wie vor wirtschaftlich bestimmend. Die jungen Leute wandern zwar nach Pointe-à-Pitre ab, doch die verbleibende Bevölkerung von Marie-Galante hilft von Februar bis Juni wie eh und je bei der Ernte mit. Dann kann man vor der *usine centrale* von Grande Anse in der langen Warteschlange noch die traditionellen, auf hölzernen Rädern rollenden Ochsenkarren *(cabrouets)* sehen.

Auf dem Weg zur Zuckerfabrik (N 9) kommt man an der historischen **Destillerie Poisson** vorbei. Man sollte sich den Besuch dieser oder einer anderen Brennerei wie etwa Bielle in Grand-Bourg nicht entgehen lassen. Der hochprozentige (59 % Vol.), äußerst fruchtige weiße Rum Marie-Galantes gehört zu den besten der Welt. Die Einheimischen wissen das und konsumieren ihn selbst.

**Flugverbindung:** Air Guadeloupe fliegt tägl. 3 × (7, 13, 17 Uhr) den Landeplatz Les Basses an (20 Min. Flugzeit).

**Schiffsverbindung:** Ab Pointe-à-Pitre (La Darse) fahren zwei Schnellboote ($1^1/_2$ Std.) tägl. 3 × (8, 12.30, 15 Uhr bzw. 8, 12, 17 Uhr) nach Grand-Bourg; Rückfahrten um 6, 9, 12,

15.45, 16 Uhr; außerdem tägl. eine Fähre nach Saint-Louis.

**Verkehrsmittel:** Inselrundfahrten in Sammeltaxis, Pkw- und Rollerverleih (*Caneval* ✆ 05 90 97 97 76, *Socogam* ✆ 05 90 97 80 38, *Dingo Location* ✆ 05 90 97 75 96), Busverkehr nur zwischen den drei Hauptorten.

**Unterkunft und Essen:** *L'Auberge de l'Arbre à Pain* (Grand-Bourg, ✆ 05 90 97 73 69) ist ein Stadthotel mit kreolischer Küche, die *Villa Clérycidéas* (Nähe Flughafen, ✆ 05 90 97 97 86, Fax 05 90 97 72 52) ein komfortables *Gîte rural* mit *Table d'hôte* (Gästetisch), *Le Soleil Levant* (Capesterre, ✆ 05 90 97 31 55, Fax 05 90 97 41 65) eine kleine Hotelanlage mit Panoramablick und Bäckerei, *Le Touloulou* (Capesterre, ✆ 05 90 97 32 63, Fax 05 90 97 33 59) ein beliebtes Restaurant direkt am Meer.

## Saintes

Vor der Südspitze Guadeloupes liegt ein reizvoller Archipel. Er besteht aus den beiden Hauptinseln Terre-de-Haut und Terre-de-Bas und einer Reihe unbewohnter Felsen, die das Meer in eine winklige Abfolge von Passagen verwandelt. Wenn man – von Trois-Rivières oder Basse-Terre kommend – mit dem Boot in die Inselwelt einfährt, verschieben sich die verschiedenen Hügel zu wechselnden Kulissen. Die zahlreichen Bergkuppen *(mornes)* sind vulkanischen Ursprungs und mit Buschwald überzogen, der stellenweise in kakteenbestandene Halbwüste übergeht. Der Kontrast zum nur 10 km entfernten Regenwald um die Soufrière könnte nicht größer sein: Während dort jährlich 3000–8000 mm Regen niedergehen, erreichen die Niederschläge

Saintes

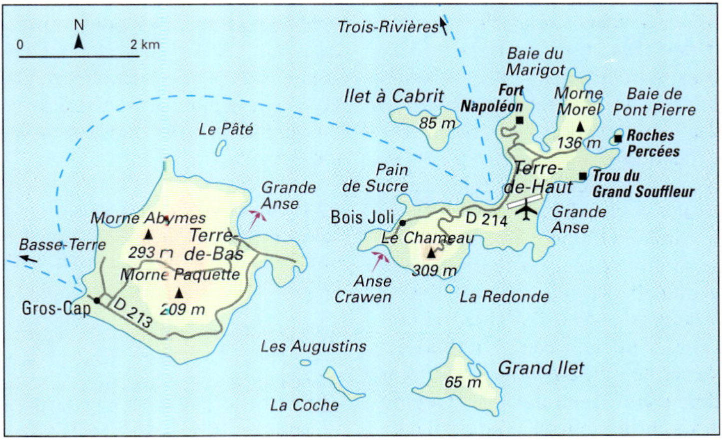

# Staaten und Piraten

›Schatzkammer‹ heißt die Bucht von Pont Pierre im Volksmund, und mancher Inselbewohner hat dort schon auf der Suche nach dem ›Teufelsgeld‹ den Sand umgegraben . Denn die Topographie spricht Bände: Im Sichtschutz der Iles Percées konnten hier die Piraten in aller Ruhe ihre Beute aus den Schiffsbäuchen laden, ein Versteck ausheben und Kassetten darin verstauen. Sie konnten auch auf die Verschwiegenheit der *saintois* vertrauen, die sich mit den ihnen wohlbekannten Gästen gut stellten und nicht so genau wissen wollten, was im hinteren Teil der Insel geschah. »Wenn die Engländer sich Guadeloupes bemächtigen, werdet ihr die alten Korsaren zu den Saintes fahren sehen«, hieß es jedenfalls im 18. Jh.

Zwei Jahrhunderte machten sich die europäischen Kolonialmächte ihre karibischen Besitzungen streitig. Die Piraten kämpften eifrig mit – für nationale wie für partikulare Interessen. Sie fuhren nicht auf Kriegsschiffen, sondern unter eigener Flagge, bekamen keinen Sold, sondern Beuteanteile – und waren doch häufig Agenten Ihrer Majestät. Die englische Krone bediente sich der Herren Drake, Hawkins und Morgan, um den Spaniern ihren Kolonialvorsprung abzujagen. Und für denselben edlen Zweck kämpften die französischen Korsaren *(flibustiers)*, vornehme Seeräuber, die mit königlichen Kaperbriefen ausgestattet waren. Meist stachen sie von der Schildkröteninsel (Ile de la Tortue) aus in See, einem uneinnehmbaren Schlupfwinkel an der Nordküste Haitis (damals Saint Domingue). Für ihre langen Kriegsfahrten versorgten sie sich mit ausreichend Fleisch, das die sogenannten *bukaniers* zwischen den Brettwurzeln der Urwaldriesen geräuchert und damit haltbar gemacht hatten. Diese seltsamen Existenzen waren – wie die Piraten selber – meist arbeitslose Soldaten oder gescheiterte *engagés* und lebten in Westhispaniola, aber auch im Norden Basse-Terres in eheähnlichen Männergemeinschaften *(matelotages)*. Die Freibeuter waren meist mit dem Gouverneur und örtlichen Kirchenkreisen befreundet, die von ihrem gewalttätigen Geschäft durchaus profitierten. Der Korsar Lambert war ein Freund von Pater Labat, und bei seinem Tod weinte die ganze Kolonie. Schließlich waren sie gesittete Räuber, die vor jedem Überfall einen Vertrag *(chasse-partie)* schlossen, in dem neben den Beuteanteilen auch die Entschädigungssummen für verlorene Gliedmaßen festgelegt wurden. Alles ging rechtens zu, es wurde kräftig auf die Bibel geschworen und selbst die Witwenversorgung war geregelt.

Dabei waren die Piraten Waisenknaben verglichen mit ihren Auftraggebern, die einander ganze Inseln wegschnappten, um ihre Beute entweder als eigene Kolonie zu behalten oder gegen andere Besitzungen an den Feind zu veräußern. Die Franzosen bekamen es hauptsächlich mit den Engländern zu tun. Diese tauchten immer wieder vor Basse-Terre und im Süden Martiniques auf, konnten mehrmals (1691, 1703, 1759) das Fort Saint-Charles einnehmen und schossen auch das besser gesicherte Fort Royal sturmreif (1762). Kaum waren Guadeloupe und Martinique englisch geworden, erfolgte schon wieder die Rückgabe im Austausch gegen Kanada, Ohio/Mississippi, Saint Vincent, Tobago und die Grenadinen (Vertrag von Paris). So rettete Frankreich sein Zuckermonopol, während England die koloniale Übermacht errang. Grund genug für das Ancien Régime, ein ›Rollback‹ zu versuchen und sich im amerikanischen Unabhängigkeitskrieg auf die Seite des ›Fortschritts‹ zu schlagen. Am 12. April 1782 kam es zur großen Seeschlacht vor den Saintes, wo die Flotte des Grafen de Grasse (30 Segelschiffe, 2246 Kanonen) auf die überlegene Streitmacht der Admiräle Hood und Rodney (36 Schiffe, 2672 Kanonen) traf. Welche Szenen sich nach der französischen Kapitulation in der Bucht von Pont Pierre abspielten, ist unbekannt.

Fischerboote vor der Montagne du Chameau

hier noch nicht einmal 1000 mm im Jahr.

Schon die Kariben schätzten die Saintes als Stützpunkt, weil sie ihre Boote in den Buchten bestens verstecken konnten. Allerdings siedelten sie sich dort nicht an, wohl wegen des fehlenden Trinkwassers. Als Kolumbus am Sonntag nach Allerheiligen 1493 vorbeisegelte, gab er dem Archipel den Namen ›Los Santos‹. Bestimmend für die weitere Geschichte wurde die strategische Lage, der die Inselgruppe die vielen Befestigungsanlagen verdankt. Piraten verschanzten sich auf den Hügeln, französische und englische Besatzung wechselte über Jahrhunderte hinweg. 1782 kam es vor den Saintes zum ›Trafalgar der Antillen‹, einer der größten Seeschlachten, die es mit Segelschiffen überhaupt gegeben hat. Für die Franzosen verlief sie katastrophal: 1400 Tote, 2000 Verwundete, Verlust der Vorherrschaft über die Kleinen Antillen. Erst 1816 gingen die Inseln endgültig in französischen Besitz über.

Das trockene und steile Gelände ist für die Landwirtschaft ungeeignet. Die Bevölkerung lebt vom Fischfang und hat ein Boot entwickelt, das sich in ganz Guadeloupe durchgesetzt hat: das *saintois.* Das See- und Fischerhandwerk hat hier Tradition (Seemannsfest am 16. August!), seit es die bretonischen Urväter als Korsaren auf die Saintes verschlagen hat. Nur auf Terre-de-Bas wurden im 19. Jh. Baumwoll-, Zucker-, Kaffee-, Maniokplantagen betrieben, also Sklaven gebraucht,

deren Nachfahren dann ihrerseits Fischer geworden sind. Die *petits blancs* von **Terre-de-Haut** haben sich jedoch mit den Schwarzen von der unteren Insel kaum vermischt und legen auf Kontakte mit den Nachbarn weniger Wert als auf den regelmäßigen Besuch der ›Jeanne-d'Arc‹. Böse Zungen sagen, daß die Bewohner von Terre-de-Haut ihren hellen Teint und die blau-grünen Augen dem Schulschiff verdanken, das jährlich seine 1000 Mann Besatzung für einige Tage auf die Insel schickt.

Bei der Ankunft am Hafenkai herrscht großer Trubel: Die Einheimischen sind in Scharen hergekommen, um Waren zu entladen, Gäste abzuholen oder Ausflüglern *tourments d'amour* anzubieten, ein köstlich mürbes Kokosgebäck. Man betritt den Dorfplatz mit Mariannensäule vor der Gendarmerie. Rechts und links sind hübsche Holzhäuser aufgereiht, in kräftigen oder pastellfarbenen Tönen bemalt, mit roten Blechdächern, deren filigrane Zierleisten *(dentelles)* markante Schatten werfen. Ein alter Mann trägt vielleicht noch den *salako,* den stoffbezogenen Strohhut, der Anfang des Jahrhunderts aus den Kolonien Indochinas hier eingeführt wurde. Der Großteil der 3000 Bewohner lebt in Bourg oder Fond Curé.

Allgegenwärtig: Roller auf den Saintes

Wendet man sich die Straße nach links, so geht es bald steil bergan und in einigen Kehren an *mancenillier*-Bäumen vorbei. Nach 20 Min. ist man oben am **Fort Napoléon.** Die graue Kaserne, auf den Resten des 1809 von den Engländern zerstörten Fort Louis errichtet, dient heute als Heimatmuseum (8–12.30 Uhr). Auf dem Befestigungsring ist ein Kakteengarten angelegt, in dem Prachtexemplare des aussterbenden *Tête à l'Anglais* wachsen und von dem sich ein phantastischer Ausblick auf Hügel und Buchten eröffnet: Östlich erhebt sich der Morne Morel (136 m) mit den Ruinen des Fort Caroline; westlich erkennt man das Ilet-à-Cabrit, eine nur noch von Hühnern und Katzen bevölkerte ehemalige Gefangeneninsel; und jenseits der großen Bucht von Bourg springt der markante ›Höcker‹ des Chameau (309 m) ins Auge, die höchste Erhebung der Inselgruppe.

Am Kopfende des ›Kamels‹ ragt der **Pain-de-Sucre** (Zuckerhut) ins Meer, ein formschöner Vulkankegel mit Bilderbuchstrand. Die wie Orgelpfeifen im Wasser stehenden Basaltsäulen *(Orgues Basaltiques)* sieht man allerdings nur vom Schiff aus. Boote verkehren unregelmäßig zwischen Bourg und Bois Joli und bringen Touristen auch zur Nachbarinsel **Terre-de-Bas.** Dort kann man vor der Kulisse Terre-de-Hauts an der Grande Anse baden oder über die Betonpiste zum früheren Plantagenzentrum am Etang hochsteigen. Zurück in Bois Joli, erreicht man auf der Rückseite des ›Kamels‹ den Nacktbadestrand der Anse Crawen. In völliger Einsamkeit kann man übers Felsgeröll klettern, bis sich eine gute Aussicht auf La Redonde und Grand-Ilet bietet.

Der Ausflugstourismus hat auf Terre-de-Haut leider zu hektischer Betriebsamkeit geführt. Kleinbusse und Motorroller (20 Verleiher) fahren unablässig die kurzen Distanzen ab. Es gibt zwei Methoden, dieser Plage zu entkommen. Wer über Nacht bleibt, kann nach 16 Uhr eine bezaubernde Ruhe genießen. Untertags aber entkommt man nur mit Wanderstiefeln und Rucksack (Sonnenschutz, Verpflegung, Bade- und Schnorchelzeug einpacken!). Schlagen Sie den Weg zum Friedhof/Flughafen ein. Die mit Lambi-Muscheln eingefaßten Seemannsgräber liegen am Ende der Flugpiste vor dem langen Sandband der Grande Anse (starke Strömung, Baden verboten!). Am Strand geht es links durch *mancenillier*-Dickicht steil auf den **Morne Rouge** hoch, eine karge und wilde, von Ziegen bevölkerte Hochfläche mit einer spektakulären Steilküste, an der Leguane leben und die am Trou du Grand Souffleur 50 m in die Gischt abstürzt. Wenn man die Grosse Pointe erreicht hat, erkennt man über *frangipanier* und Kerzenkakteen die Traumbucht von **Pont Pierre:** ein Palmenstreifen mit geschwungenem Sandstrand und phantastischen Korallenbänken an den Roches Percées. Den kurzen Rückweg über die Straße muß man mit den Motorrollern teilen.

**Flugverbindung:** Ab Flughafen Le Raizet um 8 und 17 Uhr, außer Di und So.

**Schiffsverbindung:** Ab Pointe-à-Pitre (La Darse) tägl. 8 Uhr (Rückfahrt 16 Uhr); ab Trois-Rivières 8–9 Uhr und 16 Uhr (Rückfahrt 15–16 Uhr und 6 Uhr); Pendelverkehr Terre-de-Haut/Terre-de-Bas 8.30, 9.30, 11.30, 15, 16 Uhr.

**Verkehrsmittel:** Auf Bus und Motorroller und allenfalls ein Mountainbike mieten.

**Unterkunft:** Das naturnahe Hotel *Bois Joli* (✆ 05 90 99 50 38, Fax 05 90 99 55 05), das *Sportzentrum UCPA* (✆ 05 90 99 54 94, Fax 05 90 99 55 28), die stilvolle *Auberge Les Petits Saints* (✆ 05 90 99 50 99, Fax 05 90 99 54 51, *nouvelle cuisine créole*) oder ein preiswertes Privatquartier – es gibt für jeden etwas.

**Essen und Trinken:** Cocktails und frische Fische im *Jardin créole* (✆ 05 90 99 55 08, am Anleger, Balkonblick auf den Platz); bretonische Galettes mit Cidre in *La Crêperie* (✆ 05 90 99 54 23, links am Bootshafen); feine Salate und gute Fischcarpaccio zu Jazzklängen in der *Saladerie* (✆ 05 90 99 54 43, am Weg zum Fort Napoléon) – das Angebot ist groß.

RENAULT

# Martinique – Der Süden

Fort-de-France – Die Inselhauptstadt

Strände, Fischerdörfer, Yole-Regatten

In der Hahnenkampfarena

›Savanne der Versteinerungen‹

Das Atlantiktrio – Von Le Vauclin über Le François nach Le Robert

Yole-Regatta im Süden von Martinique

# Martinique – Der Süden

Die Südhälfte Martiniques weist ein zerrissenes Profil mit zerklüfteten Küsten und markanten Halbinseln auf. An der größten und weitesten Bucht liegt zentral die Hauptstadt Fort-de-France. Weiter südlich reihen sich wie Perlen einer Kette die schönsten Strände der Insel aneinander. *Anses* heißen diese kleinen ›Henkelbuchten‹, die Palmen und Clubs, aber auch viel Wind und ländliches Flair zu bieten haben.

## Fort-de-France

An der Nordseite der nach Westen geöffneten Bucht trennt ein befestigter Felsvorsprung zwei Hafenbecken voneinander ab. Rechts ankern in der Baie du Carénage Handels- und Kreuzfahrtschiffe, deren Fracht über die Autobahn sogleich in die nahegelegenen Lagerhallen und Ferienzentren gebracht wird. Links dümpeln in der Baie des Flamands Yachten vor der dörflich anmutenden Innenstadt, die sich um den schlanken Turm der Kathedrale drängt. Dahinter steigen Häuser hügelan bis nach Balata, wo die blendendweiße Kirche Sacré-Cœur aus dem Urwald leuchtet. Oben, in der frischeren Luft, stehen die Villen der reichen *békés* und gut dotierten Beamten; unten schieben sich die *quartiers populaires* mit Blech- und Betonhütten bis in die Ebene von Lamentin hinein. So bildet Fort-de-France eine riesige *agglomération,* ein Ballungszentrum, in dem heute die Hälfte der Inselbevölkerung lebt.

Am Anfang war das Fort, schon 1638 zum Ruhme des Königs errichtet. 1676 beschloß der in Saint-Pierre amtierende Generalgouverneur, der Marquis de Bass, die Verlegung seiner Residenz an die strategisch sehr viel günstiger gelegene Bucht von Fort-Royal (später Fort-de-France). Sein Nachfolger, der Comte de Blénac, ließ das sumpfige Gelände trockenlegen, um dort eine Stadt anzusiedeln. Schon 1650 hatten aus Brasilien vertriebene Juden und protestantische Holländer vergeblich versucht, in dem Mangrovengebiet eine Kolonie zu errichten: Sie waren am Fieber gestorben und am erbitterten Widerstand der Kariben gescheitert. Nun wurde auf der Höhe des heutigen Boulevard Général de Gaulle ein Abzugskanal gebaut und im trockengelegten Gebiet ein Straßennetz gezogen. 1681 war die neue Siedlung Verwaltungshauptstadt. Ihr Name wechselte entsprechend den politischen Konjunkturen: Aus Fort-Royal wurde während der Revolution Fort-la-République und schließlich durch Napoleons Dekret Fort-de-France. Doch erst mit dem Untergang Saint-Pierres 1902 stieg die Stadt zum wirtschaftlichen und kulturellen Zentrum Martiniques auf. Die Einwohnerzahlen verdoppelten sich im Zeitraum von jeweils rund 25 Jahren mehrmals: 27 000 (1902) – 43 000 (1927) – 100 000 (1955) – 180 000 *Foyalais* (1985).

Wer mit dem Auto kommt, steckt bald im Stau und strapaziert seine Nerven mit der Parkplatzsuche. Am besten erreicht man die Kapitale mit dem Schiff von Pointe du Bout oder Anse Mitan: Die Fahrt dauert nur 25 Min. und bietet die eingangs beschriebene Gesamtansicht der Stadt, die den Großteil der Baudenkmäler leider durch Zyklone, Erdbeben und Brände verloren hat. Die Anlage der Innenstadt im Schachbrettmuster blieb aber erhalten, und das quirlige Leben in

Fort-de-France

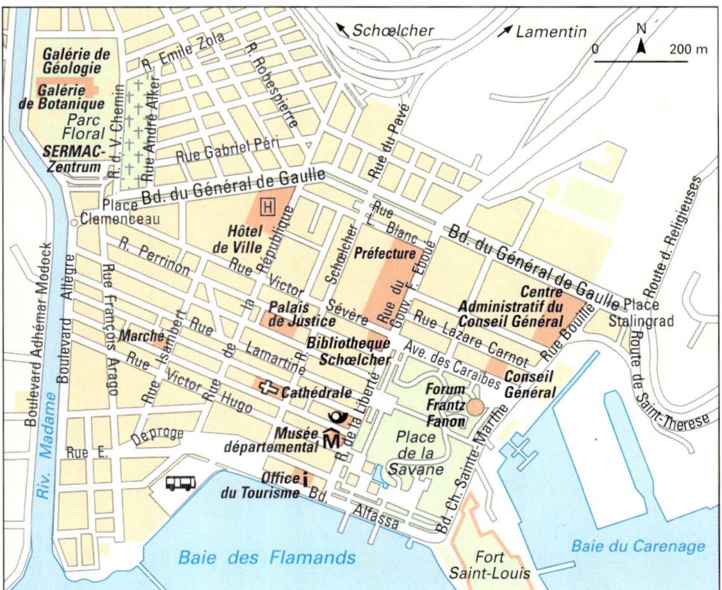

AOM
AOM

ROGEraLBERT
ROGER
AIR FRANCE

den Straßen entschädigt für die vielen Bausünden. Elegante Boutiquen, Ramschläden und Fast Food-Buden wechseln einander ab; dazwischen eilen Büroangestellte mit Aktenköfferchen, zeigen sich schwarze Schönheiten im Pariser Chic; die schmalen Trottoirs sind von Straßenverkäufern blockiert, die Einbahnstraßen mit stinkenden Blechlawinen verstopft; aus Wagenfenstern, Boutiquen und allgegenwärtigen Kofferradios dröhnt der *zouk* (s. S. 73ff.). So durchstreift man das Viereck, das von der Baie du Carénage, der Baie des Flamands, der Rivière Madame und dem Boulevard du Général de Gaulle begrenzt wird. Je weiter man nach Osten kommt, desto mehr verliert sich das vornehme, elegante, europäische Flair, desto ursprünglicher, volkstümlicher, antillanischer wird die Stadt. An zwei Eckpunkten des Karrees befinden sich Parks (Savane, Parc Floral), in deren Schatten man sich nach Bedarf erholen kann, wenn man nicht zwischenzeitlich in Museen Kühlung und Ruhe sucht.

## Stadtrundgang

Die 5 ha große **Place de la Savane** empfängt den Besucher gleich hinter dem Landungssteg *(embarcadère),* in unmittelbarer Nähe des Fort-Saint-Louis (Besichtigung nicht möglich). Vorn am Meer ragt inmitten von Souvenirständen die Bronzestatue des Pierre Belain d'Esnambuc auf. Am Sockel ist die Karavelle dargestellt, mit der dieser erste französische Kolonisator am 15. September 1635 auf Martinique landete. Auf den Rasenflächen tummeln sich Fußballspieler, Liebespaare und Rastas zwischen Hibiskusstauden und Bougainvilleas, über denen sich mächtige Königspalmen erheben. In der Nordostekke des Parks stößt man auf das **Forum Frantz Fanon,** ein häufig genutztes Freilufttheater mit 2500 Plätzen. D'Esnambuc gegenüber steht hier, in Carrara-Marmor, eine zweite Statue auf einem Sockel, den das berühmte Krönungsbild von David ziert: Die Skulptur zeigt Kaiserin Josephine, die Richtung Trois-Ilets (s. S. 177ff.) blickte, bevor Unabhängigkeitskämpfer ihr vor einigen Jahren den Kopf abschlugen.

Hinter diesem Idealbild kreolischer Schönheit leuchtet ein auffälliger Bau in Himbeer-, Vanille- und Pistazientönen: die **Bibliothek Schœlcher.** Von den einen als übler Kitsch beschimpft, gilt sie anderen als Meisterwerk des Fin de siècle. Der Architekt Henri Picq hat sie als Pavillon der karibischen Kolonien für die Pariser Weltausstellung 1889 erbaut. Die Verwandt-

◁ Ankunft in Fort-de-France

Die Bibliothek Schœlcher

schaft mit dem gleichaltrigen Eiffelturm läßt sich an der Metallkonstruktion erkennen, die damals ebenso bahnbrechend modern war wie die Glaskuppel, der die etagenlose Pagodenform den lichten Innenraum verdankt. Das Ausstellungsstück wurde zerlegt, übers Meer transportiert und in Fort-de-France wiederaufgebaut, um dort die Privatbibliothek Victor Schœlchers aufzunehmen bzw. das, was von ihr übrigblieb. Denn die etwa 10 000 Schriften, die der aufgeklärte

Kolonialpolitiker Martinique vermacht hatte und die vorübergehend in der Rue Victor Hugo aufbewahrt wurden, fielen dort fast vollständig dem Brand vom 22. Juni 1890 zum Opfer. So bildeten nur die geretteten 1500 Bücher den schmalen Grundbestand der Stadtbücherei, in der heute auch regelmäßig Ausstellungen – Malerei, landeskundliche Themen – stattfinden (Mo, Di, Do 8.30–12.30 und 14–18 Uhr; Mi, Fr und Sa nur vormittags).

An derselben Straßenecke (Rue Félix Eboué/Rue Victor Sévere) steht ganz in Weiß die **Préfecture,** deren Fassade eine Reminiszenz an das Petit Trianon von Versailles darstellt. Drei Parallelstraßen weiter stößt man auf das **Hôtel de Ville** (1901) mit dem Stadtwappen auf der bemalten Holzfassade. Im schön angelegten Garten kann man neben prächtigen Fächerpalmen die roten Blüten der endemischen Heliconie entdecken, die von der Partei des langjährigen Bürgermeisters Aimé Césaire (s. S. 50f.) zum Emblem gewählt wurde. Das dahinterliegende Neue Rathaus (1979) heißt Centre administratif et culturel und ist ein häßlicher Betonriese, der sich allerdings ›taktvoll‹ auf 9 m hohen ›Beinen‹ hält, um den Blick auf die alte Mairie auch vom Boulevard aus freizugeben. Schlendert man wieder ins Karree zurück, so kommt man am Justizpalast an der obligatorischen dritten Statue vorbei, derjenigen Victor Schœlchers (s. S. 47).

Die **Kathedrale** steht im Zentrum der Innenstadt, dort, wo sich die wichtigsten Geschäftsstraßen, Rue Victor Hugo, Rue Schœlcher,

Fischmarkt an der Place Clemenceau

Rue Lamartin, kreuzen. Der schlanke Bau mit dem 60 m hohen, von zwei Königspalmen flankierten Glockenturm spiegelt sich in der dunklen Verglasung der Chase Manhattan Bank. Sechs Vorgängerkirchen wurden durch Naturkatastrophen zerstört. Innen sieht man die bemalte Metallkonstruktion, die 1978 nach den alten Plänen Henri Picqs – diesmal erdbebensicher – wiedererrichtet wurde. Nachdem der Turm 1953 beinahe zum Einsturz gekommen war, wurde er mit Eisenbeton verstärkt und 42 m tief im Boden verankert.

Das Straßenbild ändert sich, sobald man in die Nähe der Rivière Madame gelangt. Boutiquen voller Schmuck, Parfums und Konfektion weichen jetzt **Märkten,** die ihnen an Farbenpracht und betörenden Gerüchen nicht nachstehen. Madrasfrauen hocken auf Kistchen, bündeln kreolisches Suppengrün und locken potentielle Käufer mit viel Gestik und Mimik zu ihrem Stand. Das Angebot reicht von tropischen Früchten und Gemüsen über Wurzeln und Gewürze bis zu Aphrodisiaka und sonstigen Heilmittelchen. Die Marktfrauen *(marchandes)* sind von den Quacksalbern *(quimboiseurs)* kaum zu unterscheiden, und unter den *petites professions* (Sorbetverkäufer, Krabbenhändler, Musiker etc.) glaubt man oft Nachfahren der sagenhaften *djobeurs* (Marktgehilfe/Unterhalter) zu entdecken, die auf den Märkten ihr mitgerissenes Publikum fanden. Vom zentralen Gemüsemarkt in der Rue Isambert ist es nur ein Sprung zur Fleischmarkthalle. Nicht zu vergessen die kleinen Märkte am nördlichen Rand der Innenstadt (Boulevard, Parc Floral). Daneben, an der Rivière Madame, wird der Fischmarkt abgehalten, dessen Besuch sich am frühen Morgen empfiehlt. Dann kann man den nächtlichen Fang in den frisch angelandeten Booten bewundern. Eine pittoreske Szene, die nur schwer mit der braunen Brühe des Kanals – im Volksmund unverhohlen als *rivière caca* bezeichnet – in Einklang zu bringen ist.

Es ist kein Zufall, sondern paßt zur *Négritude*-Philosophie des Bürgermeisters, wenn an der volkstümlichsten Ecke der Stadt ihr Kulturzentrum entstanden ist. Auf Betreiben Aimé Césaires und unter der Direktion seines Sohnes wurde im **Parc Floral** das SERMAC-Zentrum (Service Municipal d'Action Culturelle) eingerichtet, das Jugendliche aus den armen Bevölkerungsschichten mit der lokalen Kultur in Kontakt bringen und ihnen darüber Selbstbewußtsein vermitteln soll. In zahlreichen Werkstätten werden Mal-, Schnitz-, Keramik-, Musik-, Ballett- und Theaterkurse durchgeführt. Im Grand-Carbet, einer Bühne mit 1050 Sitzplätzen, wird nicht nur zum jährlichen Festival Erstaunliches gezeigt. Zwei naturkundliche Galerien *(Galérie de Botanique, Galérie de Géologie)* informieren über die Flora, die Küstenformationen und den Vulkanismus Martiniques (Di–Fr

9–12.30 und 14.30–17.30 Uhr, Sa 9–13 und 15–17 Uhr, So geschl.).

Die bedeutendsten Exponate findet man am anderen Ende der Stadt im **Musée départemental** in der Rue de la Liberté (Mo–Fr 8.30–13 und 14.30–17 Uhr, Sa 9–12 Uhr), dessen Besuch sich in jedem Falle lohnt. Es präsentiert Keramiken und Werkzeug der Arawak und ihrer kannibalischen Feinde, der Kariben. Beeindruckend rätselhaft erscheint die Sammlung von *adornos,* jener Henkelköpfe mit fein gezeichneter Tier- oder Menschenphysiognomie. Es sind die einzigen Plastiken aus der ersten Arawakepoche (etwa um die Zeitenwende–295 n. Chr.), aus der sonst nur Felszeichnungen überliefert sind. Außerdem: Keramiken aus der zweiten Arawakepoche (295–ca. 750) sowie aus der Karibenzeit (ca. 750–1635) weniger fein gearbeitete Gebrauchsgegenstände.

**Auskunft:** Office du Tourisme, Boulevard Alfassa (Bootsanleger), ✆ 05 96 63 79 60, Fax 05 96 73 66 93. Dort gibt es jeden Freitag den ›Choubouloute‹ (Stadtinformation) mit den wichtigsten Adressen und Veranstaltungen.

**Verkehrsmittel:** Sammeltaxis starten von der Pointe Simon (Baie des Flamands) in alle Richtungen, Taxiruf ✆ 05 96 41 19 24.

**Schiffsverbindungen:** Von den Hotelzentren Pointe du Bout und Anse Mitan/Anse à l'Ane verkehren zwischen 6 und 18.30 Uhr alle 30 Min. Pendelboote *(navette)* nach Fort-de-France und zurück. Außerdem Schiffe nach Guadeloupe, Dominica und Santa Lucia.

**Unterkunft:** Geschäftsleute entscheiden sich zwischen dem zentralen *Hôtel Impératrice**** (15, Rue de la Liberté, ✆ 05 96 63 06 82, Fax 05 96 72 66 30, beliebte Bar, Restaurant *Le Joséphine*) und dem neugebauten *Squash Hotel**** (✆ 05 96 63 00 01, Fax 05 96 63 00 74, Schwimmbecken vor der Bucht, Sportmöglichkeiten, Sauna, Massage).

**Essen und Trinken:** An der Place de la Savane verschiedene Restaurants mit schönem Panoramablick: *La Planteur* (1, Rue de la Liberté, ✆ 05 96 63 17 45, Fischspezialitäten), *Le Dragon d'Or* (5, Rue de la Liberté, ✆ 05 96 70 14 70, vietnamesische Küche), *Le Joséphine* (15, Rue de la Liberté, ✆ 05 96 63 06 82, kreolische Küche). Auf dem Weg zur Rivière Madame können Sie im vegetarischen Feinschmeckerlokal *Le Second Souffle* (27, Rue Blénac, ✆ 05 96 63 44 11) tropische Gratins und Obstsäfte, in der Eisbar *Le Tea Garden* (41, Rue Victor Hugo) hausgemachten Schokoladenkuchen oder in der kreolischen Marktkneipe *Le Marie-Sainte* (160, Rue Victor Hugo, ✆ 05 96 70 00 30) ein kreolisches Frühstück oder Mittagsmenü bestellen. Außerdem gibt es kühlen Zuckerrohrsaft in der Bar *Aux Trois Pointes* (69, Rue Victor Hugo), feines Gebäck in der *Pâtisserie Marie-Anne Surena* (83, Rue Victor Hugo) und frisch aufgeschlagene Kokosnüsse auf dem Markt.

**Diskotheken/Pianobars:** Wem das *Elysée Matignon* (Rue Ernest Deproge) zu französisch ist, der kann am Boulevard Allègre weniger schicke *boîtes* entdecken, Livemusik ver-

Der Kurort Les Trois-Ilets

schiedenster Stilrichtungen gibt es im *Coco-Loco* (Rue Ernest Deproge, ✆ 05 96 63 63 77), *Chez Gaston* (Rue Félix Eboué, ✆ 05 96 71 59 71) sowie im *Jazz Club Saint James* in der Rue Piétonne des Villages de Rivière Roche ✆ 05 96 50 61 89).

**Einkaufen:** Haute Couture und Schmuck ›Made in France‹ liegen in den Schaufenstern der Boutiquen der Rue Hugo (viele Dutyfree-Shops), Rue Moreau de Jonnes, Rue Antoine Singer und Rue Lamartin aus. Kreolisches Kunsthandwerk gibt es im Centre des Métiers d'Art auf der Place de la Savane. Exotische Gewürze kauft man auf den Märkten.

## Trois-Ilets

Auf dem Weg zu den schönen Küsten des Südwestens überquert man vor Rivière-Salée den Fluß gleichen Namens. Wer den Film ›Die Straße der Negerhütten‹ gesehen hat, weiß, wie es früher in dem mit Zuckerrohr bepflanzten Hinterland der Hauptstadt aussah. Damals, in den 30er Jahren, erreichte man Fort-de-France noch auf dem Wasserwege. In mehreren Windungen fließt der ›Salzfluß‹ durch Mangroven, bevor er in die Baie du Génipa mündet. In der Nebenbucht der riesigen Baie de Fort-de-France sieht man von Ost nach

West das Petit Ilet, das Gros Ilet und jene Dreiergruppe von Inselchen (Tebloux, Charles, Sixtain), der die Küste ihren Namen verdankt: Les Trois-Ilets.

Wenige Kilometer vor der Ortschaft führt rechter Hand eine knallrote Piste zu einer schon 200 Jahre alten Ziegelei und Töpferei: armselige Behausungen rund um die staubigen Arbeitsplätze, auf einer kleinen Anhöhe das Haus des Besitzers, alle Dächer ziegelgedeckt und oft kunstvoll verziert. Die recht schlichten Tonwaren *(poterie)* werden zum Teil in Morne-des-Esses (s. S. 212) mit Flechtwerk verziert. 1 km weiter liegt rechts an der Hauptstraße (D 7) das **Maison de la Canne** (Di–So 9–17 Uhr, Mo geschl.). Detailgetreue Modelle der *Habitation* de l'Anse Latouche und der Usine de Rivière-Salée und übersichtliche Grafiken zur Proze-

Yachthafen an der Anse Mitan

dur der Zuckerherstellung sowie zur Arbeitsverteilung auf einer *habitation* vermitteln auch Besuchern, die des Französischen nur bedingt mächtig sind, gute Einblicke in Technik und Ökonomie der kolonialzeitlichen Zuckerindustrie. Die in Text und Bild dokumentierte Sozialgeschichte reicht von den Anfängen der Sklavenhaltung bis zur Entstehung der martiniquanischen Gewerkschaften, von der Zuckerkrise des 19. Jh. bis zum Zusammenbruch der Branche nach dem Zweiten Weltkrieg. Vor dem Museum steht eine verrostete Lokomotive, in der heute Kinder herumtollen können, während ihre Eltern gegenüber die alte Zuckerpresse studieren.

Der alte Kurort **Les Trois-Ilets** hat mit seinen Ziegelhäusern einen geschlossen wirkenden Ortskern zu bieten. Hinter dem schön angelegten 18-Loch-Golfplatz können Besucher am botanischen Garten *(Parc des Floralies)* vorbei zum Landsitz **La Pagerie** pilgern, wo vom Kinderbett Josephines bis zur Totenmaske Napoleons allerlei nationale Denkwürdigkeiten auf Besucher warten (Di–Fr 9–17.30, Sa und So 9–13 und 14.30–17.30 Uhr, Mo geschl.). Inmitten von Zuckerrohr- und Kaffeeplantagen ist hier Marie-Josèphe Rose Tascher aufgewachsen, die spätere Kaiserin von Frankreich. 1779 wurde das 16jährige Kreolenmädchen mit Alexandre de Beauharnais verheiratet, dem Gouverneurssohn und Adelsdeputierten der Pariser Generalstände, der bald darauf das Amt des Präsidenten der Constituante bekleidete. Als die Karriere des Gatten unter der Guillotine endete, wandte sich die Witwe dem kleinen General Bonaparte zu, der sie mit heißen Liebesbriefen überschüttete und 1796 schließlich zur

Frau nahm. Jeder kennt das pathetische Bild von Jacques Louis David aus dem Schulgeschichtsbuch: Der soeben eigenhändig Gekrönte setzt seiner vor ihm knienden Gemahlin die Krone auf. Nach Martinique ist Josephine nie mehr zurückgekehrt. Doch die Sklaverei brachte sie nach der Revolution in ihre Heimat zurück: Napoleon soll sie auf ihr Anraten wieder eingeführt haben.

Zur Gemeinde von Trois-Ilets gehört das touristische Zentrum an der **Pointe du Bout.** Hier häufen sich die mehr oder weniger luxuriösen Hotels mit eigenen Stränden, Pools und einem schier unerschöpflichen Sportangebot. Ein Einkaufszentrum, Restaurants und Diskotheken sorgen für die nötige Infrastruktur. Vom Yachthafen (La Marina) können Tagesausflügler über die Bucht nach Fort-de-France übersetzen. Die Hauptstadt und die Bergmassive des Nordens bilden das großartige Panorama nicht nur der **Anse Mitan,** die nahegelegene **Anse à l'Ane** (›Eselsbucht‹) vereint dasselbe Bild mit dörflichem Flair: Die Blätter der Meertraube spenden Schatten, in dem Badegäste an Holztischen picknikken, während Surfer bunte Segel unter Palmen trocknen und eine Reitergruppe zur nahegelegenen Ranch zieht.

**Schiffsverbindung:** Von 6–18 Uhr Pendelverkehr nach Fort-de-France ab Anse à l'Ane, Anse Mitan und Pointe du Bout/Marina (bis 23 Uhr).

**Unterkunft:** Die Luxus- und (immer noch sehr teuren) Dreisterne-Hotels konzentrieren sich vor allem an der **Pointe du Bout:** *Bakoua*** *** (✆ 05 96 66 02 02, Fax 05 96 66 00 41), *Le Méridien*** *** (✆ 05 96 66 00 00, Fax 05 96 66 00 74), *Novotel Carayou**** (✆ 05 96 66 04 04, Fax 05 96 66 00 57), *La Pagerie**** (✆ 05 96 66 05 30, Fax 05 96 66 00 99), *Le Karacoli*** (✆ 05 96 66 02 67, Fax 05 96 66 02 41). An der **Anse Mitan** verstärkt sich mit den preiswerteren Appartementanlagen der Eindruck eines Ferienghettos. An der **Anse à l'Ane** kommen in Frage: *Hôtel Frantour**** (✆ 05 96 68 31 67, Fax 05 96 68 37 65, Restaurant *Le Calalou,* breites Sportangebot) sowie *Le Panoramic**** (✆ 05 96 68 34 34, Fax 05 96 50 01 95, erhabener Meeresblick) und *Courbaril Camping* (✆ 05 96 68 32 20, Fax 05 9668 32 21, sehr schlichte Bungalows auf schattigem Terrain).

**Essen und Trinken:** Das Angebot an Restaurants ist groß, die Relation Preis-Qualität eher ungünstig. Ausnahmen an der **Anse Mitan:** *Le Poisson d'Or* (✆ 05 96 66 01 80, Mo geschl., Fischspezialitäten), *La Villa Créole* (✆ 05 96 66 05 53, So geschl., zauberhafter Garten).

## Rund um die Südwest-Halbinsel

Südlich der Touristenenklave entfernt sich die D 7 von der steiler ansteigenden Küste. Eine Stichstraße führt unterhalb des Morne Bigot (460 m) rechts ab zu zwei schönen Sandstränden: Nur ein paar hundert Meter trennen die ›Zwillinge‹, und doch ist der Anse Noire schwarz, der Anse Dufour weiß – eine geologische Kuriosität (s. S. 26). Man muß den Morne Réduit (308 m) umfahren, zurück zur D 7, um auf ihr zur **Grande Anse** zu gelangen, wo unter den Kokospalmen die Netze, Reusen und buntbemalten *gommiers* (s. S. 41) liegen. Von den Bar-Restaurants aus kann man beim Fischessen *exocets* (fliegende Fische) springen sehen. Natürlich ist die Idylle ein beliebtes Ausflugsziel der *Foyalais,* die am Wochenende mit ihren kleinen Yachten anrücken. Noch charmanter zeigt sich das Nachbardorf **Les Anses d'Arlets** mit hübschen Holzhäusern und einer dicht am Wasser stehenden Kirche.

Holzhäuser in Anses d'Arlets

*Anses* – Buchten – prägen die Ortsnamen der Fischerdörfer, und ihre Abfolge ist noch nicht beendet, wenn hinter Anses d'Arlets die Küstenstraße (nun als D 37) erneut ansteigt. An der Petite Anse stürmen die Fischerkinder mit Lambi-Muscheln auf den Autofahrer los, der weniger den hastig sinkenden Preisen als dem Charme der Kleinen erliegt. Danach windet sich die zunehmend spektakuläre *route de corniche* durch trockenes Terrain um die Südflanke des mächtigen Morne Larcher (477 m).

An der Pointe du Diamant muß man anhalten: Ein 176 m hoher, formschön geschliffener Dazitklotz ragt kalkweiß und leicht begrünt aus dem blauen karibischen Meer. Als ›His Majesty's Ship (HMS) Diamond Rock‹ war der **Rocher du Diamant** während der Napoleonischen Kriege 18 Monate lang ein

Blickfang im Karibischen Meer: Rocher du Diamant

kanonenbewehrter Stützpunkt der Engländer. Man erzählt sich eine berühmte Anekdote von der List der Franzosen, die einige Fässer guten Rums dort stranden ließen. Da die 110 englischen Helden sich in ihrem ›Felsenkoller‹ das einmalige Besäufnis nicht versagen konnten, war das Felsenschiff schließlich leicht zurückzugewinnen. Heute ist der Diamant nur noch von Vögeln bewohnt. Man kann sich von der Ortschaft Diamant aus mit dem Boot zum Felsen hinbringen lassen und ihn erklimmen (Rutschgefahr wegen Vogelkot), darf aber wegen der gefährlichen Strömungen keinesfalls hinschwimmen! Taucher schätzen den Felsen wegen der interessanten Unterwasserfauna (Barracudas, grüne Schildkröten).

Von der kleinen Anse Caffard führt ein steiler Fußweg durch *tibaume*-Gesträuch hinauf auf den **Morne Larcher** (W 1, gut 2 Std.). Die Berge im Süden Martiniques erfordern Kondition, da 477 ›tropische Meter‹ vom Meeresspiegel aus gerechnet nicht zu unterschätzen sind. Die Majestät des erloschenen Vulkans zeigt sich besonders eindrucksvoll am berühmten, fast 4 km langen Palmenstrand von **Le Diamant:** wilde Brandung, großartige Silhouetten (Rocher, Morne) ideal für Wellenreiter, Strandspaziergänger und Campingfreunde.

Hinter dem Ort durchschneidet die Straße die Pointe du Marigot, um oberhalb der versteckten Bucht von Chéry landeinwärts zu schwenken. Rechts zweigt ein kleiner Weg ab zur *Habitation* O'Mullane, die bis auf ein schön restauriertes Wohngebäude (heute in Privatbesitz) zerfallen ist. Der Landsitz trägt auch den indianischen Namen **Le Gaoulé** (Revolte), war er doch 1717 Schauplatz eines

Siedleraufstands. Erbost über die Beschränkung der Zuckerproduktion setzten die Kolonisten den zum Festbankett geladenen Gouverneur samt Intendanten fest, um beide mit dem nächstbesten Boot nach Frankreich zurückzuschicken. Die Reaktion des Königs war großzügig und unnachgiebig zugleich: Er berief einen neuen Gouverneur. Rund um die Anse du Céron gab es früher noch weitere Herrensitze, die heute aber alle verwahrlost sind.

**Unterkunft:** *Novotel Diamant **** (✆ 05 96 76 42 42, Fax 05 96 76 22 87), *Marine Hôtel **** (✆ 05 96 76 46 00, Fax 05 96 76 25 99) – beide auf der **Pointe la Chéry** (Le Diamant) mit traumhaftem Blick auf Bucht und Fels. Dorfnäher und altmodischer, aber mit schönem Garten und Pool direkt über dem Meer: *Diamant Les Bains *** (✆ 05 96 76 40 14, Fax 05 96 76 27 00). Außerdem gibt es an der **Anse Caffard** einige *Gîtes ruraux* (s. S. 224) und schöne *Chambres d'hôte* in der Villa *Diamant Noir* (✆ 05 96 76 41 25, Fax 05 96 76 28 89).

**Essen und Trinken:** Am besten fühlten wir uns in den einfachen Strandlokalen (*»les pieds dans l'eau«*), von denen der ehemalige Geheimtip *L'Anse Noire* (✆ 05 96 68 62 82, nur mittags) nach wie vor am meisten Atmosphäre vermittelt. Ebenfalls sehr reizvolle Adressen sind: am Südende von Anses d'Arlet *Flamboyant des Iles* (✆ 05 96 68 67 75, herrliche Terrasse) und etwa 4 km hinter Le Diamant *Le Poisson Rouge* im Ortsteil Taupinière (✆ 05 96 76 43 74, Fischertreff, Meeresfrüchte).

## Sainte-Luce und Umgebung

Die Plantagen der Destillerie von **Trois-Rivières** liegen auf dem Gemeindegebiet von Sainte-Luce, das sich dank zahlreicher Strände und der schnellen Verbindung (N 5/ D 7) zum Flughafen zum wichtigsten Ferienort des Südens entwickelt hat. *Métros* ließen sich reihenweise Zweitwohnsitze am Rande des Fischerdorfs errichten, dessen einheimische Bevölkerung sich nicht nur bei den alljährlichen Yole-Regatten als besonders seetüchtig hervortut. Schließlich ist der unruhige Santa Lucia-Kanal täglich Ziel ihrer Bootsfahrten.

Oberhalb von Sainte-Luce lädt der **Wald von Montravail** (W 2) zu Spaziergängen ein. Fährt man 3 km die D 17 landeinwärts, so weist ein Schild links den Weg zu den Roches Gravées. Es handelt sich um Felszeichnungen der Arawak.

Zurück über die D 8 erreicht man das Tal von **Rivière-Pilote.** Der Ort, das landwirtschaftliche Zentrum des Südens, ist für seinen *pitt* bekannt. Er liegt ein Stück weiter nördlich und bietet alle zwei Wochen ein ziemlich rohes Spektakel. Die Hahnenkampfarena gehört der Rumdestillerie La Mauny, die 200 m weiter zu besichtigen ist.

Am südlichen Ortsausgang stößt man auf die bizarren **Blocs Erratiques.** Die D 18 verläuft zunächst flußabwärts und wird nach der Rivière-Pilote-Brücke zur Uferstraße, die oberhalb der Anse Figuier (Museum mit indianischen Fundstücken, 9–17 Uhr, Mo geschl.) um den Morne Aca (274 m) führt.

**Unterkunft:** *Les Amandiers **** bietet 117 Zimmer und viel Animation (✆ 05 96 62 32 32, Fax 05 96 62 33 40) , Monsieur Salomon zwei stille *gîtes* am Rande des Montravail-Walds (✆ 05 96 62 54 73, Fax 05 96 62 40 41).

**Destillerien:** *Trois-Rivières* (an der N 5 vor gleichnamigen Ortsteil, ✆ 05 96 62 51 78, Mo–Fr 9–12 und 14–17 Uhr, Sa 9–12 Uhr) betreibt noch eine eigene Faßbinderei *(tonnellerie)* und erreicht mit seinen jahrgangsgezeichneten *rhum vieux* eine besondere Qualität. Eher für ihren weißen Rum bekannt ist die Destillerie *La Mauny* in Rivière-Pilote, (✆ 05 96 62 62 08, Mo–Fr stündlich von 10–15 Uhr).

## Hahnenkampf

Den Sonntagnachmittag verbringen die Männer gerne im *pitt.* Das ist die Hahnenkampfarena, die sich – kombiniert mit einer *buvette* (Rumkneipe) – meist unter einem Wellblechverschlag verbirgt. Der Kampfsport war in Europa weitverbreitet, als die Spanier ihn in die Neue Welt brachten. Auf die Antillen kam er möglicherweise erst durch die Engländer. Jedenfalls war der Hahnenkampf seit Ende des 17. Jh. eine Leidenschaft der weißen Siedler, die sich über Verbote wie das *loi Gramont* von 1850 souverän hinwegsetzten. Die farbigen Landarbeiter kamen mit ihm nur als Pfleger und Trainingsgehilfen in Berührung, bis sie Geschmack daran fanden, selbst einen Hahn zu besitzen und ihr bißchen Geld zu verwetten. Noch heute werden im *pitt* jenseits aller Rassen- und Klassenschranken ganze Monatslöhne verspielt und kleine Vermögen gemacht. Angehörige aller sozialer Schichten versammeln sich dort zum *ti-punch,* zum Palaver und – im doppelten Sinne – zum Wettkampf.

Der antillanische Kampfhahn kommt in der Regel aus Spanien und ist das Resultat vielfältiger Kreuzungen. Die Züchter schwören auf das Erbgut des südostasiatischen *bankiva* (roter Dschungelhahn), das noch in Minimalanteilen die gewünschte Aggressivität und Widerstandskraft verbürgen soll. Damit das Federvieh schwer zu packen ist, werden ihm Kamm und Kinnlappen abgeschnitten, Hals und Schenkel rasiert, Flügel und Schwanzfedern gestutzt. Mit Vitaminen, Proteinen und allerlei Geheimrezepten, nicht zuletzt durch monatelanges Training wird der Hahn für die Kampfsaison (November–April) fitgemacht. Am Kampftag selber kommt er dann in eine der zahlreichen Boxen *(caloj),* die vor dem *pitt* aufgestellt sind.

Das kleine Amphitheater faßt 70–200 Zuschauer, die auf stufenförmig angeordneten Holzbänken sitzen. Zunächst bekommen sie die Ritualhandlungen der Professionellen (Stallbesitzer, Züchter, Pfleger, Schiedsrichter, *pitt*-Direktor) zu sehen, die sich in der Arena um sorgfältig vorbereitete Tische drängen. Die Hähne werden der Reihe nach hereingebracht, auf 30 g genau gewogen und in Gewichtsklassen eingeteilt. Auf einer großen Tafel kann man die Paarungen lesen. Dann werden die Tiere mit einem in Äther getränkten Baumwollappen von Fett und möglichen Giftstoffen gereinigt. Damit jeder Manipulationsverdacht ausgeschlossen ist, sind die gegnerischen Züchter bei der Säuberung anwesend. Schließlich werden die bis zu 4,5 cm langen Kampfsporen *(ergots)* gewählt und mit Heftpflaster und Wachs auf dem angeschliffenen Hornfortsatz des Hahnenlaufs fixiert. In Guadeloupe verwendet man Stahlsporen, in Martinique vielfach behandelte Natursporen toter Hähne. Der Besitzer des Hahns läßt den nunmehr doppelt bewaffneten Kombattanten (Hauptwaffe bleibt der Schnabel!) einige Probehüpfer machen und prüft den Sitz der Sporen. Vielleicht pustet er ihm noch etwas Rum ins Gesicht oder reizt ihn mit Beschwörungsformeln.

Wenn die Wetten abgeschlossen sind und die Arena geräumt ist, kann der Kampf beginnen. Eine Glocke ertönt, und die beiden Kontrahenten werden *bec à bec* gesetzt. Gebrüll, wilde Gestikulationen. Die Hähne hacken aufeinander ein, bilden ein flatterndes Knäuel, sind bald blutverschmiert. Höchstens 25 Minuten dauert der Kampf, der auch schon nach Sekunden zu Ende sein kann. Gewonnen hat ein Hahn, wenn der Gegner stirbt, die Flucht ergreift oder am Boden bleibt. Oft bricht der Schiedsrichter das Gemetzel auch unentschieden ab, weil die beiden ermüdeten Hähne nicht mehr weiterkämpfen.

In Rivière-Pilote kann man neben dem *pitt* gelegentlich auch noch dem Kampf zwischen Mungo und Lanzenotter *(trigonocéphale)* beiwohnen. Hier wettet niemand und Regeln sind unnötig, denn der tödliche Biß ereilt mit Sicherheit die Giftschlange: Der wendigere Mungo gewinnt fast immer.

# Die Südostspitze

Hinter der Pointe Borgnesse öffnet sich der **Cul-de-Sac du Marin:** Der von Korallenbänken durchsetzte Meeresgrund schillert türkis-braun und hebt sich lebhaft vom Weiß der gegenüberliegenden Strände und vom hellen Grün der Hügel ab. Die tiefeingeschnittene Bucht, ein Schlupfloch für Fischer nicht nur bei drohenden Zyklonen, war für die Militärs seit jeher von strategischem Interesse. Die Franzosen errichteten im natürlichen Hafen eine ihrer ersten Siedlungen, die sie – neben Saint-Pierre, Fort Royal (Fort-de-France) und La Trinité – zur Residenz eines königlichen Leutnants ausbauten und ein Jahrhundert lang gegen wiederholte Angriffe der Engländer verteidigten. Die Befestigungsreste an den Seitenrändern der Bucht (Pointe Borgnesse, Pointe Dunkerque) und die Ruine des Fort Marin zeugen von diesen Kämpfen. Die Anfang des 18. Jh. errichtete Kirche prunkt mit einem Marmoraltar und zwei dazugehörigen Statuetten, die von einem in der Bucht gestrandeten Schiff stammen sollen. Heute ist **Le Marin** Unterpräfektur und ein weiteres Ferienzentrum des Südens.

An der gegenüberliegenden Seite des Cul-de-Sac liegt **Sainte-Anne,** der Ort mit der längsten Sonnenscheindauer und den makellosesten Stränden auf Martinique. In bester Lage an der Pointe Marin hat

Traumstrand im Süden von Martinique: Grande Anse des Salines

Seeigelernte am Cap Chevalier

sich der Club Méditerranée niedergelassen. Trotz des heißen, trockenen Klimas werden in der Umgebung Melonen angebaut, die mit den Salzlämmern und -zicklein der seenahen Weiden *(prés salés!)* zu den Delikatessen gehören, die das Fischangebot *(charderons, crustacés, lambis)* der Restaurants ergänzen. Die Yole-Rennen locken an Festtagen die Einheimischen in Scharen nach Sainte-Anne. Die meisten Ausflügler zieht es allerdings an die **Grande Anse des Salines** hinter den Salzlagunen: 1,2 km weißer Strand in sanftem Rund mit hoch geschwungenen Palmen und Blick auf Diamant und Morne Larcher! Der Traumstrand entpuppt sich sonntag abends leicht als Sackgasse, wenn man auf dem Rückweg bei einsetzender Dunkelheit und tropischem Zikadenlärm in einen Stau gerät.

Den östlichen Teil der Südspitze muß man zu Fuß erschließen. Über eine Schotterpiste rumpeln zahlreiche Autos noch bis zu dem meist dichtbesetzten, von giftigen *mancenilliers* bestandenen Zeltplatz. Ihn muß man überqueren, wenn man in die **Savane des Pétrifications** (W 3) will. Wenn die Bäume kleinwüchsiger, die trockenen Böden bröseliger werden, gelangt man in eine mit Kakteen und Sukkulenten bewachsene Wüste, die Versteinerung eines von Lava zugedeckten Waldes. Leider ist die Schicht von Bimssteinen, Jaspen und Kieselerde von Touristen abgeräumt worden. An den beiden bizarren, gischtumspülten Felsen Ilet Cabrits und Table du Diable, den südlichsten Punkten von Martinique, vorbei, endet der sanfte Aufstieg auf einem Plateau, das jäh ins Meer abbricht. An diesem Höllentor *(Porte d'Enfer)* blickt man weit über die ausgebrannte Ebene zurück zu den Salzlagunen, die mit dem Meer zu einer einzigen flimmernden Fläche verschwimmen.

Von hier führt die **Trace des Caps** (W 4) gut 20 km weiter nach Norden. Wegen der intensiven Sonneneinstrahlung ist es jedoch ratsam, die eindrucksvolle Küstenwanderung auf einen Abschnitt zu beschränken und deshalb die eine oder andere Stichstraße zu benutzen (Eine Wanderkarte ist hier hilfreich). Im Anschluß an die ›Savanne der Versteinerungen‹ erreicht man zunächst die einsame Anse Trabaud. Hinter den Melonenfeldern der *Habitation* des Anglais liegt eines der schönsten Mangrovengebiete von Martinique. Auf der Höhe des Cap Chevalier sieht man Fischer auf Seeigelfang: Sie benutzen dazu noch Flöße, die nach Arawaktechnik aus Stämmen des *bois canon* oder der Agave zusammengebunden werden. Der kleine und große Macaboustrand sind am Wochenende beliebte Tummelplätze einheimischer Familien: Picknick unter ausladenden *raisiniers,* Planschvergnügen im flachen Wasser sowie Schnorchelmöglichkeiten am vorgelagerten Riff.

**Unterkunft:** Je nach Geschmack kann man im Clubhotel *Anse Caritan* *** (✆ 05 96 76 74 12, Fax 05 96 76 72 59) die Vorzüge einer modernen Anlage oder im *Manoir de Beauregard* *** (✆ 05 96 76 73 40, Fax 05 96 76 93 24) den Zauber eines schönen Kolonialhauses aus dem 18. Jh. genießen. Letzeres nicht zu verwechseln mit dem benachbarten *Hameau de Beaugard**** (✆ 05 96 76 75 75, Fax 05 96 76 97 13, Babysitterdienst), einer sehr gut ausgestatteten Appartementanlage im kreolischen Baustil. Neben diesen Komfortadressen gibt es in Sainte-Anne auch das zentral gelegene Dorfhotel *La Dunette*** (✆ 05 96 76 73 90, Fax 05 96 76 76 05), auch als Bar und Restaurant (mittwochs ›Soirée Langoustes‹) ein beliebter Treffpunkt.

**Essen und Trinken:** Schöne Restaurantauswahl in Sainte-Anne. Im übrigen kann man neben den sportlichen Einrichtungen auch das üppige Mittagsbüffet des Club Mediterranée in Anspruch nehmen, wenn man für 210 F eine Tageskarte für Nicht-Mitglieder löst.

## Das Atlantiktrio und sein Hinterland

Eine alternative Route zu den Stränden des Südostens führt landeinwärts über **Saint-Esprit.** Die Bewohner des Marktfleckens stehen unter den Balkonen ihrer bemalten Holzhäuser und wundern sich über jeden Touristen, der sich hierher verirrt und nach dem ehemaligen Collège fragt. Man kann dort im **Musée des arts et traditions populaires** (Di–Sa 9–12.30 und 14–17 Uhr) eine bunte Kollektion traditioneller Arbeitsmittel und Möbelstücke betrachten, bevor die Fahrt

## Nasses Handwerk

### Über Boote, Netze, Reusen und Importfisch

1150 Männer sind in Martinique als *marins-pêcheurs* eingeschrieben. 95 % von ihnen besitzen ein einziges, 5–8 m langes Boot. Auf der karibischen Seite ist es der althergebrachte *gommier,* eine Piroge, die nach indianischer Tradition aus einem verkohlten Gummibaum herausgeschlagen und mit Plankenaufsätzen versehen ist. An der Atlantikküste ist dieser verbesserte Einbaum der *yole* gewichen, einem Bootstyp, der nach europäischem Muster um ein Gerippe gebaut wird und dem in Guadeloupe verbreiteten *saintois* ähnelt. Nur für die populären Regatten werden auf den eigens konstruierten, größeren Modellen riesige Segel aufgesetzt. Der übliche Antrieb aber sind Außenbordmotoren.

Zu zweit oder zu dritt tuckern die Fischer frühmorgens außer Landsichtweite – bis ›Miquelon‹ – hinaus, wo sie mit etwas Glück die Hochseewanderer (Hai, Thunfisch, Dorade, Thazard) aufstöbern. Die frühmorgens aufbrechenden Männer betreiben die von der EU so bezeichnete handwerkliche Küstenfischerei. Sie orientieren sich am Flug der Fregattvögel und halten auf planktonreiche Treibhölzer zu, um mit Angeln und Netzen in die vermuteten Fischbänke zu gehen. Nachmittags sind sie wieder im Hafen, wo sie den Fang sogleich verkaufen. Nur die Fischereischule La Trinité und einige Kooperativen bleiben vier bis acht Tage draußen, mit 12 m langen Kuttern und einer polyvalenten Ausrüstung an Bord.

Ein Großteil des Fischereihandwerks findet in Küstennähe statt. Auf der karibischen Seite sieht man häufig einen Fischer unterstützt von

in Richtung Le Vauclin (D 5) weitergeht. Die Straße führt an der Flanke des gleichnamigen Berges (504 m) durch fruchtbares Kulturland mit kreolischen Gärten, Zuckerrohr- und Bananenkulturen und in Meeresnähe zunehmend Zebuweiden. Wer an der Rivière Coulée d'Or links abzweigt, kann nach 3,5 km Martiniques ältesten, längst erloschenen Vulkan besteigen (W 5 entlang dem Kreuzweg, 1,5 Std. einfach) und eine grandiose Aussicht genießen: westlich die weite Bucht von Fort-de-France, östlich die zerklüftete Atlantikküste mit ihren gischtumschäumten Riffen und Inselsplittern.

Le Vauclin bildet mit Le François und Le Robert ein Trio von Orten,

einer Gruppe von bis zu 18 Personen *à la senne* fischen. Das Netz eines anlandenden Bootes ist in großem Bogen ans Ufer gespannt, wo es zwei Zugmannschaften in gemeinsamer Anstrengung einholen, um anschließend die meist klägliche Ausbeute mit dem Bootsbesitzer zu teilen. In Riffnähe gehen schon mehr Plateaubewohner (Sardine, Balaou, Bonite, Orphie), auch Langusten und Lambi-Muscheln ins Netz oder in die Reuse *(casier, nasse)*. Jeder Fischer hat 50–80 von diesen Drahtkäfigen (die Bambus- und Patateholzvarianten sterben aus), die er sorgfältig in den Rinnen versteckt und alle acht Tage der Reihe nach einholt. Die Fahrt in die Korallenbänke unternehmen die Fischer im Südosten noch mit Flößen (sog. *pri-pri*), die sich gut zur Seeigelernte eignen. Während der Steuermann mit dem Staken in die Prärien manövriert, schiebt der Taucher die weißen Kugeltiere mit einer Holzgabel *(croc à chadron)* in den Sammelkorb *(panier chadron)*.

Die Techniken sind einfach, aber keineswegs harmlos. Die 20–40 m hohe, bis zu 700 m lange *senne* kämmt die lichten Fischgründe noch auf fingergroße Exemplare durch. Von den Reusen gehen 15–20 % verloren, die dann ohne Nutzen als ewige Fischgräber weiterarbeiten. Die Wilderei in den amphibischen Reservaten (Mangroven, Riffinselchen) hat zur Dezimierung der Muscheln (Lambi, Triton) und beinahe zur Ausrottung der Schildkröten geführt. So bringt sich die küstennahe Fischerei langsam selber um: Die Bestände gehen zurück, die Fangquoten sinken, die Fischer werden weniger und sind im Durchschnitt älter. Folge: Nur noch gut die Hälfte des verzehrten Fischs kommt aus den eigenen Gewässern, der Rest wird eisgekühlt aus Venezuela, tiefgefroren aus Europa oder luftgetrocknet aus Saint-Pierre-et-Miquelon (frz. Besitzung vor Kanada) eingeführt.

die gleichermaßen vom rauhen Atlantik geprägt, vom Fischfang abhängig und mit schwierigen Navigationsbedingungen konfrontiert sind. Die der Küste vorgelagerten, doppelreihigen Korallenbänken werden von zahlreichen Fahrrinnen durchbrochen, durch welche die Fischer ihre Boote manövrieren. Die Wassertemperatur ist hier aufgrund der geringen Tiefe besonders warm. Doch auch bei den Riffen gibt es seichte Stellen, die **Fonds Blancs.** Man kann sich zu diesen türkis leuchtenden Sandbänken hinausfahren lassen und bekommt dann aus dem Boot zum Badevergnügen einen Punsch serviert. Für Tierfreunde sind die zahlreichen Inselchen ebenso interessant wie tabu, denn dorthin haben sich nicht nur Vögel aller Art, sondern auch die vom Aussterben bedrohten Meeresschildkröten zurückgezogen. Einige der Inseln sind in Privatbesitz.

**Le Vauclin** verdankt seinen Namen einem Comte de Vauquelin, der hier um 1700 zuerst Tabak, dann Zuckerrohr anbaute, nachdem die Gegend lange in Karibenhand war. Auf dem Terrain der *Habitation* Paquemar, vor Jahrzehnten noch Synonym einer Zuckerfabrik, fanden Archäologen Spuren eines Indianerdorfes. Die einzige Sehenswürdigkeit – der oktogonale Stumpf einer Zuckermühle – liegt jedoch auf der *Habitation* Cigy, kurz vor der Kreuzung D 5/N 6.

**Le François,** die alte Pfarrei Pater Labats, ist heute ein aufstrebendes Städtchen. Am Marktplatz ficht die futuristisch konzipierte Kirche einen fürchterlichen Wettstreit mit dem großväterlichen Rathaus aus. Unter den Ranken der Bougainvillea erinnert ein Epitaph an einen blutigen Krieger: Schließlich ist »General Brière de l'Isle, einer der glorreichen Eroberer des Sudan und Tonking« auf einer *habitation* des Gemeindegebiets geboren. Le François hat freilich noch einen anderen Helden vorzuweisen: Homère Clément, den Pionier des *rhum agricole.* Als sich mit der Entwicklung der Zukkerfabriken die industrielle Rumproduktion durchgesetzt hatte, gründete er 1897 sei-

ne Destillerie in der Absicht, die Tradition des ›wahren Rum‹ zu pflegen. Die berühmte **Domaine de l'Acajou** liegt an der Straße nach Saint-Esprit, an den südöstlichen Hügeln des für die Bewässerung wichtigen Stausees von La Manzo. Es lohnt sich, durch die mangobestandene Anlage zu schlendern, das originalgetreu restaurierte Herrenhaus (18. Jh.) zu besichtigen und in der Case à Lucie eine Palette edler Rumsorten *(grappe blanche,* 6jähriger und 15jähriger *rhum vieux*) zu degustieren.

Der Ort **Le Robert** ist der Dritte im Bunde und wie Le François eine Gründung Père Labats, der sich überschwenglich über die Lage der Siedlung äußerte. Sie liegt an einer weitausschwingenden Bucht, die nicht nur beim Seefest am dritten Sonntag im September eine großartige Kulisse für das Dorfleben abgibt. Auch auf dem Landweg kann man den neun Inseln des Havre du Robert recht nahe kommen, wenn man auf kleinen Straßen die weit vorgeschobenen Kaps ansteuert.

**Unterkunft:** In Le François bietet das Silence-Hotel *La Frégate Bleue**** (✆ 05 96 54 54 66, Fax 05 96 54 78 48) schön möblierte Zimmer mit Panoramablick auf den Atlantik. Fast wie Robinson fühlt man sich in der *Habitation de L'Ilet Thierry* (✆ 05 96 65 82 30, Fax 05 96 65 82 30) oder – auf der Insel gegenüber – im *Maison de L'Ilet Oscar* (✆ 05 96 47 75 40, Fax 05 96 53 50 58, Fischspezialitäten).

**Destillerie:** Der Clément-Rum zählt zu den ehrwürdigsten und geschmacksintensivsten und steht nach Besichtigung der *habitation* zum Kauf bereit (✆ 05 96 54 79 59, 9–18 Uhr).

**Ausflüge:** Fragen Sie die Fischer am Ort nach möglichen Überfahrten und achten Sie auf die kleinen Werbeplakate in den Häfen und Bars! Von Le François (Club Nautique) starten Boote zu den Fonds Blancs und/oder zur ›Visite des Ilets‹. Von Le Robert kann man zum Ilet Chancel, der größten Insel vor Martinique, zum Ilet Madame (Palmenstrand) oder zum Loup Garou (blendend weißer Sand, 10 km vor der Küste) übersetzen.

Boote im Fischerhafen von Le Vauclin

# Martinique – Der Norden

Über Urwaldstraßen in den Inselnorden

Saint-Pierre – Einst das ›Paris der Antillen‹

Mont Pelée – Die Vulkantour

Auf den Spuren von Pater Labat

Sagenumwobene Ruinen auf der Caravelle-Halbinsel

Abendstimmung in Bellefontaine

# Martinique – Der Norden

Das Herzstück des gebirgigen Nordens bildet der tropische Regenwald. Er bedeckt eine Vulkankette, die in den markant geformten Pitons du Carbet (1070–1196 m) und dem immer noch aktiven Mont Pelée (1397 m) gipfelt. Unterhalb der meist von Passatwolken eingehüllten Bergkegel stößt man auf die prächtigen Ruinen alter Habitationen. Wie zu Karibenzeiten liegen schmale Pirogen fest vertaut an den schwarzen, gischtumspülten Stränden.

## Trace und Transversale

Die vornehmsten Wohngegenden von Fort-de-France liegen zu beiden Seiten der Ausflugsstraße (N 3), die auf schnellstem Wege ins Herz des Bergregenwalds führt. Diese sogenannte Trace wurde erst im 18. Jh. als wirtschaftlicher Verbindungsweg durch den Urwald geschlagen. An schmucken Villen vorbei, erreicht man bei **Balata** eine Nachbildung von Sacré-Cœur (1928), kurioser Kitsch vor tropischer Vegetation, Szenerie für ›Traumhochzeiten‹. Einige Kilometer weiter hat Jean-Philippe Thoze rund um das Landhaus seiner Großmutter den zauberhaften **Jardin de Balata** (9–17 Uhr) gestaltet. In einzigartiger Lage (vor den Carbet-Kegeln mit Durchblicken auf das karibische Meer und die Bucht von Fort-de-France) stehen hier Prachtexemplare tropischer Pflanzen geschmackvoll gruppiert auf einem Areal, das sich der Wald schon wieder geholt hatte. Nirgends kann man die vier Kolibriarten von Martinique so systematisch und leicht beobachten wie hier.

Weiter oben zweigt ein Sträßchen zur **Thermalstation von Absalon** ab, dem einzigen noch funktionsfähigen Relikt aus der Blütezeit der Bäder. Auf der Hauptstraße gelangt man wenig später zum **Arborétum de la Donis,** wo hinter der Picknickhütte ein botanischer Lehrpfad (W 6) in die Höhe führt. Der Wald wird in diesem Bereich nicht nur zum Blumenanbau, sondern auch zur Holzproduktion (Mahagoni) genutzt und deshalb stellenweise gerodet. Einige Forstwege deuten darauf hin, daß der Urwald nicht unbeschädigt geblieben ist.

Üppige Vegetation an den Pitons du Carbet

Nach der psychiatrischen Klinik öffnet sich das Blätterdach zu einer großen Lichtung, **Les Nuages** (die Wolken) genannt. Wir befinden uns unterhalb der meist wolkenverhangenen Pitons du Carbet auf einem 600 m hohen Paß. Die Straße senkt sich und führt durch das Quartier de la Médaille zur Pont de l'Alma. Danach geht es in wild überwucherten Kehren hinauf zu der Savanneninsel des **Plateau Boucher,** auf der die Kühe weiden. Von hier führen glitschige Pfade in das atemberaubende Gebirgsmassiv, in das man sich nur mit erfahrenen Bergführern wagen sollte.

Am Straßenrand wächst die Pflanzenpracht jetzt üppig in den Himmel: Urwaldriesen bilden das bis zu 30 m hohe Dschungeldach, Bambus und Baumfarne wölben sich über der Straße, Lianen und Bromelien schaffen Dickicht, und aus dem Unterholz leuchten rotgelb die steifen Blüten der Heliconien. **Deux Choux** heißt der Punkt, an dem die Trace (N 3) sich mit der Transversale (D 1) kreuzt. Die beiden Urwaldstraßen verbinden Fort-de-France mit Morne-Rouge und Saint-Pierre mit Gros-Morne und erlauben viele Routenvarianten. So kann man bei Ausflügen in den Norden Hin- und Rückfahrt variieren und eine Küstenstrecke (N 1 bzw. N 2) mit der Trace oder Transversale zu einer abwechslungsreichen Rundtour kombinieren.

2 km nach der Kreuzung markiert an der Straße nach Morne-Rouge (N 3) ein Parkplatz den Beginn der **Trace des Jésuites** (W 7). Dieser historische Pfad, wohl ursprünglich von entlaufenen Skla-

ven benutzt, ermöglicht es allen wanderfreudigen Touristen, einmal tief in den martiniquanischen Primärwald einzutauchen. Man wandert durch wuchernde, dampfende Natur zum Lorrain-Fluß hinunter, um anschließend auf der anderen Hangseite zur Transversale hochzusteigen (insgesamt 3 Std.).

Auf dieser östlichen Route (D 1 – Richtung Gros-Morne) bieten sich von der Straße gelegentlich Durchblicke zum Mont Pelée und Morne Jacob. Nach Norden (N 3 – Richtung Morne-Rouge) erreicht man kurz hinter dem obengenannten Parkplatz die **Hochebene von Champ Flore,** auf der Ananas angebaut und zu Konserven verarbeitet werden. In westlicher Richtung überquert die Transversale (D 1 – Richtung Saint-Pierre) zunächst mehrere Bergbäche (Ravine Figue, Ravine Colas, Rivière Bleue) und passiert dann **Fond-Saint-Denis,** das dem vieltonigen Grün des Urwalds ein buntes Feuerwerk von Zierpflanzen (Allamanda, Bougainvillea, Hibiskus usw.) folgen läßt.

## Von der neuen in die alte Hauptstadt

Die schnellere Verbindung von Fort-de-France nach Saint-Pierre führt die Karibikküste entlang. Übergangslos schließt sich an die Hauptstadt der **Villenvorort Schœlcher** an. Vornehme Residenzen, Hotelkomplexe, Verwaltungsbauten (Finanz- und Zollbehörde, Université des Antilles et de la Guyane) prägen das Ortsbild der seit dem Krieg expandierenden Gemeinde. Doch die ziegelbedeckten Häuschen am kleinen Dorfplatz und die nach indianischer Tradition hergestellten Boote (*gommiers* s. S. 41) erinnern an vergangene Zeiten. Ab Fond-Lahaye verliert sich das Vorort-Flair.

Die gewundene, aber gut ausgebaute ›Panorama-Straße‹ führt in wechselnder Höhe an der trockenen Küste entlang zu den Fischerdörfern **Case-Pilote** und **Bellefontaine.** Die nach dem sagenhaften Karibenführer Pilote benannte Siedlung hat eine sehenswerte Dorfkirche aus dem 17. Jh. mit Steinfassade, holzgeschnitztem Türmchen und Schiffskielgebälk, die von fliesen- und muschelgeschmückten Gräbern umgeben ist. Bellefontaine liegt malerisch im Halbkreis eines natürlichen Ankerplatzes, wo die Bewohner gerne *à la senne* fischen. In beiden Ortschaften sieht man noch häufig alte Häuschen mit Bretterfassaden auf gemauertem Sockelwerk.

Das bergige Hinterland lädt zu zwei lohnenden Abstechern ein. Noch in Bellefontaine geht es in Serpentinen hoch zum **Panorama du Verrier,** das den Blick auf die ganze karibische Küste freigibt. Fährt man die N 2 noch ein Stück weiter, so biegen hinter Bellefontaine mehrfach Straßen nach **Morne-Vert** ab, auf denen man schnell in die grüne Hügellandschaft der Kleinen Schweiz *(Canton Suisse)* gelangt. In 400 m Höhe ist es angenehm frisch. Wochenend- und Ferienhäuser blicken über fruchtbare Täler hinweg auf den Mont Pelée, dessen Gipfel meist in einer Wolke steckt. Mehrere Sträßchen führen nahe an die steilwandigen Pitons du Carbet heran.

Die Küste erreicht man wieder in **Le Carbet,** wo Kolumbus 1502 gelandet ist und 133 Jahre später d'Esnambuc im Namen der französischen Krone von der Insel Besitz ergriff. Damals befand sich an dieser Landungsstelle der Europäer eine Karibensiedlung, an die der Ortsname noch erinnert *(le carbet* – große Hütte). Die interessante Lokalgeschichte ist in der alten Markthalle (Galerie d'Histoire et de la Mer) anschaulich dargestellt.

Im höher gelegenen Ortsteil Boutbois (am Friedhof rechts ab auf der D 62) beginnt der **Chemin des Esclaves** (W 8), der zum Teil auf der Höhe der Baumkronen entlang eines 1760 erbauten Bewässerungskanals verläuft. Der nur für Schwindelfreie geeignete und bei Regen gefährlich glitschige Weg (2 Std. hin und zurück) führt Richtung Fonds-Saint-Denis (s. S. 198) an den Rand des Urwalds und durchquert das fruchtbare Kulturland der Habitationen. Eine von ihnen kann man ein Stück weiter nördlich an der **Anse Latouche** besichtigen: Neben den Resten der Wassermühle, der Maniokerie, des Herrenhauses und der Sklavenhütten beeindruckt vor allem das **Papillonarium** (9.30–16.45 Uhr), in dem Schmetterlinge nicht nur als aufgespießte Präparate ausgestellt werden, sondern sich in artgerechter Umwelt entpuppen und umherflattern.

Ganz in der Nähe wartet das **Gauguin-Museum** (9–17.30 Uhr) auf Besucher. Es liegt 200 m von dem felsumsäumten Palmenstrand entfernt, an dem der Maler 1887 fünf Monate verbrachte. Mit seinem Freund Laval war Gauguin ursprünglich nach Panama aufgebrochen, wo er aber wegen des Kanalbaus nicht die erhoffte kreative Muße fand. Abgebrannt bis auf den letzten Centime kamen die beiden in Saint-Pierre an; noch auf dem Landungssteg mußten sie ihre Uhren verscherbeln; an der **Anse Turin** quartierten die Freunde sich dann in einer Hütte ein. Das Museum dokumentiert Gauguins Freuden und Leiden eindrucksvoll in den Briefen an seine Frau. Von den seinerzeit entstandenen, heute in aller Welt verstreuten Gemälden sind aber leider nur Reproduktionen zu sehen. Sie zeigen einige wenige, typisch exotische Motive, die schon auf Gauguins Tahitiaufenthalt vorausweisen: die Küste, die Hütten, die schwarzen Frauen in bunten Kleidern und in der unnachahmlichen Haltung, mit der sie Gegenstände auf dem Kopf balancieren.

**Unterkunft:** Das schönste Hotel von Fort-de-France liegt in Schœlcher und heißt *La Batelière***** (✆ 05 96 61 49 49, Fax 05 96 61 62 29).

Mehr oder weniger komfortable Clubdörfer liegen am Strand und auf den Höhen: *Marouba Club**** (Le Carbet, ✆ 05 96 78 00 21, Fax 05 96 78 05 65), *Bel Air Village*** (Le Morne-Vert, ✆ 05 96 55 52 94, Fax 05 96 55 52 97).

**Essen und Trinken:** *L'Imprévu* (✆ 05 96 78 01 02) mit Terrasse am Strand von Carbet oder in Morne-Vert die Auberge *Couleurs Locales* (✆ 05 96 55 59 12, Fax 05 96 55 56 88, auch vier Zimmer und Mountainbikes zu vermieten).

**Destillerie:** Von Morne-Vert kommend, passiert man die alte Domaine de Lajus, in deren Destillerie der berühmte Bally-Rum gebrannt wird (✆ 05 96 78 08 94, Mo-Fr 8–16.30, Sa 9–16, So 9-12 Uhr).

Das alte Theater von Saint-Pierre

# Saint-Pierre

In einem Brief an seine Frau lobte Gauguin die Nähe der Stadt. Er meinte jenes ›Paris der Antillen‹, das 15 Jahre später in einer Feuerwolke verschwand. Heute finden wir – zwischen zwei Einbahnstraßen ›eingequetscht‹ – ein eher armseliges Städtchen (5000 Einwohner) vor. Eine Attraktion ist der Ort makabrerweise aufgrund des Vulkanausbruchs (s. S. 16f.), der am 8. Mai 1902 binnen einer Minute alles vernichtete: die Villen, Kirchen und Kaufhäuser, die Banken, Klöster und Konsulate, die Rue Montée-au-Ciel, den Hafen, den botanischen Garten... Die zahlreichen Touristen irren heute ernüchtert-besinnlich durch Blech und Beton – auf der Suche nach

## ›Paris der Antillen‹

Im Sommer 1887 reist Lafcadio Hearn von Louisiana kommend nach Martinique. Der amerikanische Ethnologe und Schriftsteller bleibt monatelang in Saint-Pierre und sammelt kreolische Märchen. Dabei erlebt er die Stadt als »die seltsamste, vergnüglichste und doch hübscheste« der Französischen Antillen: »Sie ist ganz aus Stein gebaut, aus Stein gepflastert, mit sehr engen Straßen, Vordächern aus Holz oder Zink, spitzen Ziegeldächern, die von Gauben durchbrochen sind. Die meisten Häuser sind in einem Hellgelb gestrichen, das sich vom darübergespannten knallblauen Band des Tropenhimmels wundervoll abhebt. Keine Straße ist völlig eben: Fast alle erklimmen Hügel, machen Kurven, verschlingen sich und beschreiben jähe Winkel. Man hört überall das geräuschvolle Murmeln von sprudelndem Wasser, das in den tiefen Gräben zwischen der gepflasterten Chaussee und den unsinnig schmalen, ein bis drei Fuß breiten Gehsteigen rinnt. [...] Von der Hauptstraße, der Rue Victor Hugo, bietet sich gelegentlich ein Blick steil hinunter auf den Hafen und die Schiffe. Die Dächer der nächstgelegenen Straße liegen vor Ihren Füßen, und hinter Ihnen klettern andere Straßen den Bergpfaden entgegen. Sie steigen sehr steil an und enden manchmal in Stufen aus Lavagestein, die vollkommen bemoost und dicht mit Gras bewachsen sind. [...] Und überall rinnt das Bergwasser, frisch und klar, und reinigt die Straßen. Zwischendurch stößt man auf einen Springbrunnen, der seine Silberfeder der Sonne zuwirft oder glitzernde Gischtfetzen auf eine Gruppe von schwarzen Tritonen und Bronzeschwänen glitzernde Gischtfetzen regnen läßt. Man vergißt die Tritonen der Place Bertin nicht so leicht. Ihre gekrümmten Leiber könnten den Gestalten der schwarzen Männer nachgebildet sein, die hier unermüdlich den ganzen Tag in drückender Hitze die Zucker- und Rumfässer rollen.«

(aus: Lafcadio Hearn, Un voyage d'été aux tropiques, Paris 1977, Übers. von Nikolaus Miller)

Ruinen, die an den alten Glanz der Kolonialmetropole erinnern.

Das attraktivste Relikt ist die Prachttreppe des **Alten Theaters,** das als verkleinerte Nachbildung des Theaters von Bordeaux 800 Gästen Platz bot. Am linken oberen Ende der Treppe erblickt man heute die Statue einer liegenden Frau, die das wiedererstandene

Saint-Pierre verkörpert. Neben dem Theater kann das **Verlies** *(cachot)* besichtigt werden, aus dem man drei Tage nach dem Vulkanausbruch den halbverhungerten Häftling Cyparis befreite. Der einzige Überlebende der Katastrophe ist zu Berühmtheit gelangt, weil er im amerikanischen Zirkus Barnum jahrelang seine Verbrennungen zur Schau stellte.

Eine Steinbrücke aus dem Jahr 1766 führt über den Roxelane-Fluß ins **Quartier du Fort:** Die Säulen, Fassadenreste und Mauern der ersten auf Martinique errichteten Kirche von 1640 bilden einen einzigen Trümmerhaufen. Die im südlichen Ortsteil Mouillage gelegene **Kathedrale** erscheint demgegenüber als trutziger Koloß. Die Fassade hat die Eruption des Pelée bis zum Gesims überstanden, das Kirchenschiff wurde größtenteils mit dem Material des ehemaligen, aus dem 18. Jh. stammenden Gotteshauses wiederaufgebaut.

Saint-Pierre

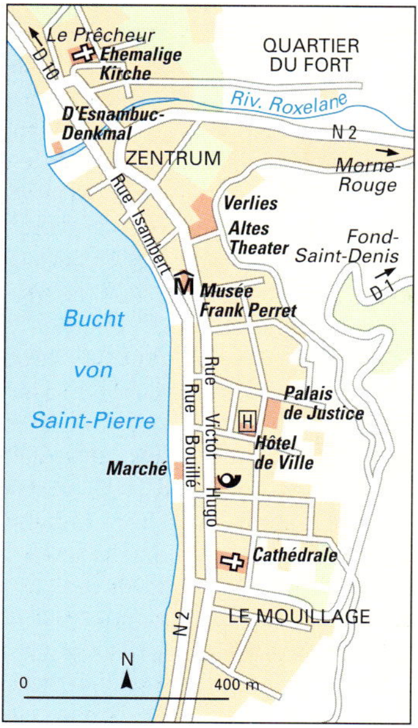


Einen zwiespältigen Eindruck hinterläßt der Besuch des von dem amerikanischen Forschers Frank Perret 1932 gegründeten und nach ihm benannten **Vulkanologischen Museums** (9–17 Uhr). Es liefert wenige naturwissenschaftliche Informationen und viel erschütterndes Anschauungsmaterial. Großaufnahmen zeigen Saint-Pierre vor und nach der Katastrophe. Karbonisierte Spaghetti, geschmolzene Sardinenbüchsen und schwarze Baguettes sind zu einem makabren Menü zusammengestellt. In Vitrinen kann man Uhren bestaunen, die zum Eruptionszeitpunkt stehenblieben, ferner surrealistisch verformte Musikinstrumente und ein abstraktes Lavabackwerk aus verbogenen Nägeln. Es scheint durchaus glaubhaft, wenn es heißt, daß eine ähnliche Plastik aus angekohlten Scheren Picasso fasziniert haben soll. Empörend wirken die Pressestimmen von 1902. Sie dokumentieren die von den Journalisten übernommene Beschwichtigungsstrategie des Gouverneurs und seiner lokalen Mitregenten, denen die Abhaltung einer Wahl wichtiger war als die rechtzeitige Evakuierung der Bevölkerung.

Wenn man hinter der Kathedrale die Straße Richtung Fond-Saint-Denis hochfährt, hat man einen schönen Blick auf die weite Bucht von Saint-Pierre. Ein großartiges Panorama bietet sich auch 6 km später beim Observatoire du Morne des Gadets, wo man den Pelée ständig beobachtet. Vor 100 Jahren ankerten im natürlichen Hafenbecken von Saint-Pierre prächtige Viermaster, 13 Schiffe versanken 1902 im kochenden Meer (s. S. 16f.). Die von Korallen und Schwämmen überwucherten Wracks liegen noch auf Grund und können von Tauchern (s. S. 229) inspiziert werden.

**Verkehrsmittel:** Stadtbesichtigung per Touristenbähnchen *(Cyparis Express);* 40 Min. französisch kommentiert.

**Essen und Trinken:** Auf der Straße nach Fond-Saint-Denis (D 1) prächtiges Panorama von der Terrasse des kreolischen Lokals *Le Fromager* (✆ 05 96 78 19 07).

## Zur Nordspitze – Westroute

Nördlich von Saint-Pierre führt die Küstenstraße an der Westflanke des Vulkanmassivs entlang. Bald passiert man den legendären Felsen **Coffre à Mort** (›Todestruhe‹), von dem sich die letzten Kariben in den Tod gestürzt haben sollen. Kurz vor Le Prêcheur weist eine kleine Piste bei der Fernsehstation rechts zum Pelée, um bald in einen Fußpfad (W 9b) zu münden. Von hier aus kann man über die Grande Savane in 4 Std. zum Gipfel aufsteigen.

Das 1902 restlos zerstörte, heute recht unscheinbare Fischerdorf **Le Prêcheur** ist eine der ältesten Siedlungen der Insel. In französischen Geschichtsbüchern kann man nachlesen, daß hier zwei namhafte Persönlichkeiten des 17. Jh. gewirkt oder ihr Wirken vorbereitet haben: Père du Tertre, der Verfasser der ›Histoire générale des Isles de Saint-Christophe, de la Guadeloupe, de la Martinique et autres isles d'Ameriques‹ (1648), war der erste Pfarrer des Ortes, und Madame de Maintenon, die spätere Gattin Ludwigs XIV., verbrachte hier sieben Jahre ihrer Kindheit. Seinen Namen verdankt Le Prêcheur einem mittlerweile im Meer verschwundenen Felsen, dessen bizarre Kontur an einen Prediger auf der Kanzel erinnerte.

Über eine nunmehr ansteigende und zunehmend kurvige Straße gelangt man in ein von Kokoshainen durchsetztes Waldstück, das sich an der **Anse Céron** lichtet. Rechts führt eine grobgepflasterte Auffahrt zur gut 300 Jahre alten *habitation* mit halbverfallenen Wirtschaftsgebäuden und Sklavenhütten (9.30–17.30 Uhr). Geradeaus geleitet eine prächtige Palmenallee zum schwarzen Sandstrand. Steile, urwaldüberzogene Bergspitzen umrahmen die palmenbestandene Bucht, in der nicht weit draußen das markante Inselchen La Perle auftaucht. Der Strand ist mit einer Dusche, Picknicktischen und einem Kiosk ausgestattet.

Die Anse Céron empfiehlt sich auch als Ausgangspunkt für Wanderer. Denn die Straße verläuft ab diesem Strand nur noch als abenteuerliche Piste durch dichten Wald, um nach 2 km an einer Stelle zu enden, wo nicht leicht umzukehren ist. Ein Fußweg führt durch Ruinen einer zerstörten *habitation* hinunter zur Anse Couleuvre (Natternbucht). Oben beginnt die 16 km lange Trace nach Grand'Rivière (W 10), eine äußerst lohnende 5-Stunden-Tour durch die **Domaine du Prêcheur** (509 ha), das wohl großartigste Naturreservat auf Martinique. Der alte Verbindungsweg (Pflaster, Brücke, Tunnel) führt über zahlreiche Bäche abwechselnd bergan und bergab durch den mesophilen (halbfeuchten) Regenwald. Zwischen Anse Couleuvre und dem Cap Saint-Martin durchquert man hygrophilen (feuchten) Wald an den Flanken des Morne Citron.

**Tourenplanung:** Obwohl der anfangs als Lehrpfad ausgezeichnete Weitwanderweg regelmäßig instandgehalten wird, kann die Spur schnell zuwachsen. Daher vor Antritt der Wanderung genaue Erkundigung bei der Forst- oder Parkbehörde einholen. Gehen Sie nicht allein und entfernen Sie sich nicht vom Weg (giftige Lanzenottern). **Ausrüstung:** festes Schuhwerk (auch zur Bachdurchquerung) und eine gehörige Menge Wasser. Rückkehr am besten mit dem Boot oder mit zwei Gruppen starten und auf halber Strecke Autoschlüssel austauschen.

**Tip:** Es lohnt sich, vor Antritt der Wanderung 10 die Galérie de Botanique (s. S. 175) in Fort-de-France zu besuchen. Dort werden anhand der Domaine du Prêcheur die verschiedenen Typen des Regenwaldes und ihre Abfolge erläutert.

## Mont Pelée – Die Vulkantour

Aus drei verschiedenen Richtungen (Karibische Küste, Atlantikküste, Trace von Fort-de-France) treffen sich die Straßen auf dem Bergsattel von **Morne Rouge** in 450 m Höhe. Der großartig, aber gefährlich gelegene Ort wurde am 30. August 1902, vier Monate nach Saint-Pierre, ebenfalls von einer Glutwolke heimgesucht, die seinerzeit 1500 Opfer forderte. Dem Vulkan verdankt Morne Rouge aber auch die fruchtbaren Böden, die intensiv zum Anbau von Ananas und Blumen genutzt werden, sofern die Oberflächenform es zuläßt. Den Ruf einer Sommerfrische hat der alte Luftkurort schon lange eingebüßt. Die Nähe zum Mont Pelée lockt aber noch Pilger (Kreuzweg) und Wanderer (beste Aufstiegsmöglichkeit) an.

Nördlich von Morne Rouge geht es von der N 3 links ab auf die D 39, die sich an Ananasfeldern vorbei zur Fernsehstation hochschlängelt. Man stellt das Auto bei der Schutzhütte ab und schnürt die Bergstiefel. Denn hier beginnt die **klassische Vulkantour** (W 9a 3 Std.), die der westlichen (W 9b, 4 Std., s. S. 203) wie der nördlichen (W 9c 5,5 Std., s. S. 207) Aufstiegsvariante vorzuziehen ist. Man spart nämlich an der Südostflanke Höhenmeter und hat deshalb noch genügend Kraft und Konzentration für den großartigen, aber nicht ganz leichten Gipfelaufstieg.

Zunächst folgt man oberhalb des Saint-Pierre, einem Seitenfluß des Roxelane, einem relativ steil ansteigenden Pfad, auf dem man – sich dabei gelegentlich mit den Händen abstützend – den **Aileron** (1108 m) erklimmt: Der Berggipfel bietet die verdiente Fernsicht auf die karibische Küste, das Pitons-Massiv und die Cara-velle-Halbinsel. Der Weg schlängelt sich dann an Steilhängen entlang auf eine zuletzt schweißtreibende Höhe zu: Oben (1223 m) steht man am Rand der Caldera. Der Blick schweift über das fast 2 km lange Rund in den 150 m tiefen Abgrund und auf die gegenüberliegende grüne Wand. Die dramatische Szenerie, der vielfarbig blühende Moosbewuchs der Lava, das echoverstärkte Gesurre der Insektenschwärme – diese bizarren Eindrücke bilden sicher den Höhepunkt der Vulkanwanderung.

Der höchste Punkt ist erst erreicht, wenn man vor der zweiten Schutzhütte links in den Krater hinunter-, auf der entgegengesetzten Wand wieder hinaufsteigt und nach all der Anstrengung nicht 500 m vor dem Ziel haltmacht: Denn hinter dem Eruptionskegel (1362 m) von 1903 erhebt sich der **Chinois** (1397 m), Produkt des letzten Vulkanausbruchs 1929 und heutiger Gipfel. Natürlich bietet sich von hier aus – so die Wolken es erlauben – ein phantastischer Rundblick auf Martinique, Dominica, Santa Lucia, Saint Vincent und andere Inseln ›unter dem Wind‹.

Im oberen Ortsteil von Morne Rouge informiert das **Maison du Volcan** (9–17 Uhr, Mo vormittag geschl.) über die größten Eruptionen des Mont Pelée. Wenn das Wetter der Vulkantour einen Strich durch die Rechnung macht, bietet sich als Ersatzprogramm auch ein Abstecher zu den **Blumenplantagen MacIntosh** an (Abzweigung in Höhe des *pitt,* 5 km Richtung Morne Jacob, beschildert). Unter riesigen Zeltplanen werden hier hauptsächlich Anthurien (Flamingoblumen) für den Export angebaut. Das in allen Rottönen blühende Markenzeichen der ›Blumeninsel‹ wächst auch frei in einem hübsch angelegten botanischen Wäldchen.

**Essen und Trinken:** Auf halbem Weg nach Saint-Pierre (N 2) bietet *L'Amandier* (✆ 05 96 52 33 29) neben französisch-kreolischer Küche auch Salate, Crêpes und Eisbecher.

**Tourenplanung:** Es ist fast unmöglich, den Mont Pelée wolkenfrei zu erleben. Die Wanderung (3 Std. Aufstieg, 2 Std. Abstieg) ist nur zwischen Dezember und April ratsam, da in der übrigen Zeit mit heftigen Regenfällen gerechnet werden muß. Bei klaren Sichtverhältnissen in der Morgendämmerung aufbrechen und bei starkem Nebel – auch wegen der sporadischen (roten, später grünen) Markierung – rechtzeitig umkehren. **Ausrüstung:** Bergschuhe, Pullover, Regenzeug, ign-Wanderkarte 4501 M (1:25 000).

In den Gorges de la Falaise

## Zur Nordspitze – Ostroute

Silbrig-grüne Ananasfelder umgeben die dichtgestaffelten Gärten von **Ajoupa-Bouillon.** Die blühende Sommerfrische liegt 260 m über dem Atlantik direkt an der Ostflanke des Vulkans. Man kann die üppige Vegetation dieser feuchteren Inselseite gut auf einem botanischen Lehrpfad (W 11) studieren, der unterhalb des Dorfes an einem typischen *jardin créole* vorbei zu den Ruinen einer ehemaligen Destillerie führt. Quellen und Wasserfälle beleben diesen angenehm schattigen Ort, der nicht zufällig **Les Ombrages** heißt.

Oberhalb von Ajoupa-Bouillon zweigt links ein Sträßchen zu den **Gorges de la Falaise** (W 12) ab. Die von Lavaströmen modellierte Schlucht, Produkt der letzten Eruption, ist trotz ihrer wilden Schönheit noch nicht mit Stegen und Leitern vermarktet. Den Touristen erwartet lediglich eine Association des Gorges, die gegen ein freiwilliges Entgelt sympathische Führer stellt. Nach einem halbstündigen Fußmarsch auf bambusbefestigtem Pfad geht es durch eine hohe Pforte in die Klamm hinein; Badekleidung und Plastikschuhe sind unabdingbar; man watet in dem frischen klaren Wasser abwechselnd durch seichte und tiefe Stellen. Wenn die Sonne einen Strahl in die Tiefe wirft, erhellt sich der Tunnel: Im Bachbett werden

Flußkrebse sichtbar, und an den fast senkrechten Wänden leuchten Moose und Zwergfarne auf. Der *guide* ist beim Entlanghangeln behilflich und bringt Besucher sicher zu einem riesigen natürlichen Whirlpool, in den ein Wasserfall hineinstürzt (hin und zurück 2,5 Std.).

Unten an der Atlantikküste führt die N 1 durch die fruchtbarsten Kulturen von Martinique. Hinter den ausgedehnten Pflanzungen erheben sich prächtige Gutshäuser. Am besten erhalten ist die *Habitation* Pécoul (18. Jh.), die leider nicht zu besichtigen ist. Aber auch die in ein Hotel umgewandelte **Plantation Leyritz** vermittelt noch einen guten Eindruck von den Lebens- und Ausbeutungsverhältnissen des 18. Jh. Die Sklavenhütten (mit Air-Condition!) werden von Touristen bewohnt, die Zuckerfabrik beherbergt ein Restaurant und in der alten Rumdestillerie werden Massage und Maniküre verabreicht. Wenn man zum historisch möblierten Herrenhaus hochsteigt und in den von einer frischen Brise umwehten Garten tritt, kann man die ganze Anlage überblicken und feststellen, daß in den umliegenden Bananenfeldern der Plantage nach wie vor gearbeitet wird. Im Empfangsgebäude, der ehemaligen Wache, sind aus Blättern und Blüten gefertigte Puppen ausgestellt, deren Kostüme sich nach Geschlecht, sozialer Herkunft und Moderichtung unterscheiden.

Zurück auf der N 1, gelangt man nach **Basse-Pointe,** dem Geburtsort Aimé Césaires (s. S. 50f.). Man sieht hier viele Menschen indischer Abstammung, Nachfahren jener *coolies,* die nach der Sklavenbefreiung als Ersatzarbeitskräfte ins Land geholt wurden. Deshalb auch der kleine Hindutempel am Ortseingang. Die Küste wird jetzt steiler und wilder, Baden ist lebensgefährlich und überall verboten.

In **Macouba** hat man die Nordspitze erreicht. Der Friedhof liegt spektakulär über dem herandonnernden Atlantik. Der Ortsname (karib. Bezeichnung einer Fischart) ist ein Indiz dafür, daß die kühnen Ureinwohner von hier aus zum Fischfang starteten. Als ehemalige Pfarrei Père Labats kann Macouba mit einer der ältesten Kirchen der Insel aufwarten. Der Tabak von Macouba, angeblich mit Rosen- und Veilchenduft, wird leider nicht mehr angebaut: Er wurde von Kaffee und Zuckerrohr verdrängt, die ihrerseits der heute dominierenden Banane weichen mußten. Die letzte der einst zahlreichen Destillerien ist in Fonds-Préville in Betrieb: Sie trägt die Initialen ihres Gründers (›J.M.‹) und produziert einen Zehnjährigen, der in Pariser Feinkostläden als Rarität gehandelt wird.

Nach Macouba windet sich die schmäler werdende Straße über erstarrte Lavaströme durch den Urwald. Zweimal markieren gut lesbare Hinweisschilder den Beginn des *Sentier pédestre* (W 9c) zum Mont Pelée. In einer Kurve links erhebt sich ein 100 Jahre alter Kapok-Baum mit Riesenwurzel. Zwei

fotogene Eisenbrücken bieten grandiose Blicke in wild überwucherte Schluchten, die den ›Stockwerkbau‹ des Regenwaldes gut erkennen lassen.

An der Mündung des vom Pelée herunterströmenden Flusses liegt das Fischerdorf **Grand'Rivière.** Der zwischen zwei Vulkanzungen eingekeilte, schwer zugängliche Ort ist in jedem Falle Endstation: eine wilde Idylle mit Steilküste, schwarzem Sand, buntbemalten Booten und kaum bezwingbarer Brandung. Die Fischer von **Grand' Rivière** gelten als die geschicktesten weit und breit. Man erzählt sich abenteuerliche Geschichten aus dem letzten Krieg, vom blühenden Rumschmuggel oder der wirkungslosen Blockade der Engländer. Die Kinder lernen früh den Umgang mit den wilden Wellen des Dominicakanals. Sie basteln sich aus leichten Stämmen ein Schwimmholz, das sie an einem Ende schräg zuschneiden und manchmal bemalen. Mit diesem kanuähnlichen Baumstück, dem *flot,* tragen sie Geschwindigkeitswettkämpfe aus. Am Fischerhafen endet bzw. beginnt der schon be-

Ziel der Tour durch die Domaine du Prêcheur: Grand'Rivière

**Essen und Trinken:** Interessante Regionalküche im *Louis d'Or* (Ajoupa-Bouillon, ✆ 05 96 53 32 85), wo auf Wunsch Wanderungen (Gorges de la Falaise, Mont Pelée) organisiert werden. *Chez Vava* (Grand'Rivière, ✆ 05 96 55 72 72) ist für Fischgerichte (Fischgratin, Languste, Süßwasserkrebse) berühmt.

**Destillerie:** JM (✆ 05 96 78 92 55), Abzweigung nach Fond-Préville kurz hinter der Rivière Hackaert (Basse-Pointe), Mo–Do 7.30–15.30, Sa 7–13 Uhr.

**Tourenplanung:** Nach Regenfällen empfiehlt es sich, bei der Association des Gorges anzufragen, ob die Gorges de la Falaise geöffnet sind (✆ 05 96 53 37 35).

kannte Fußpfad zur Anse Céron (W 10, s. S. 204), das Stück der Pelée-Umrandung, das nicht mit dem Auto zurückgelegt werden kann.

**Unterkunft:** Im *Hôtel Plantation Leyritz**** (✆ 05 96 78 53 92, Fax 05 96 78 92 44) wohnt und speist man mit kolonialem Flair. In Ajoupa-Bouillon bietet das *Abri Auberge Verte* (✆ 05 96 53 33 94, Fax 05 96 53 32 13, Mittagsrestaurant) stille Zimmer mitten in der Natur. Wanderer können nach der Urwaldtour W 8 in Grand'Rivière *Chez Tante Arlette* (✆ 05 96 55 75 75, mit Restaurant) übernachten.

## Zwischen Le Lorrain und La Trinité

**Le Lorrain** ist ein ländlicher Marktflecken mit wuchtiger Kirche. Zwischen Bananenpflanzungen ziehen sich Streusiedlungen die Berge hinauf, häufig mit dem Namen *Morne* beginnend. 5 km weiter liegt schön in einer Bucht die Gemeinde **Marigot** mit einem kleinen Fischerhafen. Hier muß man sich entscheiden, ob man auf der N 1 die Atlantikküste entlang oder Richtung Morne-des-Esses auf die gebirgige

## Pater Labat

Die anschaulichste Schilderung der Pionierjahre stammt aus der Feder von Père Labat, des patenten Dominikanerpaters, der sich zehneinhalb Jahre lang (1694–1705) an vorderster Front am Aufbau der Kolonien beteiligte. Schon die Beschreibung seiner Ankunft auf Martinique verrät die für ihn charakteristische Mischung von Neugier und Pragmatismus: »Es kamen viele Neger zu uns an Bord, deren ganze Bekleidung aus einer leinenen Unterhose bestand, wozu etliche noch eine Mütze oder einen alten Hut trugen. Viele hatten auf ihren Rücken noch die Striemen der empfangenen Peitschenhiebe, die aber nur bei uns Neulingen Mitleid erregten und die man bald nicht mehr beachtete.«

Der naturwissenschaftlich interessierte Missionar errichtete Zuckermühlen, gründete Siedlungen, baute Befestigungsanlagen – und besaß natürlich Sklaven, die er streng, aber gütig, also patriarchalisch behandelte. So rügt er die kurzsichtige Profitgier von Plantagenbesitzern, die ihren frisch eingekauften Arbeitskräften keine Verschnaufpause gönnten und sie nach den Transportstrapazen sofort in die Pflanzungen trieben. Beim Pater durften sich die neu eingetroffenen Sklaven ausruhen und einölen, jedoch solange nicht mit den Altsklaven essen, bis sie getauft waren. Sogar Spiel und Tanz war den Schwarzen erlaubt mit Ausnahme der *kalenda,* die wegen »höchst unzüchtiger Bewegungen« dem Seelenheil abträglich war. In Sachen Aberglauben war Pater Labat übrigens ein sehr praktisch orientierter Missionar, der abwechselnd mit Vernunftgründen und Peitschenhieben Überzeugungsarbeit leistete. Wie man folgender Begebenheit aus dem Jahre 1698 entnehmen kann:

»Ich war damals Syndikus unserer Plantage zu S. Jacobsgrund in Martinique, wo eine unserer Negerinnen schon seit langer Zeit von einer Krankheit befallen war, die unsere Wundärzte entweder wegen eines ungewöhnlichen Zufalls oder aus Unwissenheit nicht kannten. [...] Da wurde mir eines Nachts hinterbracht, es befände sich ein

D 15 abzweigen will. Beide Routen lassen sich auch zu einer Rundtour (La Trinité – Gros Morne – Marigot – La Trinité) verbinden. Im übrigen gibt es zahlreiche Querverbindungen durch das dicht besiedelte, emsig bestellte, äußerst abwechslungsreiche Hügelland.

Folgt man dem gefährlich brandenden Meer noch ein Stückchen

sogenannter Negerarzt in ihrer Hütte. Ich ging ohne Verzug dorthin, in der Absicht, diesen rechtschaffen peitschen und alsdann fortjagen zu lassen. Als ich nahe bei der Tür war, blieb ich stehen und blickte durch die Spalten in der Hüttenwand. Ich sah die Kranke auf einer Matte ausgestreckt liegen, ein kleines Bild aus Ton, beinahe jenem ähnlich, das ich zu Macouba zerschlagen hatte, stand mitten in der Hütte auf einem kleinen Stuhl, und der Neger oder angebliche Arzt lag vor dem Bild auf den Knien und schien es mit großem Eifer anzurufen. Kurz darauf nahm er ein Couy, das ist ein halber Flaschenkürbis, in dem Feuer war, warf Gummi hinein und beräucherte das Götzenbild damit. Nach verschiedenen Beräucherungen und Fußfällen näherte er sich dem Bild und befragte es, ob die Negerin wieder genesen werde oder nicht. Ich hörte zwar die Frage, von der Antwort konnte ich aber nichts vernehmen. Die Negerin, die es am meisten betraf, und einige Neger, die näher standen als ich, hörten sie und fingen sogleich an zu weinen und zu schreien. Augenblicklich sprengte ich die Tür auf und trat hinein. Da mich nun der Befehlshaber der Neger und noch fünf bis sechs andere begleiteten, die gleich mir das eben Erzählte gesehen und gehört hatten, ließ ich den Hexenmeister und einige von den Zuschauern, die nicht aus unserer Plantage waren, ergreifen. Ich nahm das kleine Bild, das Rauchfaß, den Sack, nebst allem, was sonst noch dazugehörte, und fragte die Negerin, warum sie weine. Sie antwortete, der Teufel, dessen Stimme sie aus der kleinen Figur gehört hätte, habe ihr verkündet, daß sie nach vier Tagen sterben müsse. Die übrigen Neger bekräftigten das Gesagte. Um ihnen den Irrtum zu nehmen, sagte ich, daß nur der Neger gesprochen und seine Stimme nachgemacht habe; denn wenn der Teufel wirklich zugegen gewesen wäre, um zu antworten, hätte er unfehlbar Nachricht gegeben, daß ich vor der Tür stünde, um ihn zu erhaschen. Unterdessen ließ ich den Zauberer anbinden und ihm 300 Hiebe mit der Peitsche geben, so daß er von Kopf bis auf die Füße blutete.«

(aus: Jean-Baptiste Labat, Pater Labats Sklavenbericht, Thienemann Edition Erdmann 1984)

nach Süden, so erblickt man an der Anse Charpentier oberhalb des Palmenstreifens zahlreiche Wasserbecken, in denen Süßwasserkrebse gezüchtet werden. Hinter dem markant aus dem Wasser ragenden Pain de Sucre geht es rechts ab zum **Fond-Saint-Jacques** (Mo–Fr 8–17, Sa 9–17 Uhr). Das 1654 von Dominikanermönchen gegründete

Kloster wurde von Pater Labat zu einer florierenden Zuckerdomäne ausgebaut. Unter den Ruinen kann man Reste der Mühle und des Aquädukts erkennen. Sehr gut erhalten blieb die 40 m lange *purgerie,* wo man die zum Brennen des Guildive-Schnapses benötigte Melasse abschöpfte. Sehenswert auch die 1769 nach Labats Vorstellungen errichtete Kapelle.

Auf dem Weg nach Sainte-Marie empfiehlt sich der ins Landesinnere führende Umweg über Reculée, ein abgelegenes Dörfchen, das auf bemalten Mauern seine Geschichte erzählt. **Sainte-Marie,** die präkolumbische, heute mehr als 20 000 Einwohner zählende Küstensiedlung, ist ein Holz-, Beton- und Wellblechkonglomerat von zweistöckigen Häusern, die eng zusammengepfercht um die große weiße Kirche stehen. Das vorgelagerte Ilet ist bei Ebbe über eine Sandbank zugänglich. Am nördlichen Ortsausgang dokumentiert das zur Saint-James-Destillerie gehörende **Musée du Rhum** (Mo–Fr 9–17, Sa und So 9–13 Uhr) ein Stück Industriegeschichte. Es ist im Herrenhaus (kreolische Architektur) der einstigen Zuckersiederei untergebracht und präsentiert Mühlen, Labatkessel, Destillierkolben und andere Gerätschaften sowie zeitgenössische Darstellungen (Stiche, Fotos, Zeitungsartikel) der frühen Rumproduktion.

Die Straße bis La Trinité verläuft in ständigem Auf und Ab und bietet immer neue Ausblicke auf die Caravelle-Halbinsel. Auf einem Hügel gegenüber der Insel Saint-Aubin thront das gleichnamige Hotel, eine rosafarbene, zweistöckige Kolonialresidenz mit Galerien und *dentelles.* **La Trinité** liegt geschützt in der Bucht und bildet das Tor zu der wie ein Finger in den Atlantik ragenden Halbinsel. Der seit dem 18. Jh. bestehende Hafen diente dem Export von Zucker, Kakao, Baumwolle, Tabak und ist für die Landwirtschaft der Umgebung nach wie vor von Bedeutung. Die Unterpräfektur für den Norden, eine Berufsschule für Küstenschiffahrt sowie ein regionales Klinikzentrum haben hier ihren Sitz. Das Leben spielt sich auf der Place Joyeuse und der neu angelegten Strandpromenade ab.

8 km landeinwärts befindet sich die Ortschaft **Morne-des-Esses,** seinerzeit letzte Zufluchtsstätte der Kariben. Sie haben hier das Flechthandwerk *(vannerie)* betrieben, das in den letzten Jahren als kulturelles Erbe wiederbelebt worden ist. Der angrenzende Wald liefert faserige Tropenpflanzen, die nach alter Tradition getrocknet, geschnitten und geflochten werden. Das weiße *(cachibou),* braune *(aroman)* und schwarze (naturgefärbtes *aroman*) Stroh wird zu attraktiv gemusterten Matten, Körben und Hüten *(bakouas)* verarbeitet. Häufig werden auch Tonwaren *(poterie)* aus Trois-Ilets mit Korb verkleidet. In der **Coopérative Artisanale des Vanniers** (8–17 Uhr) kann man die Geschicklichkeit der Handwerker bewundern

und deren verschiedenartige Erzeugnisse erwerben.

Das 240 m hoch gelegene **Gros-Morne** liegt verträumt über den fruchtbaren Tälern und ist Zentrum einer existenzbedrohten Landwirtschaft. Hier wurde 1908 die erste Konservenfabrik auf Martinique errichtet; seit wenigen Jahren ist sie geschlossen. Die Ananasplantagen ziehen sich, vermischt mit Bananenkulturen, die Hänge bis fast zum Meer hinunter. Dort treffen sie auf die Zuckerrohrfelder der Baie du Galion. An der Flußmündung steht die letzte Zuckerfabrik der Insel. Sie produziert nur noch für den lokalen Verbrauch, lebt von hart umkämpften Subventionen und ist für große wie kleine Pflanzer das Symbol ihres Überlebenskampfes.

**Unterkunft:** Teuer und stilvoll wohnt man in der ehemaligen *Habitation Lagrange***** (Marigot, ✆ 05 96 53 60 60, Fax 05 96 53 50 58, gepflegte Küche) oder im *Saint-Aubin**** (nördlich von La Trinité, ✆ 05 96 69 34 77, Fax 05 96 69 41 14), zwei Pflanzerhäusern in schönster Lage.

**Destillerie:** Der Besuch des Rummuseums schließt eine Führung durch Fabrik und Lagerhallen der Destillerie *Saint-James* (✆ 05 96 69 30 02 oder 05 96 69 39 39) ein; anschließend Degustation der zum Kauf angebotenen Rumsorten.

## Die Caravelle-Halbinsel

Am südlichen Ortsende von La Trinité biegt die Straße zur Caravelle-Halbinsel ab. Der bizarre Gebirgsgrat ragt 15 km in den Atlantik hinaus, dem Passat entgegen, der

Am Strand von Tartane

die Wolken über die vergleichsweise niederen Felskuppen hinwegbläst und so den Regen vertreibt. Daher das ausgesprochen trockene Mikroklima. Man fährt hinter dem Neubauviertel auf eine Anhöhe zu, die schöne Aussichten auf die sanftgeschwungene Galions-Bucht bietet und auf der anderen Seite zum weißen Sandstrand von **Tartane** abfällt. Der angenehme Badestrand unter *raisiniers,* in unmittelbarer Nähe des gleichnamigen Fischerdorfs (Geschäfte, Restaurants, Destillerie), lädt zur Rast ein. Wenig später gelangt man zur palmenbestandenen Plage de l'Anse l'Etang mit Feriensiedlung. Die Straße führt vor dem Naturpark im rechten Bogen zur höchsten Erhebung der Halbinsel (Morne Pavillon, 189 m, Fernsehstation), die hier manchen an die Bretagne erinnert.

Die **Réserve naturelle** (517 ha) beschränkt sich auf die Ostspitze der zerklüfteten Halbinsel und sollte den Wanderern vorbehalten bleiben. Man kann mit dem Pkw noch gut 2 km in das Schutzgebiet hineinfahren und stellt dann das Fahrzeug an der Gabelung ab. Links geht es auf einer Betonpiste (W 13a) durch trockenen Buschwald zum **Leuchtturm** (30 Min.) und weiter hinunter zur **Anse du Bout** (45 Min.). Mächtige Wellen rollen beständig in die felsige Bucht, brechen sich an Gesteinsblöcken und überspülen ein langgestrecktes Kalkplateau. In dessen unzähligen Höhlungen entdeckt man nicht nur die auffälligen schwarzen Seeigel, sondern verschiedenste Arten von Schnecken, Muscheln, Krebsen, Korallen und Meeranemonen. Das tausendfach durchfurchte Gestein ist auch ein sortenreicher Algengarten, in dem grüne und braune, harte und weiche Tropenvarianten gedeihen (vor allem Caulerpa und Sargassum).

Geht man an der Gabelung rechts (W 13b), so kommt man nach 5 Min. zu den sagenumwobenen Ruinen des **Château Dubuc** (8.30–18 Uhr). Auf verschiedenen Niveaus erkennt man Trümmer, die sich zu einem Gesamtbild der Anlage schließen: oben die theatralische Kulisse des Herrenhauses, darunter die kreisförmigen Umrisse der von Ochsen getriebenen Zuckermühle, daneben die Fassadenreste der *sucroterie.* Die mit Zucker gefüllten Fässer wurden an die geschützte **Baie du Trésor** (Schatzbucht) hinuntergerollt und dort verladen. Die zahlreichen Zellen und

Lagerräume, in denen man Wandzeichnungen und eingemauerte Tongefäße fand, deuten allerdings auf Schmuggel und Sklavenhandel in größerem Maßstab.

Von dem ›nicht immer vorbildlichen‹ Verhalten der Dubucs erfährt man andeutungsweise in einem kleinen Museum, das ansonsten Faiencescherben und die üblichen Gravuren über die Zuckerherstellung exponiert. Der erste Dubuc war 1657 auf Martinique gelandet, um ein Jahr später an der letzten Schlacht gegen die Kariben teil- und die noch herrenlosen östlichen Ländereien in Besitz zu nehmen. 1720 besaß die illustre Familie vier Zuckerfabriken, diverse Kakaopflanzungen und zahlreiche Adelstitel. Um 1740 ließ der Enkel aus Riffstücken und Vulkangestein das piratenstrategisch günstig gelegene Château errichten. Ein Dubuc war bei der Revolte von Gaoulé (s. S. 182f.) beteiligt, ein anderer half den Engländern während der Französischen Revolution bei der Besetzung von Martinique, und die ›arme‹ Aimée Dubuc soll – von Korsaren entführt und verkauft – immerhin noch die Favoritin des Sultans von Konstantinopel geworden sein.

An den Ruinen vorbei geht es in einen prächtigen Trockenwald hinunter, wo auf sandigem Boden Mango- und Tamarindenbäume sowie *mancenilliers* wachsen. Es dauert nicht lange, bis man am Wasser die Rote Mangrove mit ihrem charakteristischen Luftwurzelgewirr erkennt. Der Weg läuft am Sumpf entlang, taucht mehrmals in den angenehm schattigen Wald ein und führt, vorbei an hübschen Badestellen, zu einem zweiten und dritten Mangrovengebiet. Wer noch weiterwandern will, umrundet südwärts die zerklüftete **Pointe Caracoli** und läuft – von einer stillen Bucht zur andern, durch kakteenbestandene Savanne, bergauf und bergab – die wilde Ostküste entlang. Bei der Station météorologique trifft man auf die Route 13a, um am Ende der dreistündigen Rundtour zur Gabelung zurückzukehren.

**Unterkunft:** Charmanter als die eher unpersönlichen Feriendörfer der Anse l'Etang sind die kreolischen Holzbungalows eines kleinen Hotels am Morne Pavillon: *Le Manguier*** (✆ 05 96 58 48 95, Fax 05 96 58 27 58).

**Essen und Trinken:** Direkt am Tartanestrand erhält man im Hotel *Madras* (✆ 05 96 58 33 95, 14 einfache Zimmer) neben mittelmäßigen Menüs auch Mittagssnacks. *L'Oasis* (Tartane, ✆ 05 96 58 21 58) empfiehlt sich wegen der Fischgerichte, *La Mandarine* (Anse l'Etang, ✆ 05 96 58 00 13) aufgrund der *nouvelle cuisine créole.*

**Wanderausrüstung:** Die markierten Wege führen weitgehend durch schattenlose Buschsavanne, in der die Hitze steht. Daher neben festem Schuhwerk auf jeden Fall Wasser, Sonnenschutz, Kopfbedeckung und Badezeug mitnehmen. Ein aufschlußreicher Führer des PNRM ist im Château erhältlich und erläutert die eigentümliche Flora und Fauna der Biotope.

## Lesetips

Die Französischen Antillen haben auf literarischem Sektor einiges zu bieten (s. S. 82ff.). Von den in deutscher Übersetzung erhältlichen Werken empfehlen sich als Urlaubslektüre:

Condé, Maryse: Das verfluchte Leben, Peter Hammer Verlag, Wuppertal 1995

Confiant, Raphael: Das Flüstern der Zamanas, Manholt Verlag, Bremen 1995; Insel über dem Wind, Wolfgang Krüger Verlag, Frankfurt a. M. 1996

Pineau, Gisèle: Die lange Irrfahrt der Geister, Peter Hammer Verlag, Wuppertal 1995

Schwarz-Bart, Simone: Télumée, Peter Hammer Verlag, Wuppertal 1996; Ti Jean oder die große Reise, Peter Hammer Verlag, Wuppertal 1994

Neben der antillanischen Belletristik sind auch eine Reihe historischer Bücher zu empfehlen:

Carpentier, Alejo: Explosion in der Kathedrale, Frankfurt a. M. 1977 (suhrkamp taschenbuch 370). Roman über Victor Hugues, den ›Robespierre Guadeloupes‹. Eines der großen Werke der lateinamerikanischen Gegenwartsliteratur

Exquemelin, Alexandre Olivier: Das Piratenbuch von 1678, neu hrsg. von Reinhard Federmann, Stuttgart 1983 (Thienemann Edition Erdmann). Der Autor schreibt aus eigenem Erleben über sieben der berühmtesten Piraten seiner Zeit

Kolumbus, Christoph: Bordbuch, Frankfurt a. M. 1981 (insel Taschenbuch 476). Die Reiseaufzeichnungen des Entdeckers der ›Neuen Welt‹, ein faszinierendes Dokument mit aufschlußreichen Naturschilderungen

Labat, Jean-Baptiste: Sklavenbericht. Abenteuerliche Jahre in der Karibik 1690–1705, hrsg. von Heinrich Pleticha, Stuttgart 1984 (Thienemann Edition Erdmann). Der weltoffene Pater äußert sich ungeschminkt über die Sklaverei, die Kariben und den Krieg gegen die Engländer. Ein unübertroffener Bericht über die Kolonisation von Guadeloupe und Martinique.

Schwarz-Bart, André: Die Mulattin Solitude, Berlin 1991 (Volk und Welt). Dieser Kurzroman des elsässischen Ehemanns von Simone Schwarz-Bart beschreibt ein Frauenschicksal aus dem Umkreis der Delgrès-Tragödie

Seghers, Anna: Karibische Geschichten, Berlin 1994 (Taschenbuch Aufbau-Verlag). Eine der drei Novellen handelt von der ›Wiedereinführung der Sklaverei in Guadeloupe‹

Wer über gute französische Sprachkenntnisse verfügt, kauft sich seine Urlaubslektüre vor Ort. Die *librairies antillaises* führen alle Klassiker und Neuerscheinungen der frankophonen Karibikliteratur.

**Guadeloupe:**
Librairie antillaise
41, Rue Schœlcher
Pointe-à-Pitre

**Martinique:**
Librairie antillaise
32, Rue Schœlcher
Fort-de-France

# Nützliche Tips und Adressen

**Reisevorbereitung**
Informationsstellen . . . . . . . 218
Einreisebestimmungen . . . . . 218
Reisezeit . . . . . . . . . . . . . 218
Karten . . . . . . . . . . . . . . 219
Kleidung . . . . . . . . . . . . . 219

**Anreise**
... mit dem Flugzeug . . . . . . 219
... mit dem Schiff . . . . . . . . 220

**Reisen auf den Französischen Antillen**
... mit dem Flugzeug . . . . . . 220
... mit dem Schiff . . . . . . . . 221
... mit dem Bus/Taxi/Sammeltaxi 221
... mit dem Mietwagen . . . . . 222
... mit dem Motorroller/Mofa . 222
Straßenverhältnisse und Verkehrsverhalten . . . . . . 223

**Unterkunft**
Hotels . . . . . . . . . . . . . . 223
Appartements und Bungalows . 224
Gîtes ruraux . . . . . . . . . . . 224
Camping . . . . . . . . . . . . . 225

**Essen und Trinken**
Restaurants . . . . . . . . . . . 225
Selbstversorger . . . . . . . . . 226

**Urlaubsaktivitäten**
Angeln und Hochseefischen . . 226
Canyoning . . . . . . . . . . . . 226
Fahrradfahren . . . . . . . . . . 227
Fliegen . . . . . . . . . . . . . . 227
Golf . . . . . . . . . . . . . . . 227
Kanu und Kajak . . . . . . . . . 227
Reiten . . . . . . . . . . . . . . 228
Schnorcheln . . . . . . . . . . . 228
Segeln . . . . . . . . . . . . . . 228
Tauchen . . . . . . . . . . . . . 229
Tennis . . . . . . . . . . . . . . 230
Wandern . . . . . . . . . . . . . 230
Wasserski . . . . . . . . . . . . 231
Windsurfen . . . . . . . . . . . 231

**Antillanisches Wörterbuch** . . 232

**Praktische Informationen von A bis Z**
Diplomatische Vertretungen . . 233
FKK . . . . . . . . . . . . . . . 233
Fotografieren . . . . . . . . . . 234
Geld . . . . . . . . . . . . . . . 234
Gesundheit . . . . . . . . . . . . 234
Hahnenkämpfe . . . . . . . . . 235
Kinder . . . . . . . . . . . . . . 235
Kriminalität . . . . . . . . . . . 235
Medien . . . . . . . . . . . . . . 236
Nachtleben . . . . . . . . . . . . 236
Öffnungszeiten . . . . . . . . . 236
Post . . . . . . . . . . . . . . . 236
Rumdestillerien . . . . . . . . . 236
Souvenirs . . . . . . . . . . . . 237
Strom . . . . . . . . . . . . . . 237
Telefon . . . . . . . . . . . . . 237
Trinkgeld . . . . . . . . . . . . 237
Zeitverschiebung . . . . . . . . 237

Abbildungsnachweis . . . . . . 237

Register . . . . . . . . . . . . . 238

# Reisevorbereitung

## Informationsstellen

**in Deutschland:**
Fremdenverkehrsamt Martinique
c/o Maison de la France
Westendstraße 47
60325 Frankfurt a. M.
✆ 0 69/9 75 80 10, Fax 75 21 87

Fremdenverkehrsamt Guadeloupe
Bethmannstraße 58,
60311 Frankfurt a. M.
✆ 0 69/28 33 15, Fax 28 75 44

**in der Schweiz:**
Französisches Fremdenverkehrsamt
Löwenstraße 59, 8023 Zürich
✆ 01/2 11 30 85, Fax 2 12 16 44

**in Österreich:**
Französisches Fremdenverkehrsamt
Argentinierstraße 41a, 1040 Wien
✆ 01/5 03 28 90, Fax 5 03 28 71

**auf den Antillen:**
Office Départemental du Tourisme de la Guadeloupe, 5, Square de la Banque
97181 Pointe-à-Pitre
✆ 0 05 90 82 09 30, Fax 0 05 90 83 89 22

Office du Tourisme de Saint-Barthélémy
Quai du Général de Gaulle
97133 Gustavia
✆ 0 05 90 27 87 27, Fax 0 05 90 27 74 47

Office du Tourisme de Saint-Martin
Port de Marigot, 97150 Saint-Martin
✆ 0 05 90 87 57 23, Fax 0 05 90 87 56 43

Office Départemental du Tourisme de la Martinique, Boulevard Alfassa
97206 Fort-de-France
✆ 0 05 96 63 79 60, Fax 0 05 96 73 66 93

Außerdem gibt es an zahlreichen Orten ein Syndicat d'initiative (Örtliche Initiative für den Fremdenverkehr).

## Einreisebestimmungen

Guadeloupe und Martinique gehören zum französischen Staatsgebiet. Bei einem Aufenthalt bis zu drei Monaten genügt für EU-Bürger der Personalausweis bzw. für Schweizer der Reisepaß. Man muß außerdem ein gültiges Rückreise- oder Anschlußflugticket vorlegen. Der Nachweis von Schutzimpfungen ist nicht erforderlich.

## Reisezeit

Das ganze Jahr über herrscht gutes Reisewetter mit 22–30° C und angenehmem Passat. Die meisten Touristen kommen zwischen Dezember und April und entfliehen so dem Winter. Diese relativ trockenen Monate bieten für Wanderer die besten Bedingungen. In der sogenannten Regenzeit (Juli bis Oktober) ist das Klima heißer und feuchter. Die Vegetation steht in Blüte, und die Preise sinken erheblich. Da die Niederschlagsmengen auf Grund der Reliefstruktur stark schwanken, hängt die Wetterlage vom Standort ab. Die Dependancen, Grande-Terre (Guadeloupe) und der Süden von Martinique sind niederschlagsarme Landstriche. Mitte August bis Ende Oktober muß mit Zyklonen gerechnet werden.

Man sollte die französischen Ferienzeiten (Weihnachten, Woche nach Ostern, Juli und August) beachten, die bei Unterkünften und Flügen zu Engpässen führen können. Zur Hauptsaison ist rechtzeitige Buchung erforderlich.

## Karten

Unerläßlich sind die ign-Karten 1:100 000 (Guadeloupe Nr. 510, Martinique Nr. 511). Sie sind in deutschen Fachbuchhandlungen und in den *librairies antillaises* von Pointe-à-Pitre oder Fort-de-France erhältlich. Wanderern sind zusätzlich die ign-Karten 1:25 000 (Série bleue) zu empfehlen (Guadeloupe Nr. 4601-4607, Martinique Nr. 4501-4504).

## Kleidung

Für den Aufenhalt auf den Französischen Antillen benötigt man fast nur leichte Sommerkleidung und kommt daher mit erstaunlich wenig Gepäck aus. Für Bootsüberfahrten und Ausflüge in höhere Regionen empfiehlt sich wärmere Kleidung (Pullover, Windjacke), die man ja auch für den Anflug benötigt. T-Shirt und Shorts gehören ins Handgepäck, damit der Hitzeschock bei der Ankunft bewältigt werden kann. Hut, Brille und Sonnencreme schützen vor der intensiven Sonneneinstrahlung!

# Anreise

## ... mit dem Flugzeug

Von Deutschland gibt es bisher keine Direktflüge. Man ist auf die achtstündigen Inlandflüge angewiesen, mit denen die Überseedepartements von französischen Fluglinien angeflogen werden (Jumbo Jets). Air France, die nationale Fluggesellschaft, unterhält regelmäßige Verbindungen nach Pointe-à-Pitre und Fort-de-France. Ab Paris (Charles de Gaulle bzw. Orly Ouest) starten die Maschinen – je nach Saison mehrmals – täglich, von Provinzflughäfen (Bordeaux, Lille, Lyon, Marseille, Mulhouse) mindestens einmal wöchentlich. Achtung: Bei Anflug aus der Bundesrepublik muß in Paris mit einem Flughafenwechsel gerechnet werden; für den Pendelbus *(navette)* zwischen Orly und Charles de Gaulle (Roissy) erhält man am Informationsschalter der Air France ein kostenloses Transferticket. Die Tarife schwanken zwischen 1100 und 1900 DM. Es lohnt, die ausgeklügelten Preistabellen mit grünen (billig), gelben und roten (teuer) Perioden zu studieren. Kleinere Fluggesellschaften wie Air Liberté (ab Paris wöchentlich 6–12 Flüge), AOM (ab Paris 2 × tägl. auch nach Saint-

Martin) und Corsair (ab Paris tägl., Fr und So über Saint-Martin) konkurrieren mit Air France, ohne deren Monopolstellung zu erschüttern. Über Nouvelles Frontières (Augustenstr. 54, 80333 München, ✆ 0 89/5 23 40 56, Fax 52 49 14) gelingt es am ehesten, an billigere Charterflüge zu gelangen. Preise vergleichen!

Wer mit Lufthansa ab Frankfurt fliegen will, bucht Antigua oder Sint Maarten und ›hüpft‹ dann mit einer innerkaribischen Fluglinie (s. unten) zur Zielinsel weiter. Auch mit KLM (über Amsterdam) erreicht man Sint Maarten, den holländischen Teil von Saint-Martin.

Für einen zweiteiligen Antillenurlaub (Guadeloupe/Martinique) bietet Air France Linienflüge Paris – Pointe-à-Pitre/Fort-de-France – Paris, die beliebig kombiniert werden können. Den innerkaribischen Verbindungsflug bekommt man problemlos vor Ort.

### ... mit dem Schiff

Es gibt Mitreisemöglichkeiten auf Bananendampfern. Sie starten einmal wöchentlich von Le Havre und überqueren den Atlantik in zehn bis zwölf Tagen. Auskunft und Reservierung bei:

SOTRAMAT
Compagnie Générale Maritime, (CGM)
12, Rue Godot-de-Mauroy, 75440 Paris Cedex 09, ✆ 01 42 66 60 19

Kreuzfahrten durch die Karibik (einschließlich der Kleinen Antillen) werden meist mit Hin- und Rückflug (Miami, Pointe-à-Pitre, Fort-de-France) angeboten, sind aber auch mit Atlantiküberquerungen kombinierbar. In Reisebüros erhalten Sie diverse Prospekte über Routen, Bordprogramme und Landausflüge.

## Reisen auf den Französischen Antillen

### ... mit dem Flugzeug

Innerhalb des Antillenbogens ist das Inselhopping ebenso praktisch wie reizvoll. Für spontane Ausflüge und ausgeklügelte Inselkombinationen gibt es jede Menge Destinationen, die von lokalen Fluggesellschaften angeboten werden.

Air Guadeloupe
Ab Pointe-à-Pitre mehrmals täglich zu allen Dependancen. Außerhalb des Guadeloupe-Archipels: mehrmals täglich nach Martinique und Dominica, 3 × wöchentlich nach Puerto Rico, 2 × wöchentlich nach Saint Thomas.

Air Martinique
Verbindungen auf alle südlichen Inseln , aber auch von Martinique nach Norden: Dominica, Guadeloupe, Antigua, Montserrat, Saint Kitts, Saint-Martin u. a.

Air Saint-Barthélémy
Von Saint-Barthélémy mehrmals tägl. nach Guadeloupe und Sint Maarten, 3 × wöchentl. nach Puerto Rico, 2 × wöchent. nach Saint Thomas.

Air Saint-Martin
Tägl. von Saint-Martin nach Guadeloupe.

BWIA
2 × wöchentl. von Martinique nach Trinidad.

Liat
Regelmäßige Flüge zu den englischsprachigen Inseln Antigua, Barbados, Dominica, Santa Lucia, Saint Vincent und Trinidad.

Virgin Air
Von Saint-Barthélémy und Sint Maarten nach San Juan (Puerto Rico) und Saint Thomas.

Windward
Verbindet Saint-Barthélémy mehrmals tägl. mit Sint Maarten und fliegt von dort nach Anguilla, Antigua, Montserrat, Nevis, Saba, Saint Kitts und Saint Thomas.

## ... mit dem Schiff

Das Schnellboot des Caribbean Express fährt mehrmals wöchentl. die Strecke Castries (Santa Lucia) – Fort-de-France (Martinique) – Roseau (Dominica) – Pointe-à-Pitre (Guadeloupe) und zurück. Tickets gibt es in Reisebüros und am Hafen. Reservierungszentrale in Paris ✆ 01 46 98 97 97, Fax 01 46 98 94 95.

Dieselben Antilleninseln verbindet L'Express des Iles, der täglich zwischen Pointe-à-Pitre und Fort-de-France (3 Std.) verkehrt, dabei 5 × wöchentl. in Dominica Station macht, 3 × wöchentl. von Guadeloupe/Martinique nach Santa Lucia fährt und 1 × wöchentl. (Donnerstag) Martinique direkt mit Terre-de-Haut (Saintes) verbindet. Tickets an den Hafenschaltern, Auskunft und Reservierung in Pointe-à-Pitre (Gare Maritime): ✆ 05 90 83 12 45, Fax 05 90 91 11 05; in Fort-de-France (Quai Ouest): ✆ 05 96 63 12 11, Fax 05 90 63 34 47 sowie in Paris: ✆ 01 44 26 46 46, Fax 01 44 26 49 49.

Von Guadeloupe verkehren täglich Schiffe nach Marie-Galante (ab La Darse/Pointe-à-Pitre), Désirade (ab Marina Saint-François) und zu den Saintes/Terre-de-Haut (ab Trois-Rivières, Basse-Terre und La Darse/Pointe-à-Pitre). Die von Basse-Terre kommenden Schiffe legen auch in Terre-de-Bas an, das durch ein Pendelboot *(navette)* mit Terre-de-Haut verbunden ist. Regelmäßiger Bootsverkehr besteht auch zwischen Saint-Barthélémy und Saint-Martin sowie zwischen Saint-Martin und Anguilla. Nähere Angaben zu den Schiffsverbindungen des Guadeloupe-Archipels im Routenteil. Auf Martinique besteht ein fast stündlicher Pendelverkehr zwischen Pointe du Bout, Anse Mitan, Anse à l'Ane und der Hauptstadt Fort-de-France.

## ... mit dem Bus/Taxi Sammeltaxi/

Die Inseln sind auf Guadeloupe durch Kleinbusse und auf Martinique durch Sammeltaxis gut erschlossen. Sie fahren feste Routen, aber ohne Fahrplan. Man kann überall auf der Strecke zusteigen und muß dazu nur ein Handzeichen geben. Die Wartezeiten sind allerdings unvorhersehbar, und mancher hat den halben Weg zu Fuß zurückgelegt, bis er endlich aufgesammelt wird. Die Fahrt gestaltet sich meist vergnüglich und vermittelt viel Lokalkolorit. Beim Aussteigen gilt wieder dasselbe Prinzip: Sowohl der Bus als auch das *Taxi collectif* (T.C.) halten, wenn man läutet oder ruft. **Achtung:** Die populären Transportmittel verkehren werktags von 5–18 Uhr, So aber nur selten.

**Busbahnhöfe in Pointe-à-Pitre**
Richtung Saint-François: Gare Routière de la Darse, Quai Gatine
Richtung Anse-Bertrand und Moule: Gare Routiére de Mortenol
Nach Basse-Terre (Nord-Route): Gare Routière de Bergevin
Nach Pointe-Noire (Traversée-Route): Ecke Boulevard Chanzy/Rue Jean Jaurès (ehemals Rue Henri IV)
Zum Flughafen: Place de la Victoire (Cinéma Renaissance)

**In Fort-de-France**
Busse in die Umgebung: Boulevard Général de Gaulle
Standplatz der Sammeltaxis: Pointe Simon

**Taxis** stehen an den Flughäfen, vor den großen Hotels und in den Hauptstädten (Pointe-à-Pitre, Basse-Terre, Fort-de-France) bereit. Da sie keinen Taxameter haben, sollte man unbedingt vor dem Einsteigen nach dem Preis fragen.

**Guadeloupe:**
✆ 0590207474 (Funk),
✆ 0590820000 (Flughafen)

**Martinique:**
✆ 05 96 63 63 62 (Funk)

## ... mit dem Mietwagen

Wer Guadeloupe oder Martinique gut kennenlernen will, ist auf einen Mietwagen angewiesen. Auf den nördlichen Dependancen (Saint-Barth, Saint-Martin) empfiehlt sich ein offener *Moke* (kleiner Kastenwagen). Ausflüge auf Désirade und Marie-Galante werden mit Kleinbussen organisiert. Die Anzahl von Mietwagen ist gering. Auf den Saintes kommt man überall zu Fuß hin.

Die Autos befinden sich in der Regel in gutem Zustand. Wegen der hohen Unfallziffern sind die Versicherungstarife sehr hoch. Die Büros der bekannten Vermieter befinden sich an den Flughäfen (Öffnungszeiten richten sich nach den Flügen) und in den großen Hotels der Touristenzentren. Es gibt auch lokale Anbieter, die allerdings kaum preiswerter sind. Da nach Ankunft der Jumbos ein Run auf die Flughafenschalter der Autovermieter einsetzt, kann eine Vorbestellung ratsam sein. Am einfachsten ist es, noch zuhause die Reservierungszentrale einer international präsenten Verleihfirma (Avis, Budget, Europcar, Hertz) anzurufen.

## ... mit dem Motorroller/ Mofa

Besonders beliebt sind die Zweiräder auf den Dependancen, die von den Tagesausflüglern manchmal regelrecht ›überrollt‹ werden (vor allem auf den Saintes-Inseln). Sofern vertretbar, sind Adressen im Dependancen-Kapitel vermerkt. Vermieter auf den beiden Hauptinseln:

**Guadeloupe:**
Dingo Location in Saint-François, ✆ 05 90 88 76 08
Moto Guadeloupe in Pointe-à-Pitre, ✆ 05 90 82 17 50

**Martinique:**
Funny Rent Motorcycles in Fort-de-France, ✆ 05 96 63 33 05; in Pointe du Bout, ✆ 05 96 66 04 57; in Sainte-Anne, ✆ 05 96 76 92 16

## Straßenverhältnisse und Verkehrsverhalten

Die Inseln sind von einem dichten Netz gut asphaltierter Straßen durchzogen. Mehrspurige Zubringer verbinden die Hauptstädte mit den Flughäfen und Touristenzentren. Durch den Urwald wurden bequem befahrbare Ausflugsstraßen (Traversée, Trace/Transversale) gebaut. Nur auf steilen Nebenstrecken stößt man noch auf Betonpisten.

Die Antillaner sind wilde Autofahrer. Deshalb: Defensiv fahren! Die Schnellstraßen und Autobahnabschnitte werden auch von Radfahrern benutzt. Nachts muß man mit schlecht beleuchteten Fahrzeugen und plötzlich auftauchenden Fußgängern rechnen. Nach starken Regenfällen können Äste auf der Fahrbahn liegen. Die Straßen sind gut beschildert und das Tankstellennetz ist dicht. Der Benzinpreis liegt niedriger als in Frankreich, auf Saint-Martin sogar erheblich. Manche Tankstellen sind mit kleinen Läden kombiniert, in denen man noch spät abends Getränke, Brot und andere Lebensmittel einkaufen kann. In den Hauptstädten herrscht Verkehrschaos: Den Wagen frühzeitig abstellen und zu Fuß ins Zentrum gehen. **Vorsichtig:** Neben dem Trottoir verläuft oft ein tiefer Abwassergraben.

# Unterkunft

## Hotels

Guadeloupe und Martinique verfügen über eine Vielzahl von Hotels, die sich an den schönsten Badestränden konzentrieren. Dort sind touristische Zentren (Bas du Bout/Trois-Ilets, Le Diamant, Sainte-Anne) entstanden, die mit ihren Restaurants, Boutiquen sowie Sportanlagen gehobenen Ansprüchen gerecht werden und auch zur Hauptsaison noch angenehm beschaulich wirken. Die Hotels sind keine Bettenburgen, sondern architektonisch reizvolle Anlagen, in denen sich Rezeption, Bars und Swimmingpool reizvoll im tropischen Garten verteilen. Die großen Luxushotels verfügen über einige Strandabschnitte (Liegestühle, Sonnenschirme), breitgefächerte Sportmöglichkeiten (Tennis, Tischtennis, Tretboot, Tauchen, Sunfishsegeln, Wasserski, Windsurfing) und abwechslungsreiche Animationsangebote wie Tagesausflüge, Sportkurse, Steelband und kreolische Abende. Die Standardzimmer sind mit Dusche/Bad, Kühlschrank und

Klimaanlage, ab drei Sternen mit Selbstwähltelefon, Radio und TV ausgestattet. Die durch Regierungsverordnung festgelegten und von den Präfekturen kontrollierten Klassifizierungen stellen einen zuverlässigen Gradmesser für Qualität und Preis dar. Für ein Doppelzimmer pro Tag muß man in der Luxusklasse**** mit 1000 FF aufwärts, bei gehobenem Standard*** mit 700 FF aufwärts und in der Mittelklasse** mit 250 FF aufwärts rechnen. Die nicht klassifizierten Hotels sind in der Regel einfach, aber ausreichend komfortabel eingerichtet. Bei den *Relais Créoles* handelt es sich um mittlere und kleinere Häuser, die auch außerhalb der Zentren anzutreffen sind und mehr Lokalkolorit vermitteln.

Extreme Verhältnisse herrschen auf den Dependancen. Während die nördlichen Inseln (Saint-Barthélémy, Saint-Martin) die Reichsten der Reichen mit exklusiven Luxushotels bedienen, sind Marie-Galante und Désirade touristische Einöden geblieben. Nur die Saintes (Terre-de-Haut) bieten eine Reihe bezahlbarer Familienhotels mit Preisen ab 500 FF aufwärts für ein Doppelzimmer.

Im Routenteil dieses Führers finden Sie ausgewählte Adressen, die als Urlaubsstützpunkt oder Ausflugsquartiere in Frage kommen. Eine komplette Hotelliste mit detaillierten Beschreibungen sendet auf Anforderung das jeweils zuständige Fremdenverkehrsamt zu.

## Appartements und Bungalows

Unter Selbstverpflegern erfreuen sich Appartments und Bungalows großer Beliebtheit. Die Angebotspalette reicht vom Appartementhotel bis zur Ferienhausanlage. Auch die Veranstalter von Sportlehrgängen vermieten oft Bungalows.

## Gîtes ruraux

Als reizvolle Alternative kommen die von Privatvermietern angebotenen Quartiere in Frage. Sie liegen abseits der touristischen Zentren im Dorf, hinter den Plantagen, oft auch in Meeresnähe und erleichtern durch ihren Standort den Kontakt mit der Bevölkerung. Der französische Staat fördert diese Form des Öko-Tourismus und verbindet mit dem Prädikat *Gîte de France* Mindestanforderungen an Komfort. Die Häuser sind auf jeden Fall mit Bad/WC, Küche (Kühlschrank, Herd, Geschirr), Bett (Bettwäsche wird gestellt), Schrank, Tisch und Sitzgruppe ausgestattet. Gästezimmer *(chambres d'hôte)* schließen die Benutzung eines Gemeinschaftsraums ein und werden mit Frühstück vermietet. Die Klassifizierung: 1 Ähre = einfach, 2 Ähren = komfortabel, 3 Ähren = sehr komfortabel. Wer sicher gehen will, wählt die höchste Kategorie. Die Preise liegen für zwei bis drei Personen bei 1000–1200 FF pro Woche. Da die *Gîtes* bei französischen Individualtouristen sehr gefragt sind und nur in beschränkter Zahl zur Verfügung stehen, muß man sie lange (in der Hauptsaison ein halbes Jahr) vor Antritt der Reise reservieren. Das zuständige Relais Départemental sendet das aktuelle *Gîtes*-Verzeichnis *(annuaire)* zu und nimmt – gegen eine Anzahlung *(arrhes)* – die Reservierung vor.

Gîtes de France Guadeloupe, Office du Tourisme, BP 759, 97171 Pointe-à-Pitre Cédex, ✆ 05 90 91 64 33
Fax 05 90 91 45 40

Gîtes ruraux de la Martinique, Maison du Tourisme Vert, 9, Boulevard du Général de Gaulle, BP 1122
97248 Fort-de-France Cédex
✆ 05 96 73 67 92, Fax 05 96 63 55 92

Neben den offiziellen Listen gibt es – vor allem auf den Dependancen – noch Privatadressen, die im örtlichen Syndicat d'Initiative oder im Bürgermeisteramt zu erfragen sind. Diese Quartiere unterliegen jedoch nicht der Qualitätskontrolle der *Gîtes de France.*

## Camping

Camping ist kaum verbreitet, aber auch nicht streng reglementiert. ›Wildes Zelten‹ bedarf aber der Genehmigung durch die Kommune. **Vorsicht:** Nicht unter *mancenilliers* (giftiges Wolfsmilchgewächs) schlafen! Auf **Guadeloupe** gibt es zwei Zeltplätze:

Camping Les Sables d'Or in Deshaies, ✆ 05 90 28 44 60
Camping La Traversée in Pointe-Noire, ✆ 05 90 98 21 23

Auf **Martinique** bieten sich die Strände von Les Salines, Le François, Tartane und Grand'Rivière an.

# Essen und Trinken

## Restaurants

Die Französischen Antillen bilden in der Karibik eine kulinarische Oase. Es gibt Hunderte von Restaurants, die so schnell wieder schließen wie sie öffnen, so daß unablässig neue Entdeckungen zu machen sind. Die Spitzenköche haben in französischen Gourmettempeln gelernt und überraschen mit einer *nouvelle cuisine créole.* Man serviert die köstlichen Kreationen in vornehmer Atmosphäre – zu luxuriösen Preisen.

Neben diesen Feinschmeckerlokalen gibt es viele anspruchsvolle, oft geschmackvoll eingerichtete Restaurants, die internationale, französische und kreolische Standardgerichte auf ihrer Karte haben. Die Hotel-Restaurants gehören zu dieser nicht gerade billigen Kategorie. Sie orientieren sich an den Ansprüchen der Touristen und bilden – mit den Asiaten und Italienern, den Bistros und Grillrestaurants – eine bunte Palette, aus der man nach Lust und Laune auswählen kann. Vorsicht: Die Preis-Qualität-Relation stimmt hier nicht immer.

Am authentischsten sind die Lokale der Einheimischen, luftige Wellblechbauten, die am Strand oder im Dorf zu einem schattigen *ti-punch* einladen und in der entsprechenden Stimmung zu einem kreolischen Menü verführen. Am Herd steht meist eine Frau, die *cuisinière,* deren Name oft auf dem Eingangsschild zu lesen ist *(Chez...).* Die Speisen sind einfach und klassisch, in der Qualität schwankend. In der Regel gilt: Je größer der Ansturm, desto frischer der Fisch. Ansonsten kann man an den *accras* (s. S. 232) erkennen, was einen erwartet.

## Selbstversorger

Auf allen Ausflügen läßt sich für die Mittagspause ein schöner Strand oder ein *aire de pique-nique* im Naturpark einplanen.

In den Supermärkten erhält man bis spät abends Lebensmittel. Gemüse kauft man besser auf dem Markt oder bei den fliegenden Händlern. Die Marktfrauen informieren gerne über Zubereitungsmöglichkeiten. **Vorsicht:** Selbstgeangelte Fische nur nach Rückfragen in die Pfanne legen, manche sind zu bestimmten Zeiten giftig. Mit dem chiliähnlichen Piment sorgsam umgehen, möglichst nicht die Finger benutzen, keinesfalls die Augen reiben!

Zum Trinken gibt es lokale Biersorten (Corsaire, Lorraine), die den importierten mindestens ebenbürtig sind. Außerdem: Wein, Soft-Drinks, Mineralwasser. Von letzterem sollte man laut ärztlichem Rat viel zu sich nehmen. Man achte darauf, einheimische Marken (Matouba, Capes-Dolé, Didier etc.) zu kaufen, da die importierten durch die lange Lagerung in Plastikflaschen oft schal schmecken.

# Urlaubsaktivitäten

## Angeln und Hochseefischen

Einheimische Fischer nehmen auf Anfrage Besucher mit auf See hinaus, wenn man nicht selbst ein Boot mieten möchte.

**Guadeloupe:**
Caraïbe Pêche, Marina in Bas du Fort, ✆ 05 90 90 97 51
Fishing Club Antilles, Route de Birloton in Bouillante, ✆ 05 90 90 70 10, Fax 05 90 90 71 11
Le Rocher de Malendure/Franck Nouy in Malendure/Bouillante, ✆ 05 90 98 70 84, Fax 05 90 98 89 92 Fünf oder acht Tage, Unterkunft im Bungalow, Restaurant mit Panoramablick

**Martinique:**
Winmer Club, Hotel Novotel in Le Diamant, ✆ 05 96 76 24 20

## Canyoning

Auf Basse-Terre und in der Nordhälfte Martiniques gibt es grandiose Urwaldschluchten und Wasserfälle. Ein- oder mehrtägige Touren werden von verschiedenen Veranstaltern organisiert.

**Guadeloupe:**
Parfum d'Aventure in Saint-François, ✆ 05 90 88 47 62, Fax 05 90 88 47 91
Auch Wochenendausflüge nach Dominica

Sports d'AV in Vieux-Habitants,
✆ 05 90 32 58 41, Fax 05 90 26 66 65

**Martinique:**
Jean-Marc Voyer, Quartier Verrier in Bellefontaine, ✆ 05 96 55 02 84

## Fahrradfahren

Die meisten Gegenden der Inseln sind recht gebirgig und erfordern Kondition. Eine Herausforderung für sportliche Naturen! Auch in den reizvoll abgelegenen Grands Fonds/Grande-Terre geht es dauernd bergauf und bergab. Das Plateau von Grande-Terre ist ein Radlereldorado (flach und reich an Seitensträßchen), bietet aber wenig Schatten (Sonnenschutz!). Leider gibt es kaum gute Rennräder, dafür aber überall Mountainbikes (VTT). In jedem Fall sollte man sich beim Fahrradverleih Zeit lassen (Anpassung, Kontrolle von Bremsen und Gangschaltung).

**Guadeloupe:**
Association Gudeloupéenne de VTT in Pointe-à-Pitre, ✆ 05 90 82 82 67
Espace VTT in Saint-François,
✆ 05 90 88 79 91

**Martinique:**
VT Tilt in Pointe du Bout,
✆ 05 96 66 01 01

## Fliegen

Für Sportflieger gibt es Aéroclubs, die Maschinen vermieten und Flugstunden geben.

**Guadeloupe:**
Ailes Guadeloupéennes, Flughafen Le Raizet, ✆ 05 90 83 24 44
Air Loisirs, Flugplatz Saint-François,
✆ 05 90 88 70 10

**Martinique:**
ULM Caraïbes, Route du Morne Acajou in Le François, ✆ 05 96 61 50 61

## Golf

**Guadeloupe:**
Golf International de Saint-François, 18-Loch-Golfplatz, Zone touristique,
✆ 05 90 88 41 87, Fax 05 90 88 42 20

**Martinique:**
Golf de l'Impératrice, 18-Loch-Golfplatz in Trois-Ilets, ✆ 05 96 68 32 81, Fax 05 96 68 38 97
Von Robert Trent Jones angelegt, 60 ha in traumhafter Lage, Clubhaus mit allen Einrichtungen

## Kanu und Kajak

In den Urwaldschluchten von Basse-Terre sind vor allem zur Regenzeit (zwischen Juni–Oktober) spannende Wildwasserabfahrten möglich. Solche und andere Abenteuer *(aventures)* werden auf Guadeloupe und auch auf Martinique organisieren:

Parfum d'aventure in Saint-François,
✆ 05 90 88 47 62, Fax 05 90 88 47 91

Sports d'AV in Vieux-Habitants,
✆ 05 90 32 58 41, Fax 05 90 26 66 65

## Reiten

**Guadeloupe:**
Le Criolo in Saint-Félix/Gosier,
✆ 05 90 83 38 90
La Ferme de Campêche,
✆ 05 90 82 11 54 (Ausritt und Reitausflüge)

**Martinique:**
Black Horse in La Pagerie/Trois-Ilets,
✆ 05 96 68 37 80
La Cavale an der Pointe la Cherry/Le Diamant, ✆ 05 96 76 22 94
La Gourmette, Route de Didier in Fort-de-France, ✆ 05 96 64 20 16 (Reitschule)
Ranch Jack, Galochat Anses d'Arlet,
✆ 05 96 68 37 69

## Schnorcheln

Fast überall ist Schnorcheln problemlos möglich. Am besten bringt man die Schnorchelausrüstung (sog. ABC-Ausrüstung) selbst mit. Sie kann aber auch in Hotels oder auf den Glasbodenbooten *(bateaux à fond de verre)* ausgeliehen werden. Diese ›schwimmenden Aquarien‹ fahren zu den schönsten Riffgebieten hinaus.

**Guadeloupe:**
Le Papyrus, Marina in Bas-du-Fort,
✆ 05 90 90 92 98, Tagesausflüge in den Grand Cul-de-Sac Martin.
Nautilus in Malendure/Bouillante,
✆ 05 90 98 89 08, Fax 05 90 98 85 66
Mehrmals tägl. zum Ilet de Pigeon (Réserve Cousteau)
Auquarus, in Bouillante,
✆ 05 90 98 87 30, Fax 05 90 90 11 85.

**Martinique:**
Seeaquarium an der Marina von Pointe du Bout , ✆ 05 96 66 05 50, Fax 05 96 66 05 52

## Segeln

Segeln ist der beliebteste Sport in der Karibik. Seekarten und nautische Führer kann man bereits in Europa kaufen. Gute Ankerplätze auf:

**Guadeloupe:**
Bas-du-Fort (Marina), Saint-François (Marina), Basse-Terre (Marina de Rivière Sens), Deshaies, Pointe-Noire und andere Buchten der *côte sous le vent.*

**Dependancen:**
Baie de Grand-Case und Simpson Bay (Saint-Martin), Gustavia (Saint-Barthélémy), Saint-Louis und Grand-Bourg (Marie-Galante), Terre-de-Haut (Saintes).

**Martinique:**
Baie des Flamands (Fort-de-France), Trois-Ilets, Pointe du Bout (Marina), Anse Mitan, Anse à l'Ane, Le Marin, Sainte-Anne, Le François, Le Robert, La Trinité, Saint-Pierre, Bellefontaine, Schœlcher.

Es gibt unzählige Angebote von ein- bis mehrtägigen **Segeltörns** mit oder ohne Skipper.

**Guadeloupe:**
ATM Yacht, Place Créole in Pointe-à-Pitre, ✆ 05 90 90 92 02
Evasion Marine Antilles an der Marina in Bas-du-Fort, ✆ 05 90 90 84 85
Fax 05 90 90 81 53

Nautica, Marina de Rivière Sens, ✆ 05 90 81 05 47

**Saint-Barthélémy:**
Marine Service, Quai du Yacht Club in Gustavia, ✆/Fax 05 90 27 70 34
Angebot für alle Wassersportarten

**Saint-Martin:**
ATM/Stardust, Marina Port de Lonvilliers, Anse Marcel, ✆ 05 90 87 40 30, Fax 05 90 87 40 31
Caraïbes Sports Boats, Marina Port la Royale in Marigot, ✆ 05 90 87 89 38, Fax 05 90 87 87 89

**Martinique:**
ATM-Jet Sea, Marina du Marin, ✆ 05 96 74 98 17, Fax 05 96 74 88 12
Soleil et Voile, Marina an der Pointe du Bout, ✆ 05 96 66 09 14
Star Voyages Antilles, Marina an der Pointe du Bout, ✆ 05 96 66 00 72
Tropic Yachting, Marina an der Pointe du Bout, ✆ 05 96 66 03 85

## Tauchen

Die Französischen Antillen bieten hervorragende Tauchmöglichkeiten. Neben den zahlreichen Saumriffen gibt es Felshöhlen und Schiffswracks zu erkunden. Guadeloupe ist für seine großen Unterwasserparks (Ilets de Pigeon = Réserve Cousteau, Grand Cul-de-Sac Marin) bekannt. Martinique kann mit einer fast bruchlosen Rifflinie an der Südküste und zwei bizarren Felsen (La Perle, Le Diamant) aufwarten. Eine besondere Attraktion sind die gesunkenen Schiffe, die seit dem Vulkanbruch 1902 vor Saint-Pierre liegen und von Korallen und Schwämmen überwuchert sind. Bei den Tauchbasen kann man sich meist zu ein- oder zweiwöchigen Lehrgängen anmelden und ein Diplom *(brevet)* des französischen Taucherbundes erwerben. Ärztliches Attest und (für Fortgeschrittene) Tauchschein vorlegen.

**Guadeloupe:**
Plaisir Plongée (Chez Guy et Christian) an der Plage de Malendure/in Bouillante, ✆ 05 90 98 82 43, Fax 05 90 98 82 84
Lehrgänge *(stages)* für Anfänger und Fortgeschrittene, Transfer und Unterkunft in Bungalows, Halbpension
Les Heures Saines, Rocher de Malendure/Bouillante, ✆ 05 90 98 86 63, Fax 05 90 95 50 90, Bungalows und Panoramarestaurant, Halbpension
Aquafari Plongée (Créole Beach Hotel) in Gosier, ✆ 05 90 84 26 26
Tauchausflüge zum Ilet du Gosier

**Saint-Barthélémy:**
Padi Saint-Barth Diving Center, Quai du Yacht Club in Gustavia, ✆ 05 90 27 70 34

**Saintes (Terre-de-Haut):**
Centre Nautique des Saintes, Plage de la Colline, ✆ 05 90 99 54 25, Fax 05 90 99 50 96

**Martinique:**
Centre UCPA, Fond-Carré/Saint-Pierre, ✆ 05 96 78 21 03, Fax 05 96 78 19 42, Preisgünstige Pauschalreisen mit Hin- und Rückflug, Tauchlehrgang, Unterkunft inklusive
Planète Bleue in Les Trois-Ilets, ✆ 05 96 66 08 79, Fax 05 96 66 10 01

Sub Diamond Rock, Hotel Novotel in Le Diamant, ✆ 05 96 76 25 80,
Fax 05 96 76 22 87
Weniger Sportliche können sich in einem Aquascop 10–15 m tief in die Korallengründe versenken lassen:

**Saint-Barthélémy:**
La Trinquette, ✆ 05 90 87 62 34

**Martinique:**
Zemis Aquascope in Sainte-Anne, ✆ 05 96 74 87 41

## Tennis

Die großen Hotels haben Tennisplätze, oft mit Flutlicht ausgestattet. Außerdem gibt es (vor allem auf Martinique) zahlreiche kommunale Tennisclubs, die unter Umständen auch Nicht-Mitglieder spielen lassen (Verhandlungsbasis).

## Wandern

Große Teile der Inseln, die landschaftlich schönsten Regionen, sind Naturparks, die unter dem Schutz der nationalen Forstbehörde ONF (Office Nationale de Forêts) stehen. Mit einem 300 km-Wegenetz stellt der Nationalpark von Guadeloupe das ideale Wandergebiet der Kleinen Antillen dar. Aber auch Martinique wartet mit einer umfangreichen und vielfältigen Palette von Touren auf, die teils in die Bergregenwälder des Nordens, teils in die trockenen Küstenstriche des Südens und Südwestens führen. Die Wege sind meistens gut markiert und werden ständig unterhalten. Wegen der starken Regenfälle in den Bergen ist es dennoch ratsam, sich im Zweifelsfall vor Antritt der Tour bei den Parkbehörden über den Zustand der Wege zu erkundigen. Man erhält dort auch Wanderführer in französischer Sprache:

**Guadeloupe:**
Parc National de la Guadeloupe, Habitation Beausoleil – Montéran, Saint-Claude, ✆ 05 90 80 24 25
Fax 05 90 80 05 46

**Martinique:**
Bureau de la Randonnée, Saint-Pierre
✆ 05 96 78 30 77
Maison du Tourisme Vert, 9, Boulevard du Général de Gaulle, Fort-de-France
✆ 05 96 73 67 92, Fax 05 96 70 54 88

Die ›trockenere‹ Jahreszeit (Dez.–Apr.) eignet sich am besten für Wanderferien. Der Aufstieg zu den Gipfelregionen lohnt sich nur an ausgesprochen schönen, wolkenfreien Tagen. Bei langen Touren muß mit einkalkuliert werden, daß es ab 18 Uhr rasch dunkel wird. Man sollte weder vom Weg abkommen noch den Urwald allein durchqueren. Auch heißt es, die eigene Ausdauer richtig einzuschätzen und dabei die hohe Luftfeuchtigkeit und den oft glitschigen, ja morastigen Untergrund zu beachten. Man braucht knöchelhohe Wanderstiefel mit guter Profilsohle (Turnschuhe genügen nur bei Spaziergängen), Pullover/Windjacke (in den Höhenlagen), Kleidung zum Wechseln (im Auto oder bei längeren Touren im Plastiksack), ausreichend Wasser (pro Person und pro Std. mindestens $^1/_4$ l) und Sonnenschutz

(insbesondere bei den Küstenwanderungen). Als sehr nützlich erweisen sich die ign-Karten im Maßstab 1:25 000.
Im Nationalpark auf Guadeloupe wurde ein Weitwanderweg *(Grand de Randonnée)* eingerichtet, der in sieben Tagesetappen (jeweils 5–8 Std.) von Vieux Fort bis zum Strand von Clugny führt und sich teilweise mit den Urwaldrouten (W 8, W 12, W 13, W 17, W 19b) deckt. Nur beim Gîte des Etangs (Plateau de Palmiste, ✆ 05 90 92 10 63 ) ist die Vorbestellung eines Hüttenplatzes möglich (Schlafsack mitnehmen!). Da lediglich in Gourbeyre eine Einkaufsmöglichkeit besteht, muß der Proviant für eine Woche reichen. Abfall nicht liegenlassen, sondern mitnehmen! Eine detaillierte Beschreibung des GR-G1 findet man in dem von der Parkbehörde herausgegebenen Topo-Guide.

## Wasserski

Wasserski gehört zum Sportangebot der großen Hotels.

**Guadeloupe:**
A. G. S. N. Ski Nautique, La Sablière/Baie-Mahault, ✆ 05 90 26 17 47, Fax 05 90 91 54 52

## Windsurfen

Der beständige Passat beschert Anfängern wie Weltmeistern hervorragende Surfbedingungen: Brandungs- und Starkwindrevier an den Atlantikküsten, seichtes Wasser in den riffgeschützten Lagunen, stille Karibikgewässer an den Westküsten. Wegen der scharfen Korallen Surfschuhe nicht vergessen! Das Segel sollte mindestens 5 m² groß sein. Wer will, kann – gegen einen Aufpreis – das eigene Surfbrett im Fluggepäck mitnehmen. Folgende Surfcenter verleihen Boards und bieten Kurse an.

**Guadeloupe:**
C. D. N. P., Marina de Rivière Sens, ✆ 05 90 81 39 96,
L. C. S. in Sainte-Anne, ✆ 05 90 88 15 21
Jumbo Fun Board in Saint-François, ✆ 05 90 88 60 60, Fax 05 90 90 98 80
U. C. P. A. in Saint-François, ✆ 05 90 88 64 80, Fax 05 90 88 43 50

**Saint-Martin:**
Windsurfing Club Nathalie Simon an der Baie Orientale, ✆ 05 90 87 32 04, Fax 05 90 87 35 76, Unterkunftsmöglichkeit

**Saint-Barthélemy:**
Wind Wave Power, Saint-Barth Beach Hotel, Grand Cul-de-Sac, ✆ 05 90 27 82 57, Fax 05 90 27 75 57

**Marie-Galante:**
Fun Evasion, Plage de la Feuillère bei Capesterre, ✆ 05 90 97 35 21

**Saintes (Terre-de-Haut):**
U. C. P. A. an der Baie Marigot, ✆ 05 90 99 54 94, Fax 05 90 99 55 28
Luxuriöse Bungalows

**Martinique:**
Fun Alizé, Cap Chevalier/Sainte-Anne, ✆ 05 96 74 71 58
Sun Martinique an der Anse Mitan, ✆ 05 96 66 02 22

# Antillanisches Wörterbuch

| | |
|---|---|
| *accras* | Fischbällchen |
| *ajoupa* | indianische Laubhütte, heute überdachter Picknicktisch |
| *alizé* | Passat |
| *anse* | Bucht |
| *bakoua* | geflochtener Strohhut |
| *béké* | auf den Antillen geborener Weißer |
| *biguine* | kreolischer Tanz |
| *bitaco* | Antillaner, der noch nie in Frankreich war |
| *blaff* | Fischsud |
| *boi-boi* | aus Holz und Stoffresten gefertigte Marionette |
| *buvette* | Rumkneipe |
| *cabrouet* | zweirädriger Ochsenkarren |
| *câpre(sse)* | dunkelhäutiger Mischling |
| *carbet* | indianische Gemeinschaftshütte mit Blätterdach, heute Bootsschuppen |
| *case* | einfache Behausung aus Holz und Wellblech |
| *cassave* | Maniokbrot |
| *caye* | Korallenriff |
| *chabin, e* | hellhäutige(r) Schwarze(r) mit feinen Gesichtszügen und Kraushaar |
| *chadron* | eßbarer weißer Seeigel *(oursin)* |
| *colombo* | pikanter indischer Saucentopf |
| *coolie* | Nachkomme der indischen Einwanderer, auch *z'indien* |
| *cric-crac* | Dialogritual der mündlichen Erzähltradition |

| | |
|---|---|
| *décollage* | erster morgendlicher Rumtrunk |
| *dentelles* | geschnitzte oder geschmiedete Friese, die als Dachverzierung dienen |
| *djobeur* | Gehilfe der Marktfrauen, Unterhalter |
| *engagé* | zwangsverpflichteter Siedler oder vom Teufel Besessener |
| *fonds blancs* | küstenferne Sandbänke |
| *gaulettes* | aus *ti-baume*-Ruten geflochtene Wände, mit feuchter Erde abgedichtet |
| *gommier* | Gummibaum, aus dessen Stamm das gleichnamige Boot gefertigt wird |
| *gwo-ka* | Spiel auf der afrikanischen Trommel, der *ka* |
| *habitation* | Wohnhaus des Siedlers oder ganze Plantage |
| *hivernage* | Regenzeit (Juli bis Oktober) |
| *kalenda* | erotischer Tanz afrikanischen Ursprungs |
| *laghia* | Kampftanz unter Männern |
| *lolo* | winziges Lebensmittelgeschäft, antillanischer ›Tante-Emma-Laden‹ |
| *madras* | bunt gestreiftes Tuch aus Indien, traditionelle Kopfbedeckung der Frauen |
| *mare* | Tümpel |
| *marigot* | Brackwasserbereich |
| *marron* | entlaufener Sklave |
| *matoutou* | Fricassé aus Erdkrabben, auch *matété* genannt |

| | |
|---|---|
| *métro* | aus Frankreich *(métropole)* kommender Weißer, auch *z'oreille* genannt |
| *métropole* | Mutterland |
| *miquelon* | in Martinique: Fischgründe außer Inselsichtweite, Anspielung auf französische Besitzung vor Kanada (Saint-Pierre-et-Miquelon) |
| *morne* | Berg, Hügel vulkanischen Ursprungs |
| *ouassous* | Flußkrebse, auch *z'habitants* |
| *piton* | Vulkankegel |
| *pitt* | Hahnenkampfarena |
| *planteur* | Rumcocktail mit Fruchtsaft |
| *pri-pri* | nach indianischer Tradition gebautes Floß |
| *punch* | Rumcocktail |
| *purgerie* | langgestreckter Trakt der Zuckersiederei, in dem die Melasse abfließt |
| *quimbois* | Zauberei |
| *ravine* | enges Bachbett |
| *saintois* | ursprünglich auf den Saintes gebautes, in ganz Guadeloupe verbreitetes Boot |
| *savane* | Wiese |
| *senne* | küstennahe Netzfischerei |
| *sucrerie* | vorindustrielle Zuckersiederei, auch *sucroterie* |
| *ti* | Diminutiv z. B. *ti-bois, ti-nèg, ti-punch* |
| *veillée* | Totenwache |
| *vidé* | lautstarker Karnevalsumzug |
| *vinaigrerie* | Siedereigebäude, in dem früher aus den Zuckerrückständen Rum gebrannt wurde |
| *yole* | flaches Boot ohne Kiel, dem für die Regatten *(courses de yole)* große Segel aufgesetzt werden |
| *zombi* | Gespenst |
| *zouk* | Tanzfest, Popmusik |

# Praktische Informationen von A bis Z

## Diplomatische Vertretungen

**Guadeloupe:**
Deutsches Honorarkonsulat,
13, Rue Jean Jaurès, Pointe-à-Pitre
✆ 05 90 82 22 95

**Martinique:**
Konsulat der Bundesrepublik Deutschland
Acajou de Lamentin
✆ 05 96 50 37 56,
Fax 05 96 50 12 43

## FKK

›Oben ohne‹ hat sich an den Stränden der Hotels durchgesetzt, wird aber von der einheimischen Bevölkerung nicht gerne gesehen. FKK ist mehr oder weniger tabu und oft sogar durch Verbotstafeln explizit untersagt. Es gibt – außerhalb des Club Méditerranée – nur zwei, drei informelle Nacktbadestrände: an der Anse Tarare (Grande-Terre), Anse Crawen (Saintes), Anse Trabaud (Martinique).

## Fotografieren

Die Antillaner lassen sich nicht gerne von Touristen fotografieren und vermuten hinter ›schußbereiten‹ Kameras kolonialistische Gemüter. Wer die Bewohner zu überraschen oder mit Teleobjektiven zu täuschen versucht, wird böse Reaktionen ernten. Man muß um Erlaubnis fragen und in Kauf nehmen, daß der Betreffende ablehnt oder sich in Positur wirft.

Wegen der intensiven Sonneneinstrahlung sind Filter und wenig lichtempfindliche Filme (höchstens 100 bzw. 125 asa) zu empfehlen (Ausnahme Regenwald). Man erhält überall Filmmaterial von guter Qualität, allerdings zu erheblich höheren Preisen als in Europa. Im zollfreien Saint-Martin lohnt sich hingegen der Kauf von Kameraausrüstungen. In den Hauptstädten und Ferienzentren aller Inseln findet man Fotolabors, die die Filme fachgerecht entwickeln.

## Geld

Währungseinheit ist der französische Franc. Nur auf Saint-Barthélémy und Saint-Martin ist der US-Dollar als Zahlungsmittel willkommen. Man sollte sich deshalb mit französischem Bargeld und Francs-Reiseschecks eindecken. Die in Frankreich üblichen Kreditkarten (American Express, Eurocard, Visa, Diner's Club etc.) sind auch in Guadeloupe und Martinique weitverbreitet. Euroschecks werden in der Regel nicht angenommen.
Banköffnungszeiten: Mo–Fr 8–12 Uhr.

## Gesundheit

Die Französischen Antillen können ohne medizinische Vorsorgemaßnahmen bereist werden. Die hygienischen Verhältnisse nähern sich europäischem Standard. Das Trinkwasser ist besser als bei uns zuhause. Es ist unnötig sich vor Eiswürfeln, Sorbets und rohem Salat in Acht zu nehmen. Magen- und Darmverstimmungen sind selten.

Der Notarzt ist unter folgenden Nummern erreichbar:
**Guadeloupe:** ✆ 05 90 98 11 20
**Martinique:** ✆ 05 96 55 20 22;
05 90 75 15 75
**Saint-Barthélémy:** ✆ 05 90 87 50 04
**Saintes:** ✆ 05 90 99 50 39

Folgende Verhaltensregeln schützen vor den wenigen Gefahren, die in der tropischen Umgebung lauern:

Die tropische **Sonne** strahlt äußerst intensiv. Lassen Sie sich nicht vom kühlenden Passat täuschen. Sonnencreme (anfangs hoher Sonnenschutzfaktor, dann abnehmend) und Kopfbedekkung bleiben auch nach der ersten Bräunung unerläßlich. Es ist ratsam, zum Schnorcheln ein T-Shirt anzuziehen.

**Korallen** können schmerzhafte Hautausschläge verursachen. Blumentiere (vor allem die Feuerkorallen) nicht anfassen (das Pflücken ist ohnehin verboten) und halten Sie beim Schwimmen Abstand halten. Wer auf einem flachen Riff strandet, holt sich an den scharfen Zacken blutende Schnittwunden. Badeschuhe tragen!

Diese schützen auch vor **Seeigeln,** in die man nur allzuleicht tritt. Damit die

Wunde sich nicht infiziert, müssen die Stacheln vollständig entfernt werden. Aber nicht mit der Pinzette herausziehen: Sie brechen dann ab. Am besten hilft heißer Limonensaft.

Der Kontakt mit **Quallen** kann zu Hautausschlägen oder sogar zu leichten Lähmungserscheinungen führen. Im Zweifelsfall den Arzt aufsuchen.

**Muränen** haben scharfe Zähne und beißen auf alles, was in ihre Nähe kommt. Man sollte deshalb unter Wasser nicht in dunkle Höhlungen greifen, dort halten sie sich bevorzugt auf. Die Bißwunde mit Wasser und Desinfektionsmittel reinigen und einen Arzt aufsuchen.

**Haie** patrouillieren draußen vor dem Riff und kommen nachts dichter an die Küste heran. Daher nicht nach Einbruch der Dunkelheit schwimmen, schon gar nicht vom Boot aus. Weit draußen nie alleine baden! Abfälle, glitzernde Gegenstände und blutende Wunden locken die Raubfische an, auch zappelnde Bewegungen. Wenn man einen Hai sichtet, zügig, aber ohne Panik an Land oder an Bord schwimmen.

Im stehenden Süßwasser tummeln sich die **Bilharziose-Parasiten.** Die stillen Bachbecken, Teiche und Unterläufe der Flüsse sind keine Badegewässer. Nicht überall stehen Warnschilder wie am Grand Etang auf Guadeloupe.

Auf Martinique lebt noch eine Giftschlange, die **Lanzenotter** oder *trigonocéphale.* Gefährdet sind vor allem Waldarbeiter und Zuckerrohrschneider. Dem Wanderer droht kaum Gefahr, solange er auf dem Weg bleibt. Die Erschütterung veranlaßt das Tier, sich zu verstecken. Der Biß kann tödlich sein: Jede Anstrengung meiden und sofort ins nächste Krankenhaus!

Die hochgiftigen hellgrünen Äpfelchen und rundlichen Blätter des ***mancenilliers*** verätzen die Haut. Nicht berühren und bei Regen niemals unter den Bäumen bleiben. Nicht immer sind die Stämme mit roten Warnringen markiert.

## Hahnenkämpfe

Hahnenkampfarenen sind in den empfohlenen ign-Karten eingezeichnet. Die Wettkämpfe finden während der Saison (November – April) meist So statt. Die genauen Termine sind der lokalen Presse zu entnehmen. Der *pitt* Cléry in Rivière Pilote auf Martinique bietet auch den Kampf zwischen Mungo und der giftigen Lanzenotter (So ab 14.30 Uhr).

## Kinder

Die Französischen Antillen erweisen sich als ideales Ziel für einen Urlaub mit Kindern. Die Einheimischen sind ausgesprochen kinderfreundlich, der hygienische Standard ist gut, die tropische Natur weckt die Entdeckungsfreude, und es droht dabei kaum Gefahr von giftigen Pflanzen oder Tieren. Es gilt einzig die Verhaltensregeln zum Stichwort ›Gesundheit‹ zu beherzigen. Zum Planschen kommen die seichten Lagunen in Frage.

## Kriminalität

Auf den Französischen Antillen ist die Kriminalität nicht höher als im übrigen

Frankreich. Trotzdem sollten Touristen einige selbstverständliche Verhaltensregeln beachten. Da der größte Teil der Bevölkerung vergleichsweise arm ist, grundsätzlich nicht mit Schmuck, dikkem Geldbeutel oder teurer Kamera- und Videoausrüstung protzen. Am Strand keine Handtaschen unbewacht liegen lassen.

## Medien

Erhältlich sind die großen französischen Zeitungen. Die einzige lokale Tageszeitung ist ›France Antilles‹, ein konservatives Boulevardblatt mit ausführlichen Sportberichten und viel Folklore (Veranstaltungskalender!).

Die Fernsehanstalt RFO versorgt die DOMs *(départements d'outre-mer)* mit Filmkonserven, die mit Regionalsendungen (Nachrichten, Sport, Musik) angereichert sind.

Sie können zahlreiche Privatfunksender empfangen, auf denen in allen Varianten der *zouk* schwingt. Sehr beliebt ist Radio Caraïbe International. Die Sender der Nachbarinseln strahlen häufiger Programme in kreolischer Sprache aus!

## Nachtleben

Ein Nachtleben findet nur in den Touristenzentren Bas du Fort, Gosier (Guadeloupe), Pointe du Bout (Martinique) statt. Die meisten großen Hotels veranstalten Abendprogramme *(animation)* und haben eigene Diskotheken, die auch für Nicht-Hotelgäste geöffnet sind. Die Adressen einiger spezieller Diskotheken und Pianobars finden Sie im Routenteil. Um in Spielkasinos eingelassen zu werden, sind Ausweispapiere und angemessene Kleidung (Krawatte) erforderlich.

**Guadeloupe:**
Casino de Gosier-les-Bains an der Pointe de la Verdure, ✆ 05 9084 18 33
Casino de Saint-François, Route du Méridien, ✆ 05 90 88 41 40

**Martinique:**
Hotel Méridien an der Pointe du Bout
Hotel La Batelière in Schœlcher

## Öffnungszeiten

Läden haben von 9–12.30 und 14.30–18 Uhr geöffnet, Sa nachmittag und So geschlossen. Ausnahmen machen große Supermärkte, die oft auch noch spät abends geöffnet sind.

## Post

Eine Postkarte nach Deutschland kostet 2,60 FF, ein Standardbrief 3,00 FF. Da die Einheimischen in den Postämtern (Mo–Fr 7–18, Sa 7–12 Uhr) Gehalt und Rente abheben, muß man meist ziemlich lange anstehen.

## Rumdestillerien

Fast alle Destillerien sind zu besichtigen (meist werktags 8–12 und 14–16 Uhr sowie Sa vormittag). Ein Besuch lohnt sich nur während der Herstellungsperiode (Jan.–Jul.). Auf Martinique kann man außerdem häufig die umliegende Anlage einer *habitation* besuchen. Die großen Destillerien bieten Führungen an, die in den Verkaufsräumen mit einer Gratis-Degustation enden.

## Souvenirs

Auf den Straßen, in den Ateliers und in speziellen Souvenirgeschäften werden kunsthandwerkliche Produkte angeboten: Bambusschnitzereien, Flechtwaren, kreolische Puppen, Madrasstoffe, kreolischer Goldschmuck, Spitzendecken, Keramik. Als Mitbringsel empfehlen sich außerdem: Blumen, Gewürze, Rum und Punsch, Muscheln, T-Shirts, Aquarelle, Kunst aus Haiti, Bücher und Bildbände.

## Strom

Die Stromspannung beträgt 220 V.

## Telefon

Die öffentlichen Fernsprecher sind auf Telefonkarten *(télécartes)* umgestellt, die an Kiosken und bei der Post erhältlich sind. Nach dem neuen Telefonsystem gelten inzwischen zehnstellige Telefonnummern. Europa können Sie im Selbstwählferndienst wie folgt anwählen:
Deutschland: 00 – 49 – Ortskennzahl ohne die 0.
Österreich: 00 – 43 – Ortskennzahl ohne die 0.
Schweiz: 00 – 41 – Ortskennzahl ohne die 0.

Von Europa aus erreicht man Guadeloupe und Martinique telefonisch, indem man vor der zehnstelligen Nummer eine Null wählt.

## Trinkgeld

Üblich sind – wie in Frankreich – 10–15%.

## Zeitverschiebung

Die Französischen Antillen liegen im Winter fünf, im Sommer sechs Stunden hinter der mitteleuropäischen Zeit zurück.

# Abbildungsnachweis

Die Abbildungen auf der vorderen und hinteren Umschlaginnenklappe, der Umschlagrückseite (oben), den S. 38, 55, 60, 80, 150/51, 166, 170/71, 173, 174, 177, 178/79, 182/83, 187, 192, 194, 206, 208/09, 213 stammen von Gernot Huber/laif (Köln); alle anderen von den Autoren.

Karten: Berndtson & Berndtson Productions GmbH, Fürstenfeldbruck

# Register

**Personenregister**

Ali Tur 139

Barnabé, Jean 82, 84
Bass, Marquis de 168
Beauharnais, Alexandre de 179
Besgneux, Maurice 153
Blénac, Comte de 168
Brière de l'Isle, General 192
Carpentier, Alejo 94
Césaire, Aimé 48, 50f., 52, 83, 175, 207
Chamoiseau, Patrick 84
Clément, Homère 192
Condé, Maryse 85, 124
Confiant, Raphaël 84
Cyparis 16, 202

Delgrès, Louis 47, 132, 138
Desportes, Paul 83
Dubuc, Familie 215
Duparquet, Jacques 43
Du Plessis, J. 43, 118

d'Esnambuc, Pierre Belain 43, 172, 199

Fanon, Frantz 65

Gauguin, Paul 199f.
Gaulle, Charles de 48
Glissant, Edouard 83

Hearn, Lafcadio 201
Houel, Charles 43, 90
Hugues, Victor 47, 64, 93, 94, 98

Josephine 69, 172, **179f.**

Kolumbus, Christoph 40, 144, 147, 152, 155, 162, 199

Labat, Père 44, 161, 192, 193, 207, **210f.**
Las Casas, Bartolomé 44
Leiris, Michel 80

Maintenon, Madame de 203
Maximins, Daniel 84, 132

Napoleon 47, 179
Niger, Paul 83

L'Olive, C. 43, 118

Perret, Frank 202
Placy, Euzhan 85
Picq, Henri 172, 175
Pineau, Gisèle 85

Reinette, Luc 48
Richepance, General 47, 138

Saint-John Perse **83,** 126
Saint-Léger, Alexis siehe Saint-John Perse
Schœlcher, Victor 47, 173f.
Schwarz-Bart, Simone 77, 85
Senghor, Léopold Sédar 50,83

Tascher, Marie-Josèphe Rose siehe Josephine
Tertre, Père du 203
Thoze, Jean-Philppe 196
Tirolien, Guy 83

Vauquelin, Comte de 192

Zobel, Joseph 85

**Ortsregister**

Absalon, Thermalstation von 196
Abymes 90f.
Ajoupa-Bouillon 206
Allée Dumanoir 125
Anse à l'Ane 180
Anses d'Arlets 181
Anse-Bertrand 109
Anse du Bout 214
Anse Céron 203f.
Anse Mitan 180
Anse Latouche 199
Anse Souffleur 24
Anse Turin 199
Antillen, Kleine 14, 19, 40, 81
Antillen, Große 14, 19, 40
Arboretum de la Donis 196
Aquarium de la Guadeloupe 97

Baie-Mahault (Guadeloupe) 90, **114**
Baie-Mahault (Désirade) 154
Baie du Trésor 214
Baillif 139

Bains Chauds 134
Bains Jaunes 135
Balata, Jardin de 196
Bas-du-Fort 97
Basse-Pointe 65
Basse-Terre 14, 28, 58, **114-141**
Basse-Terre(Stadt) 138f.
Beauport 110
Bellefontaine 198
Bellevue, Destillerie 102
Bibliotheque Schœlcher 172
Blocs Erratiques 184
Bois Jolan 99
Bouillante 141

Capesterre (Guadeloupe) **122ff.,** 125
Capesterre (Marie-Galante) 157
Caravelle-Halbinsel 25, **213ff.**
Carbet, Le 43, **199**
Carbet-Wasserfälle 127
Caret, La 114
Cascade aux Ecrevisses 121
Case-Pilote 198
Caye Plate 26, **157**
Changy, Hindutempel 126
Château Dubuc 214
Château Murat 156
Chemin des Dames 136
Chemin des Esclaves 199
Coffre à Mort 203
Col de l'Echelle 137
Col des Mamelles 121
Coopérative Artinale des Vanniers 212
Corniche d'Or 115
Corossol 149
Cul-de-Sac Marin (Martinique) 187

Deshaies 118
Désirade 28, 63, 79, 100, 123, **152-155**
Department-Museum Edgar Clerc 103
Dependancen 28, 33, **144-165**
Diamant, Le 182
Domaine de Séverin 115
Domaine de l'Acajou 193
Domaine du Prêcheur 204
Domaine de Valombreuse 124

Etang de l'As de Pique 128
Etang Madère 128
Etang Roche 128

Fond-Saint-Denis 198
Fond-Saint-Jacques 211
Fonds Blancs 191
Fonds-Préville 207
Fort-de-France 168-177
Fort Fleur d'Epée 98
François, Le 192f.

Galeries, Les 26, 157
Galérie de Botanique 175
Galérie de Géologie 175
Galets, Les 153
Gaoulé, Le 182
Gauguin-Museum 199
Gorges de la Falaise 206
Gosier 91, **98,** 114
Grand-Bourg 156
Grand Cul-de-Sac Marin 24, 25, 90, 110, 114
Grand Etang 128
Grande Anse (Martinique) 181
Grande-Anse (Désirade) 153
Grande Anse des Salines 188
Grande Randonnée 130, 137
Grand'Rivière 26, **208**
Grande-Terre 14, 58, **90-109**
Grands Fonds 63, 111
Grivelière, La 140
Gros-Morne 213
Guadeloupe 14, 21, 58, 65, **90-141**
Gueule Grand Gouffre 157
Gustavia 149

Ilet Cabrit 24
Ilet du Gosier 98
Ilets de Pigeon 24, **141**

Jabrun-du-Sud 111

Lamentin 114
Levallois 111
Lorient 151
Lorrain, Le 209

Macouba 65, **207**
Maison de la Canne 178
Maison de la Forêt 121
Maison du Bois 119
Maison du Cacao 120
Maison du Volcan (Guadeloupe) 135
Maison du Volcan (Martinique) 205
MacIntosh, Blumenplantagen 205
Malendure 141
Marigot (Martinique) 209
Marigot (Saint-Martin) 146

Marin, Le 187
Matouba 47, 64, 131ff.
Marie-Galante 58, 100, 123, **155-159**
Martinique 14, 58, 63, 65, **168-215**
Mauny, La 184
Montebello 124
Mont Pelée 14, 15, 16f., 202f., **204ff.**, 207
Montravail, Wald von 184
Moule 25, 65, 102
Moreau-Wasserfälle 124
Morne-à-l'Eau 110
Morne-des-Esses 212
Morne Larcher 182
Morne Rouge 204f.
Morne-Vert 198
Musée des arts et traditions populaires 189
Musée départemental (Fort-de-France) 176
Musée du Rhum (Guadeloupe) 115
Musée du Rhum (Martinique) 212
Musée Saint-John Perse 94
Musée Schœlcher 94

**N**uages, Les 197

**P**agerie, La 179
Pain-de-Sucre 164
Parc Archéologique des Roches Gravées 128
Petit-Bourg 124
Petit Cul-de-Sac Marin 90, 98
Petit Terre 100, **154**
Philipsburg 146
Plantation Grand Café 125
Pointe Allègre 43, 118
Pointe-à-Pitre 79, **90-96**
Pointe du Bout 180
Pointe Caracoli 215
Pointe des Châteaux 26, **99**
Pointe des Colibris 99
Pointe de la Grande Vigie 26, **106**
Pointe du Souffleur 106
Pointe-Noire 119
Poisson, Destillerie 158
Pont Pierre 160f., 165
Porte d'Enfer 104, 106
Port-Louis 65, **109**
Prêcheur, Le 203

**R**avine Chaude 115
Reculée 212
Réserve Jacques Cousteau 141
Rivière Salée (Guadeloupe) 25, 90
Rivière Salée (Martinique) 177
Rivière-Pilote 184
Robert, Le 193
Rocher du Diamant 24, **181**

**S**aint-Barthélémy 14, 70, **147-152**
Saint-Claude 131
Saint-Esprit 189
Saint-Jean 150
Saint-Louis 158
Sainte-Anne 187f.
Sainte-Marie 26, 124, 212
Sainte-Rose 115
Saintes 28, 70, 123, **159-165**
Saint-François 99
Saint-Martin 14, **144-147**
Saint-Pierre 16f.
Saut de la Lézarde 122
Savane des Pétrifications 26, **188**
Sentier des Douaniers 105
Sint Maarten siehe Saint-Martin
Sofaïa 115
Soufrière 14, 17f., **135ff.**

**T**artane 214
Terre-de-Bas 159
Terre-de-Haut 163
Trace des Caps 189
Trace des Contrebandiers 115
Trace des Crêtes 121, 141
Trace des Jésuites 197
Trace Merwart 122, 134
Trace Victor Hugues 124, **134**
Traversée 120
Trinité, La 212
Trois-Ilets 177ff.
Trois-Rivières 128
Trou de la Madame Coco 106
Trou à Diable 157
Trou du Souffleur 106

**V**anibel 140
Vauclin, Le 192
Vieux-Bourg 111
Vieux-Fort 129
Vieux-Habitants 140
Vulkanologisches Museum (Saint-Pierre) 202

**Z**évallos-Haus 102